上卷

十三经导读

姜海军◎著

华夏出版社
HUAXIA PUBLISHING HOUSE

图书在版编目（CIP）数据

十三经导读. 上卷 / 姜海军著. --北京：华夏出版社有限公司，2023.1

ISBN 978-7-5222-0269-3

Ⅰ.①十… Ⅱ.①姜… Ⅲ.①经学 ②《十三经》—研究 Ⅳ.①Z126.27

中国版本图书馆 CIP 数据核字（2022）第 008274 号

十三经导读·上卷

著　　者	姜海军
责任编辑	董秀娟
封面设计	殷丽云
责任印制	周　然
出版发行	华夏出版社有限公司
经　　销	新华书店
印　　装	三河市少明印务有限公司
版　　次	2023 年 1 月北京第 1 版　　2023 年 1 月北京第 1 次印刷
开　　本	880×1230　1/32
印　　张	11.75
字　　数	300 千字
定　　价	78.00 元

华夏出版社有限公司　地址：北京市东直门外香河园北里 4 号　邮编：100028
网址：www.hxph.com.cn　电话：(010) 64663331（转）
若发现本版图书有印装质量问题，请与我社营销中心联系调换。

序　言

十三经是中华文化的核心经典，更是中华文化赖以存在的基石与根底。十三经由西周的王官之学——六经演变而成，它们曾经主导和影响了中华文化两千多年。十三经的思想与观念对中华文化、中华文明中的哲学、宗教、道德、伦理、科技、经济、教育、政治等各个方面都产生了直接而深远的影响。即使在今天，我们反复强调传承、弘扬中华优秀传统文化的时候，十三经依然是传统文化的根底与基石。毕竟，十三经在中国古代是经典中的经典，是思想文化的源头。可以说，不了解十三经，就不能了解中华传统文化的内在精神及思想特质。

尽管十三经在中国历史文化上的价值如此之大，但在不同历史时期它们各自发挥的作用是有所不同的。如在汉代，董仲舒借助阴阳五行学说对《春秋》进行解释，并建构了天人感应的思想体系，《春秋》学由此成为汉代经学的核心。在魏晋南北朝时期，随着经学的玄学化，《周易》成为当时的重心所在，很多学者借助《周易》来阐发关于宇宙自然的形而上学。在宋代，由于内忧外患，《春秋》学一度成为显学。但当时儒者出于应对佛老之学的挑战、重建新儒学思想体系的需要,开始借助《周易》《四书》来建构新的儒学思想体系,《易》学、《四书》学由此成为宋代经学的核心。宋以后,《四书》学、《易》学一直影响甚大。到了清代,随着经学考据的兴起,五经再一次成为经学研究的核心,清代中后期,《春秋》学也一度成为显学。总而言之,随着不同时代社会政治需要的变化,人们对经典的依赖也有所不同,这就决定了经学的发展重心随着时代而改变,儒学也随着经学的不同诠释而展现为不同的形态,比如汉代经学、魏晋玄学、宋明理学、清代考据学等等,经学的不同形态成为各个时代最为核心的学术思想,也是最为核心的价值体系。

十三经的内容十分广泛,涉及哲学、政治、伦理、道德、宗教、经济、艺术、文学、历史等各个方面,而且对不同方面的知识与思想,它们都提出了具有范式意义的观点及思想,由此对中华传统文化产生了深远的影响。比如《周易》的宇宙生成论一直是中国古代认识宇宙万物、天地及人类社会起源的基本观点;《尚书》则提出了以德治国的基本理念,这个理念是对上古以来尧、舜、禹、汤、文、武、周公等古圣贤王治国理政思想的继承与发展,由此也对中国古代以德治国、修身明德等思想产生了深远的影响;《诗经》则是先秦时期的诗歌精选集,它在文学表达形式、叙事内容及以文载道的思想等方面都对中国古代的文学产生了深远的影响;三《礼》更是对中国古代各方面的礼仪包括国家制度、设官分职、吉礼、凶礼、军礼、宾礼、嘉礼等各方面产生了深远的影响,由此使中国成为礼仪之邦;《春秋》三传则通过历史叙事的形式,传达了上古三代的礼治传统,同时也对后来历史叙事与编纂等都产生了深远的影响;《论语》更是对中国古代的政治、人伦道德、教育等各方面产生了深远影响;《孝经》是古代以孝治天下的经典依据;《尔雅》则为中国古代语言文字学的发展奠定了重要的基础；《孟子》一书为宋代以后理学的兴起提供了重要的经典依据，成为中国近世思想文化的源泉，等等。

可以说，中华文明作为世界上唯一一个绵延不绝传承下来的文明体系，很大程度上就在于文化的贡献。中华文化具有多种特征，比如注重人文精神、强调民本思想、突出以德治国等等，这些自然得到了占人口绝大多数的民众的支持与传承、践行。作为中华文化的根底与基石——十三经则始终规范、引领着中华文化，并促使中华文化不断地传承、发展，并最终成为世界上非常有影响的文化体系。

正是由于十三经是中华文化的基石与核心所在，所以得到了历朝历代上至皇帝、下至普通民众的广泛重视，并最终成为经典中的经典，进而得到了很多人的研习，由此围绕着十三经产生了浩如烟海的著述，这些著述之中有普及的、思想的、哲理的等等各种类型。这些文本，有的被立为官学或被科举考试列为必读书，比如郑玄《周易注》、杜预《春秋左传集解》、孔颖达《五经正义》、朱熹《四书章句集注》、胡安国《春秋传》、程颐《程氏易传》、蔡沈《书集传》，等等。这些著述，不仅是对十三经的注解，更是借助对十三经的注解发表了撰著者对天人之际、治国理政、修身明德等方面的看法。

总之，十三经是中华文明、中华文化的根底，离开了十三经，我们对中华传统文化的理解就无从下手，也难以真正把握中华文化的精神与精髓。所以，传承弘扬中华优秀传统文化离不开对十三经的关注，更离不开对它们所蕴含的思想哲理的深入发掘。可以说，唯有继往开来，基于十三经的研究及思想发掘，才能真正建构出独具特色、满足当今中华民族需要的新文化体系。

目 录

序言 ·· 1

十三经概说 ·· 1
  一、六经、十三经与四书 ································· 1
  二、孔子传承五经之学 ····································· 9
  三、十三经与中华传统文化 ······························ 14

周易 ·· 25
  一、《周易》的产生及演变 ······························ 27
    （一）伏羲与八卦、周文王与六十四卦 ········ 27
    （二）孔子与《易传》 ······························ 30
  二、《周易》的内容 ·· 33
    （一）《易经》 ··· 33
    （二）《易传》 ··· 37
  三、《周易》与中华传统文化 ··························· 43
    （一）《周易》与占卜预测 ························· 44

- （二）《周易》与古代哲学 ········· 47
- （三）《周易》与古人的三观 ········· 51
- （四）《周易》与风水 ········· 55
- （五）《周易》与中医养生 ········· 56
- （六）《周易》与古代政治观念 ········· 61
- （七）《周易》与古代文史 ········· 65
- 四、古代《易》学史略 ········· 67
  - （一）占卜宗 ········· 69
  - （二）机祥宗：京房、焦延寿 ········· 73
  - （三）老庄宗：王弼、韩康伯 ········· 75
  - （四）造化宗：陈抟、邵雍 ········· 77
  - （五）儒理宗：胡瑗、程颐 ········· 80
  - （六）史事宗：李光、杨万里 ········· 82
- 参考文献 ········· 88

诗经 ········· 91
- 一、《诗经》的成书 ········· 95
- 二、风、雅、颂 ········· 101
  - （一）十五国《风》 ········· 102
  - （二）大小《雅》 ········· 105
  - （三）三《颂》 ········· 108
- 三、《诗经》与中华传统文化 ········· 110
  - （一）《诗经》与赋诗言志 ········· 110
  - （二）《诗经》与孔子的诗教 ········· 113
  - （三）《诗经》与古代文学艺术 ········· 118

（四）《诗经》与先秦史 …………………………………… 121
　四、古代《诗经》学史略 ………………………………………… 127
　　（一）先秦 ………………………………………………… 127
　　（二）汉唐之际 …………………………………………… 132
　　（三）宋元明 ……………………………………………… 134
　　（四）清代 ………………………………………………… 142
　参考文献 ……………………………………………………… 145

尚书 ……………………………………………………………… **149**

　一、《尚书》的产生及其传承 …………………………………… 151
　　（一）《尚书》的产生 ……………………………………… 151
　　（二）两汉今古文《尚书》学 ……………………………… 157
　　（三）《伪古文尚书》的产生及流传 ……………………… 162
　二、《尚书》的内容及特点 ……………………………………… 167
　三、《尚书》与中华传统文化 …………………………………… 169
　　（一）《尚书》与中华五千年文明 ………………………… 170
　　（二）《尚书》与史鉴意识 ………………………………… 171
　　（三）《尚书》与古代以德治国 …………………………… 176
　　（四）《尚书》的其他影响 ………………………………… 179
　四、古代《尚书》学史略 ………………………………………… 180
　　（一）先秦 ………………………………………………… 181
　　（二）汉唐之际 …………………………………………… 189
　　（三）宋元 ………………………………………………… 199
　　（四）明清 ………………………………………………… 208
　参考文献 ……………………………………………………… 219

周礼 223
一、《周礼》的成书与出现 225
二、《周礼》的结构与内容 230
（一）《天官冢宰》 231
（二）《地官司徒》 236
（三）《春官宗伯》 238
（四）《夏官司马》 240
（五）《秋官司寇》 240
（六）《冬官司空》 242
三、《周礼》与中华传统文化 244
（一）《周礼》与古代政治 244
（二）《周礼》与古代制度 246
（三）《周礼》与古代经济 248
（四）《周礼》与古代法治 250
四、古代《周礼》学史略 252
（一）汉唐之际 252
（二）宋元明 257
（三）清代 261
参考文献 264

仪礼 267
一、礼仪产生与《仪礼》成书 269
（一）礼仪的发生 270
（二）《仪礼》成书 278
二、《仪礼》与中华传统文化 282
（一）吉礼 283

- （二）凶礼 286
- （三）宾礼 289
- （四）嘉礼 292

三、古代《仪礼》学史略 302
- （一）先秦 302
- （二）汉唐之际 307
- （三）宋元明 313
- （四）清代 318

参考文献 321

礼记 323

一、《礼记》的成书与作者 325

二、《礼记》内容与中华传统文化 328
- （一）专释《仪礼》之属 328
- （二）专述古礼之属 335
- （三）杂记孔子及弟子言论之属 340
- （四）学术论文之属 342

三、《大学》《中庸》简介 345
- （一）《大学》 345
- （二）《中庸》 348

四、古代《礼记》学史略 350
- （一）汉唐之际 351
- （二）宋元明清 355

参考文献 361

十三经概说

中华传统文化的主导是儒学，而儒学的基本表现形式一直是经学，也就是研究儒家经典的学问。经学的基本研究对象就是十三经。十三经是什么呢？就是《周易》《诗经》《尚书》，《周礼》《仪礼》《礼记》（合称三礼），《左传》《春秋公羊传》《春秋穀梁传》（合称《春秋》三传），以及《论语》《孝经》《尔雅》《孟子》。另外，我们还常说"四书五经"，四书即《大学》《中庸》《论语》《孟子》，五经即《诗》《书》《礼》《易》《春秋》。

一、六经、十三经与四书

十三经作为一个整体被雕版印刷是在宋代。但是，它们在先秦时期就陆陆续续被编辑成书了。在十三经之中，最核心的经典是六经，即《诗》《书》《礼》《乐》《易》《春秋》，其他像《左传》《春秋公羊传》《春秋穀梁传》《礼记》《尔雅》等都是解释"六经"的传记类经典，属于六经的衍生品。

六经是什么时候产生的呢？古人为了强调六经的神圣性，将六经的产生与古代神话相联系。如清代经学大师刘师培（1884—1920）

就六经的起源曾这样说道：

《六经》起原甚古。自伏羲仰观俯察作八卦以类物情，后圣有作，递有所增，合为六十四卦。而施政布令，备物利用，咸以卦象为折衷。夏《易》名《连山》，商《易》名《归藏》，今皆失传，是为《易经》之始。

上古之君，左史记言，右史记动，言为《尚书》，动为《春秋》，故唐、虞、夏、殷咸有《尚书》，而古代史书复有三坟、五典，是为《书经》《春秋》之始。

谣谚之兴，始于太古，在心为志，发言为诗。虞、夏以降，咸有采诗之官。采之民间，陈于天子，以观民风，是为《诗经》之始。

乐舞始于葛天，而伏羲、神农咸有乐名。至黄帝时，发明六律五音之用，而帝王易姓受命，咸作乐以示功成，故音乐之技代有兴作，是为《乐经》之始。

上古时，社会蒙昧，圣王既作，本习俗以定礼文，故唐虞之时以天地人为"三礼"，以吉、凶、军、宾、嘉为"五礼"，降及夏、殷，咸有损益，是为《礼经》之始。

由是言之，上古时代之学术，奚能越《六经》之范围哉！特上古之《六经》淆乱无序，未能荟萃成编，此古代之《六经》所由，殊于周代之《六经》也。①

刘师培是晚清民国的经学大师，他认为六经的起源都非常古老。就《周易》而言，组成《周易》的八卦是由神话人物伏羲发明的，然后又被后人发展成为夏代的《连山》、商代的《归藏》、周代的

---

① [清]刘师培著，陈居渊注：《经学教科书》，上海古籍出版社，2006年，第10—11页。

《周易》三种，其中只有《周易》流传了下来。就《尚书》《春秋》而言，它们都是上古君王命令史官记录言行的结果，其中说的话编辑成了《尚书》，做的事编辑成了《春秋》，随后尧、舜、夏、商、周几个朝代都有《尚书》《春秋》的编纂。就《诗经》而言，起源于上古时期的民间歌谣，随后虞、夏、商、周几个朝代都有采诗的官员进行编辑，这就是后来《诗经》的原型。就《乐》来说，产生于上古时期的圣王葛天、神农，随后虞、夏、商、周几个朝代都有传承、发展。就《礼经》而言，产生于上古时期的习俗，虞、夏、商、周几个朝代都有传承、发展，形成了后代的《礼经》。总之，在刘师培看来，上古时期的学术范围不外乎是《诗》《书》《礼》《乐》《易》《春秋》六经。

　　刘师培将六经的产生与上古神话相结合，是对中国古代六经产生方式的一种总结与归纳。可以说，刘师培将六经起源与上古传说相联结，这其实是古人"神道设教"的重要体现，所以我们可以不用追究它的真实性如何[1]，只是将六经视为中华民族的先民在生产、生活中各种智慧的结晶就足矣。实际上，不仅中国如此，世界各国在探讨自身文化起源的时候，也都喜欢将之神化，这是世界文化史上的通则，正如王国维所说："上古之事，传说与史实混而不分，史实之中固不免有所缘饰与传说无异，而传说之中亦往往有史实为之素地，二者不易区别，此世界各国之所同也。"[2] 在世界各国的文化

---

[1]　可以参看顾颉刚等古史辨派的观点。也正如李镜池先生所言："所谓伏羲，也并非实指其人，伏羲和上古的一些帝王如有巢、燧人、神农等，不过是学者们对于人类社会的起源和发展的程序上拟想的人物，他们的名字只代表时代。所谓伏羲作八卦，只意味着八卦的来源很古远而已。"（李镜池：《周易探源》，中华书局，2007年，第152页）

[2]　王国维：《古史新证——王国维最后的讲义》第一章《总论》，清华大学出版社，1994年，第1页。

史上，流传着各种创世神话传说，在中国也不例外。

在六经之中，《周易》一般来说产生最早。古人都认为组成《周易》的八卦，是由中国神话传说人物伏羲发明的。相传伏羲人首蛇身，他母亲踩了一个巨人的脚印，有所感应之后，怀孕十二年才生出了他。相传伏羲天资聪明，智慧超常，他对各种事情都很好奇。后来，他还利用简单的符号来描述当时的宇宙自然与人类社会，这就是八卦的产生。对于伏羲画八卦，《易传·系辞下》就有记载：

> 古者包牺氏之王天下也，仰则观象于天，俯则观法于地，观鸟兽之文，与地之宜，近取诸身，远取诸物，于是始作八卦。

伏羲所画的八卦就是乾、坤、坎、离、艮、巽、震、兑，这八卦是对天地万物的抽象表示，因为这八卦都是由一阴一阳两种符号——阴爻--、阳爻—组成。在古人看来，宇宙天地万物都呈现为两种属性，比如黑白、高低、胖瘦、中外等等。后来周文王被商纣王囚禁在羑里，他将伏羲八卦推演，成为六十四卦，并为这六十四卦撰写了卦爻辞。《易经》就这样产生，并在西周、春秋时期广泛流行。

实际上，在周代《易经》产生之前，商代早就利用龟甲、兽骨进行占卜。商人几乎任何时候、任何事情都要进行占卜。他们其实也有类似西周《易经》的占卜工具，正如《周礼·春官宗伯·大卜》记载说："掌三易之法，一曰《连山》，一曰《归藏》，一曰《周易》。"这里的《连山》一般认为在夏代盛行，《归藏》在商代盛行，《周易》则在西周盛行。总而言之，《周易》作为占卜的工具被当时生产力很低下的人们所重视。其实，《周易》不仅是用来占卜吉凶祸福的工具，也被当时的天子看成是"神道设教"的工具：他希望借助这种方式，让臣民都认为他所做的任何决定，都是天意，都是神圣不可侵犯的，必须无条件执行的。

与《周易》一样，《春秋》《尚书》也产生很早，它们被用来记载天子的言行事迹。其中，记载国家大事的是《春秋》，记载君王敕令、诏告、圣旨的是《尚书》。对此，汉代班固、唐代刘知幾都曾说过：

> 古之王者，世有史官。君举必书，所以慎言行，昭法式也。左史记言，右史记事。事为《春秋》，言为《尚书》，帝王靡不同之。（《汉书·艺文志》）

《春秋》《尚书》是史书，同时也是官方档案。它们都是上古用来记载帝王言行事迹的。其中《春秋》是由右史记载，内容主要是有关军事、政治、宗教等方面的大事；《尚书》由左史记载，内容主要是帝王言语、诏令、奏议之类。由于《尚书》是君王等发布的言论，对于执政、治国安邦有重要的价值，所以，在西周，周王室掌管贵族子弟教育的官员，就将这些诏告、圣旨进行编辑选择，作为教科书教育贵族子弟，让他们学习先王、君王治国理政的思想与方法。而《春秋》关系到军国大事，涉及很多机密事宜，不便公开，所以，《春秋》一直作为官方档案，被保存在宫廷之中。

在六经之中，《周易》关系到天子与神灵沟通、神道设教等问题，尤其关系到王权的稳定，所以一般被王室秘藏，专门保存，不会轻易示人。《春秋》也关系到宫廷秘史，也不会被一般人看到。所以，在上古时期，所产生的六经之中，只有《诗经》《尚书》《仪礼》《乐》被王室官员进行编辑用来教育贵族子弟，对此《礼记·文王世子》就记载说道：

春诵，夏弦，大师诏之。瞽宗，秋学《礼》，执《礼》者诏之。冬读《书》，典《书》者诏之。《礼》在瞽宗，《书》在上庠。

其中"春诵""夏弦"，分别是指春天带领贵族子弟吟诵《诗》，夏天学习《乐》。秋天的时候习《礼》，到了冬天则开始读《书》。总之，在西周时期，《诗》《书》《礼》《乐》已经被当时王室的官员进行编辑，用来教育贵族子弟，立为官学了。《周易》《春秋》因为涉及天道、王权的很多秘密，所以即使贵族子弟也不能随便看到。正如宋马端临《文献通考》引金华应氏所云："乐正崇四术以训士，则先王之《诗》《书》《礼》《乐》，其设教固已久。《易》虽用于卜筮，而精微之理非初学所可语；《春秋》虽公其纪载，而策书亦非民庶所得尽窥。"[1]《易》与《春秋》什么时候被列为官学，并没有明确的时间记载。但是在孔子之前，它们应该已经被列入官学了。

在夏、商、周三代时期，六经虽然很重要，并被立为官学用来教育贵族子弟，但是它们并没有一开始就被称为"经"。六经被称作"经"，比如称《易经》《诗经》《书经》《礼经》，都是后人尤其是汉代人加上去的。正是因为六经很重要，所以它们产生之后，西周时期的诸侯国都仿效周王室，也学习这些经典。

到了孔子所处的春秋时期，周王室的王官之学都衰落了，学习六经的人也不多了，与六经相关的礼乐制度也都开始废弃了。在这种情况下，孔子开始对六经进行编辑、整理，并对它们进行深入研究，编撰了《易传》《春秋》等经典。不仅如此，孔子还用它们来教育自己的学生。孔子基于六经所建构的儒学也得到了弟子们的传播，

---

[1] [宋]马端临：《文献通考》卷一百七十四《经籍考一》，中华书局，2011年，第5186页。

逐渐变成春秋战国时期影响最大的学派。这样一来，孔子所编辑整理的六经，也成为儒家的核心经典。以至于到了汉代，一说到六经，人们都将其看成是儒家的专有经典。

总而言之，在孔子之前，六经已经开始传承、发展，孔子所做的工作主要是整理、传承、诠释六经，建构了新的学术思想体系——儒学。儒学只不过是对西周王官之学的传承与发展，它所依赖的经典是孔子整理后的六经。后来很多学者说六经被孔子所创造，这是不对的，研究六经的经学也并非开始于孔子。孔子儒学在春秋战国时期影响很大，秦朝建立之后，法家学说成了官方意识形态，李斯等人开始打压儒学，经过著名的"焚书坑儒"之后，六经受到了冲击，礼乐的"乐"也失传了。到了汉代，六经变成了《诗》《书》《礼》《易》《春秋》五经。

五经是十三经的核心部分，其他的都是五经的衍生品。其中，在孔子之后，儒家学者担心孔子《春秋》微言大义被人误读，所以左丘明、公羊高、穀梁赤等人开始撰写《左传》《公羊传》《穀梁传》，以此来解释《春秋》。与《礼经》也就是《仪礼》相关的，则是《周礼》《礼记》。《周易》《诗经》《尚书》《左传》《公羊传》《穀梁传》《周礼》《仪礼》《礼记》这九部经典，唐宋学者称为"九经"。

《论语》和《孝经》是孔子弟子和再传弟子们所编，里面记载的都是与孔子相关的思想。它们因为简短，通俗易懂，所以在汉代被作为启蒙读物，上到皇帝，下到百姓，都要学习。它们在唐代也被正式立为官学。《尔雅》这部书是战国时期的学者为了解释《诗经》《尚书》等经典而编纂的词典，它是我国最早的工具类辞书，在唐代才被确定为经。

这样一来，九经加上《论语》《孝经》《尔雅》合计为十二经。

在公元830年，唐文宗接受国子监郑覃的建议，下令校定典籍，勒石于太学。前后花费大约七年时间，到开成二年（837）刻成了《开成石经》。刻成之后立在唐长安城的国子监内，成为当时知识分子必读之书，同时也是读经者抄录校对的标准。

《孟子》作为儒家经典，是孟子所作，反映的是亚圣孟子的思想。《史记》记载，孟子曾经师从孔子的孙子子思的门人。《孟子》成书以后，一直没有得到学者的重点关注，在汉唐之际一直被列为子书，而不是经书。原因就是，从战国开始荀子讲求礼制的一派一直占据上风，孟子讲的道德心性之学很少受到关注。但是佛教在汉代传入中国，经过魏晋南北朝隋唐的大力发展，佛教达到顶峰，由于佛教的思想精髓在于修心成佛，这一时期的儒家学者比如韩愈、李翱等人为了重建新的儒学思想体系，以对抗佛教，于是就搬出了《孟子》，因为《孟子》一书主要讲的就是人心人性，即性善论，并在此基础上推行仁政。

在宋代，《孟子》更是得到了广泛重视，宋初三先生、周敦颐、邵雍、张载、二程、王安石等人都借助《孟子》来表达自己的思想。其中，王安石从年轻时就特别偏爱《孟子》，不仅为人以孟子为榜样，十分推崇孟子的高贵气节和人生抱负，而且在文风上也极力模仿孟子。等到王安石当上宰相之后，倡导变法，还通过宋神宗将《孟子》这部书立为官学，作为科举考试必读书。从此之后，《孟子》被确立为经典，十三经的基本格局形成了。

在南宋以前，有关十三经的注疏都是单独流传的。到了南宋时期，朝廷将历代解释十三经的经典著述合刻在一起，形成了一整套汇集经文、注疏的《十三经注疏》本。"十三经"的说法也自此确立，并在元明清广泛流传。

四书，是指《大学》《中庸》《论语》《孟子》，这一说法产生于北宋。当时的理学家如周敦颐、张载、程颢、程颐、朱熹等人为了建立理学，尤其是宋明理学的奠基人——二程，将注重道德心性的《大学》《中庸》《论语》《孟子》作为一个整体进行诠释，建构了系统的理学思想体系。后来，二程的四传弟子朱熹，在二程及后传弟子思想的基础上做了集大成的工作，形成了系统的程朱理学思想体系。元明清时，程朱理学被确立为官学，四书也被广泛重视，学者们一般都是先读四书，然后再读五经。

二、孔子传承五经之学

十三经是中华文化的核心经典，而五经更是这个核心的核心。我们现在看到的五经，并不是最初产生的五经，而是孔子编辑、整理后的五经。可以说，孔子在五经流传历史上具有承上启下的重要地位。毕竟，孔子并不仅仅只是简单地编辑整理六经，而是在此过程中融入了他自己的思想。也就是说，孔子为五经注入了新鲜的血液，改变了五经的价值与意义。所以，了解孔子，对于我们理解五经，理解中华文化的精神，都有着至关重要的意义。

孔子是殷商的后裔，出生于鲁国，而鲁国是周公的分封地，是周代文化的典型代表。孔子长期生活在周文化的熏陶中，并对之产生了深深的情感与认同，他曾说过一句话："周监于二代，郁郁乎文哉！吾从周。"（《论语·八佾》）这里的"监"通"鉴"，就是借鉴的意思。这句话的意思是说："周礼是借鉴于夏礼和殷礼，并在夏礼和殷礼的基础上演变发展而建立起来的，多么丰富完备啊！我遵从周礼。"由于孔子羡慕周代完备的礼乐文明，所以他对周代所遗留下来的文化遗产——六经（包括《乐经》）开始进行整理，整理本身就是一种创造，因为他删去了不该要的，留下了他觉得应该存在的，其标准就是周代礼制观念。孔子对六经的整理其实就是赋予这些经典新的价值与意义，使之成为中国古代文化的源泉。可以说，孔子在六经发展史上是承前启后的关键人物，他是那个时代集大成的人物。在古人看来，"六经"的形成与孔子有直接的关系，是孔子赋予六经以新的价值和意义，具体来说如下。

孔子与《周易》的关系。孔子曾作《易传》。孔子非常喜欢《周易》，遇到事情就喜欢占卜，当然，遇事进行占卜是那个时代的潮流。到了晚年，孔子回到故乡鲁国，开始整理六经，传承周代礼乐文明。晚年的孔子特别喜欢《周易》，不是为了占卜，而是为了探究其中所蕴含的深厚哲理。《史记》《汉书》都记载说，孔子晚年喜欢读《周易》，曾"韦编三绝"，就是说孔子多次看《周易》，把捆着《周易》竹简的牛皮做的绳子都磨断了多次，这里的"三"是虚指，指多次。孔子经过多次阅读《周易》，对《周易》中的哲理有了深刻的体悟，于是他写下了《易传》。当然，今天《周易》中的《易传》不是孔子的原作，它们已经经过了儒家后传弟子的编辑、整理。尽管如此，《易传》仍充分体现了孔子的思想。

《易传》成书之后，就成了《周易》的重要组成部分。这样《周易》就由两部分组成：一部分是《易经》六十四卦及卦爻辞；另一部分就是专门阐发《周易》哲理的部分，即《系辞》《序卦》《杂卦》《文言》等《易传》部分。尽管从宋代开始，就有欧阳修等人怀疑孔子没有作《易传》，但在中国古代的历史长河中，《易传》一直被看成是孔子的思想体现。最近几年出土的先秦时期的简帛，上面也有孔子对《周易》的解释，其中的思想与《易传》基本一致。这表明孔子晚年确实曾经研究过《周易》，并作过《易传》。总而言之，古代《周易》经过孔子的整理和研究，开始由占卜的书转化为一本哲学书。

孔子与《尚书》的关系。《尚书》本来是夏商周时期有关君臣治国的宫廷档案，在孔子之前流传有三千多篇，根据《史记》《汉书》记载，孔子曾经将三千多篇《尚书》，删减为一百多篇，孔子便用这个文本教育自己的弟子。受秦汉之际"焚书坑儒"等多种因素的影响，到了汉文帝时期，秦博士伏生所传的《尚书》只剩下二十九篇。不过，在当时也出现了用先秦古文字书写的古文《尚书》文本。

孔子与《诗经》的关系。《诗经》是周王室通过采诗、献诗、作诗等形式而产生，最终形成西周王官之学所用的《诗经》文本。到了春秋时期，随着王官之学的衰落，孔子在以往文本的基础上整理、传承《诗经》。当然，也有一种说法，认为孔子删定《诗经》。即相传在孔子之前有三千多篇诗歌，经过孔子删定，成为三百零五篇，删定《诗经》的标准就是西周的礼乐。

孔子与《仪礼》的关系。司马迁《史记》、班固《汉书》都认为在周王室礼坏乐崩的情况下，孔子整理了《仪礼》一书，表彰周代礼乐文明。其中《史记》说：

> 孔子之时，周室微而礼乐废，《诗》《书》缺。追迹三代之礼，序《书》《传》，上纪唐虞之际，下至秦缪，编次其事。曰："夏礼吾能言之，杞不足徵也。殷礼吾能言之，宋不足徵也。足，则吾能徵之矣。"观殷夏所损益，曰："后虽百世可知也，以一文一质。周监二代，郁郁乎文哉。吾从周。"故《书传》《礼记》自孔氏。（《史记·孔子世家》）

> 夫周室衰而《关雎》作，幽厉微而礼乐坏，诸侯恣行，政由强

国。故孔子闵王路废而邪道兴,于是论次《诗》《书》,修起礼乐。(《史记·儒林列传》)

《汉书·儒林传》也说:

> 自卫反鲁,然后乐正,《雅》《颂》各得其所。究观古今之篇籍,乃称曰:"大哉,尧之为君也!唯天为大,唯尧则之。巍巍乎其有成功也,焕乎其有文章!"又曰:"周监于二世,郁郁乎文哉!吾从周。"于是叙《书》则断《尧典》,称乐则法《韶舞》,论《诗》则首《周南》。缀周之礼,因鲁《春秋》,举十二公行事,绳之以文武之道,成一王法,至获麟而止。盖晚而好《易》,读之韦编三绝,而为之传。皆因近圣之事,曰(以)立先王之教,故曰:"述而不作,信而好古";"下学而上达,知我者其天乎!"

《史记》《汉书》中所提到的"礼"都是《仪礼》一书。他们都认为,孔子鉴于春秋时期王室衰微、礼坏乐崩,为了重振当时的礼乐文明,就整理当时西周的王官之学包括《仪礼》,"故《书传》《礼记》自孔氏","论次《诗》《书》,修起礼乐","叙《书》则断《尧典》,称乐则法《韶舞》,论《诗》则首《周南》。缀周之礼"。总之,孔子整理了周代礼乐方面的书籍,这其中应当有《仪礼》,《仪礼》的后传文本主要是孔子所编订、传承。

孔子与《春秋》的关系。根据《孟子》《史记》的记载,《春秋》是孔子根据鲁国史记删定而成,是五经之中与孔子关系最为密切的经典。孔子删定《春秋》不是为了记录历史,而是要通过历史叙述的形式来表达自己的政治理想,用《庄子·天下》篇中的观点来说,"《春秋》以道名分",即孔子删定《春秋》的目的就是为了通过正名来规范每个人的行为,比如说君君臣臣父父子子,就是说君主要像个君主、臣子要像个臣子、父亲要像父亲、儿子要像儿子，彼此各司其职，每个人都知道自己的位置和目标，整个社会就会和谐有序、非常安定。《春秋》三传是孔子之后儒家学者对《春秋》所作的解释，所反映的思想基本上和孔子《春秋》一致。

此外，还有《论语》《孝经》《尔雅》《孟子》，作为古代经典的传记，即解释经典之作，它们都发挥着至关重要的作用。其中《论语》由孔子弟子和再传弟子们所编辑，反映的主要是孔子的思想。《孝经》是孔子弟子曾子和再传弟子所编，主要反映的是孔子、曾子的孝道思想。《尔雅》由战国至秦汉时期的学者所编辑，是解释《诗经》《尚书》等经典的工具书。《孟子》由孟子和他的弟子编辑，主要继承的是孔子"仁爱"的思想。

总而言之，十三经与孔子均有着直接或间接的关系，可以说没有孔子就没有后来的十三经，孔子是十三经形成的关键性人物。我们可以选用现代新儒家徐复观的一句话来总结，他说："孔子之学，从文献上说，概括了后来之所谓'六经'，所以他才真正可以说集古代文化的大成。同时，他并转化了传统的价值观念，创发了新的价值观念，所以他才真正可以说是后来文化的源泉。"[①] 其实，孔子生活的时代是人类文化的黄金时代，德国哲学家卡尔·雅斯贝尔斯曾提出了"轴心时代"的观点，认为在人类生活的公元前800年至前200年之间，尤其是公元前600年至前300年间，是人类文明的"轴心时代"。这一时期，在中国、古印度、古希腊等地都产生了人类的新哲学或宗教，比如中国的儒学、古印度释迦牟尼的佛教、古希腊哲学等等。这就说明，孔子不但是中国古代文化史上伟大的人物，

---

① 《徐复观论经学史二种》，上海书店出版社，2006年，第26页。

也是世界文明史上的伟人。

三、十三经与中华传统文化

十三经作为中国传统文化的核心，它们产生的时间不同，内容与思想也极为不同。就《周易》而言，它最初产生时是为了占卜吉凶，不过《易经》六十四卦、卦爻辞也是上古时期阴阳观念、整体思维的一种体现。尽管后来《易经》经过孔子的努力，转化为哲学的著述，但是占卜算命依然很流行，《周易》仍被视为其思想理论的来源。比如古代流行的看面相，就是基于《周易》的阴阳学说，因为在《周易》看来，宇宙万物都是由阴阳二气组成，气清者为贵，气浊者为贱，所谓气质不同，命格自然不同。

实际上，《周易》经过孔子《易传》的阐发，从占卜之书转变为哲学经典，成为中华思想文化的源头，成为十三经之首。《周易》所蕴含的思想内涵非常丰富，正如《四库全书》所评价说："《易》道广大，无所不包，旁及天文、地理、乐律、兵法、韵学、算术，以逮方外之炉火，皆可援《易》以为说，而好异者又援以入《易》，故《易》说愈繁。"[1] 在清人看来，《周易》所蕴含的道理实在是太广泛了，无所不包，天文、地理、乐律、兵法、音韵学、算术、炼丹、中医、科技等等中国古代传统文化、思想都与《周易》有直接或间接的关系。总之一句话，《周易》是中国古代一切思想文化的源泉。

中国哲学源远流长，其中易学扮演着至关重要的角色，对此正如张立文先生所言："中国哲学的发展与易学的发展一直相伴而行，

---

[1] 《四库全书总目提要》卷一《经部·易类一》，商务印书馆，1931年。

如影随形。包含华夏先哲深湛智慧的《易经》，是中国哲学的源头活水，由阐扬《易经》而成的《易传》，是先秦哲学的最高成果。在汉代确立为群经之首的《周易》，不仅是魏晋三玄之冠，宋明道学主原，而且成为近代新学的基干，现代新儒家的宗主。《周易》之所以被称为中华第一经，关键即在于易学是贯穿中国哲学历程的中心线索，《周易》是中国哲学的首要资源。"① 可以说，《周易》是中国哲学的核心与基石，是中国哲学的思想源泉，离开《周易》则中国哲学无从谈起。

《尚书》也是中国古代的经典之作，是文化的渊薮，正如唐代刘知幾在其《史通·断限》中所言："夫《尚书》者，七经之冠冕，百氏之襟袖。凡学者必先精此书，次览群籍。"② 可以说，《尚书》内容涉及政治、宗教、哲学、伦理、道德、法律等多个方面，它所宣扬的政治哲学、文化伦理对我国古代社会政治秩序的稳固、传统文化的形成具有非常深远的影响。正如顾颉刚所说："《尚书》一书可说牵涉到全部中国古代史，以至影响全部中国史。"③ 另外，《尚书》作为夏、商、周三代文明与文化的精华，尤其是它所宣扬的以民为本、"以德治国"、大一统等政治理念与天命观、阴阳五行学说等，对中国秦汉以后的社会政治、思想文化影响非常大，历朝历代的帝王都将之作为政治教科书和治国宝典，官僚士大夫也将它作为修身治国的"大经大法"，它也是古代科举士子们考试的必读书。即使在今天，《尚书》依旧有它的魅力，毕竟它所说的很多政治道德，比如为

---

① 张立文主编：《和境——易学与中国文化》，人民出版社，2005年，第14页。
② [唐]刘知幾撰，[清]浦起龙释：《史通通释》卷四《断限第十二》，上海古籍出版社，1978年，第97页。
③ 刘起釪：《古史续辨》，中国社会科学出版社，1991年，第382页。

政者要亲民、心怀仁德、礼法并用在今天依旧有重要的价值。

《诗经》是中国古代最重要的经典之一，它是中国文学的源头，在中国古代文学发展历程上具有重要价值，正如冯天瑜先生所言："《诗经》是一部从内容到形式都富于首创性的文学杰作，它的思想倾向与艺术风格影响后世文学至深，一部中国文学史，可以说是在《诗》的导引下得以发展的。"[1] 正是由于丰富细致的语言形式与思想内容，它直接影响了后来的汉乐府、建安诗、唐诗、宋词以及元杂剧和明清小说的主题思想与艺术特色。

《诗经》作为中国第一部诗歌总集，它反映的是社会各个阶层的生活，包括创业建国、社会生活、婚姻爱情、仪礼习俗、生产劳动、战争徭役等多个方面，许多诗篇都可以说是史诗。这对于了解、研究中国先秦史的学者来说无疑至关重要，正如夏传才《二十世纪诗经学》中所说："《诗经》是重要的历史文献，产生在上古时代的这些篇章，反映当时的社会生活，保存了丰富的社会史料和文化史料，而且具有无可怀疑的真实性，所以它对于研究史前史、西周史和春秋史，都是宝贵的资料，也有助于研究历史地理、宗教学、神话学、社会民俗学、人类学的众多课题；诗篇中记载的各种名物，对于研究农业史、古代博物学、古代天文学，也不可或缺。现在，《诗经》的文献价值，越来越多地被史学界所重视。在20世纪的中国，没有一位研究通史和先秦史的历史学家不在论著中利用《诗经》中的史料；我们可以说离开这部文献便写不好先秦史。"[2]

礼是中华民族文明的象征，从大的角度来说，礼作为一种社会

---

[1] 冯天瑜：《中华元典精神》，上海人民出版社，1994年，第55页。
[2] 夏传才：《二十世纪诗经学》，学苑出版社，2005年，第4页。

政治制度，从夏商周一直沿袭到清代，维护着中华大一统的存在以及社会政治活动的正常进行；从小的方面来说，礼又是一种无所不在的社会道德规范，规范着上到君主贵族下到普通百姓的日常生活和思想。礼在中国传统文化中，涉及的范围非常广泛，可以说在中国古代社会风俗、伦理政治、思想文化等多个领域中发挥着非常重要的作用，是中华文化的核心所在。作为礼仪之邦的礼学经典——三《礼》也一直得到历朝历代君臣、百姓的关注与研习，成为古代的显学之一。

《周礼》六篇记载的内容非常丰富，它将天、地、四时（春、夏、秋、冬）与六大官属相联系，从而构成国家行政机构体系，大到天下九州区划、邦国建制，小到沟洫道路、草木虫鱼，涉及官制、礼仪、兵制、学制、刑法等多个方面。整体上看，《周礼》建构了一种以王为中心的自上而下层层领导的政治体制，这也是周代官制的基本展现。

《周礼》对中国古代的典章制度（即政治制度）有着非常重要的影响。隋唐设立三省六部制，其中吏、户、礼、兵、刑、工六部就和《周礼》中的六官（天、地、春、夏、秋、冬）相对应。还有历史上的王莽改制、西魏苏绰定制、唐玄宗定《开元六典》、宋代王安石变法等等，也都是仿效《周礼》进行制度变革并加以完善的。其中西魏宇文泰在苏绰的建议下，为了巩固自己的王权，根据《周礼》推行新的官制，抛弃了魏晋以来的官职名号，仿《周礼》设立六官：宇文泰为太师、大冢宰，李弼为太傅、大司徒，赵贵为太保、大宗伯，独孤信为大司马，于谨为大司寇，侯莫陈崇为大司空，其余官职称号也都仿《周礼》。

《仪礼》一书从不同角度规范着中国古代的各个领域，正如清人邵懿辰所言:"冠昏丧祭射乡朝聘八者,礼之经也。冠以明成人,昏以合男女,丧以仁父子,祭以严鬼神,乡饮以合乡里,聘食以睦邦交,朝聘以辨上下。"① 总之,《仪礼》从不同角度规范着中国人的言行举止,铸造了中华民族注重礼仪的民族精神,从而形成了独具特色的礼仪之邦,并维系着这种文明继续传承与发展。

中国在几大文明系统之中具有独具一格的礼乐传统,这与《礼记》的诠释有直接关系,通过诠释,《仪礼》的价值与意义得到了再现,礼仪成为文明存续的重要保障。可以说,《礼记》作为礼学著作,反复强调礼仪的重要性,认为它不仅是社会秩序的重要保障,更是人之所以为人的重要标志,《礼记·冠义》说:"凡人之所以为人者,礼义也。"在《礼记·曲礼上》及《郊特牲》中亦有云:

> 鹦鹉能言,不离飞鸟。猩猩能言,不离禽兽。今人而无礼,虽能言,不亦禽兽之心乎!夫唯禽兽无礼,故父子聚麀。是故圣人作,为礼以教人,使人以有礼,知自别于禽兽。(《礼记·曲礼上》)

> 男女有别然后父子亲,父子亲然后义生,义生然后礼作,礼作然后万物安。无别无义,禽兽之道也。(《礼记·郊特牲》)

这里将礼仪的发生,与天地、男女、夫妇、父子、君臣之义相沟通,体现了礼仪不仅是秩序存在的保障,更是人之所以为人的基本条件。不仅如此,《礼记》还将礼仪视为社会秩序、人伦道德存在的重要前提,如《礼记·曲礼上》所说:

> 道德仁义,非礼不成。教训正俗,非礼不备。分争辨讼,非礼不决。君臣、上下、父子、兄弟,非礼不定。宦学事师,非礼不

---

① [清]邵懿辰:《礼经通论》,阮元、王先谦辑:《清经解》(正续编合刊,缩印本),上海书店,1988年,第5册,第585页。

亲。班朝治军，莅官行法，非礼威严不行。祷祠祭祀，供给鬼神，非礼不诚不庄。

礼仪在道德仁义、风俗民情、争执诉讼、上下等级、礼义教化、治军施政、祭祀祈祷等各种事项的贯彻中都有重要的价值和意义，也正因如此，中国一直被称为礼仪之邦。更为主要的是，中国的礼仪具有深厚的人文传统，突出人文精神，与西方宗教化的礼仪有着极大的不同。可以说，中国传统的礼仪被泛化，一切都可以用礼来规范、来表示，礼仪已经不仅仅是一种制度、一种规则，更为主要的是它也被视为道德的重要体现。是否遵守礼仪，也被看成是否有道德。换言之，礼仪被道德化了，成为人们自觉遵守的规则与习惯。

《春秋》三传，如今来看它们属于史书，但在古人看来，它们是哲学、政治之书，是孔子政治思想最重要的体现。《春秋》三传实际上是以历史叙述的形式或者说以具体的历史事实来表达深刻的政治哲学。《春秋》在中国古代影响非常大，中国历史上的编年体史书，比如《左传》、《资治通鉴》、历朝实录等等就是根据《春秋》体例编纂而成的，无论是在编纂思想、编纂形式还是内容选择上都受到《春秋》的直接影响。二十四史尽管是纪传体，但实际上它们是《尚书》《春秋》的混合体。《春秋》的写作手法，即"春秋笔法"，对后世影响很大，即"一字定褒贬"。《春秋》三传对后世影响也很大，比如解释《春秋》的《左传》，就通过"君子曰"抒发评论，首创"史""论"结合的体裁。后来，司马迁《史记》的"太史公曰"，就是效法《左传》而来，《资治通鉴》后面一般是"臣光曰"，还有很多正史都有"论赞"等，有学者认为《左传》"君子曰"开启了史学评论的新方式。

《论语》是孔子弟子及再传弟子所编，主要讲的是孔子的思想。

孔子的思想主要是仁和礼两面，仁是内在本质，礼是外在体现，正如一个硬币的正反两面。就如我们今天讲法制一样，如果让孔子来看，法制要以爱人、民生为根本，否则就是形式。当然，《论语》不是全都在说教，它主要是通过孔子和弟子对话的形式，或者孔子对弟子教育的形式来反映孔子的思想，比如政治思想、教育思想、哲学思想、伦理思想，还有具体的做人做事的准则。比如孔子"以直报怨，以德报德"的思想，《论语·宪问》载："或曰：'以德报怨，何如？'子曰：'何以报德？以直报怨，以德报德。'"有人问："不记别人的仇，反而给他好处，如何？"孔子说："那用什么报答别人对你的好呢？应以正直回应对别人的仇恨，用恩惠报答恩惠。"

《论语》一书中主要表达了孔子的仁学思想。在孔子的思想体系中，仁与礼是相辅相成、表里如一、不可分割的关系。仁即道德伦理（重在亲亲、爱人），它是实现等级礼制的前提和基础，而礼即社会政治秩序（重在名分、责任），则是仁所实现的最终目标。所以，就此而言，《论语》所展现的仁学思想体系，其实就是道德伦理—社会政治的融合体，正如美国学者史华兹所言：

> 在《论语》中，就其最宽泛的意义而言，它所表示的仅仅是整个规范性的社会政治秩序；除了相应的家庭的与社会政治的角色、规矩、品行所构成的网络以外，还表示与各种行为——礼仪的、仪式的以及伦理行为有关的"客观"命令，这些命令支配着各种角色之间的关系。从另一方面讲，它也明显地重视个人"内在的"道德生活。[1]

---

[1] ［美］本杰明·史华兹著，程钢译：《古代中国的思想世界》，江苏人民出版社，2004年，第64页。

就是说，孔子所宣扬的道德伦理—社会政治思想体系，其思想的起点是个人道德人格的完善，其终点是社会政治秩序的重建，即我们常说的"内圣外王"之道。如果从中国思想发展的历史来看，孔子所提出来的新仁学，可以说是先秦以来思想范式的重要转变：即从周公时代倡导的以"礼"为核心的礼乐体系转化为以"仁"为核心的道德伦理体系，这个思想范式对于后来有深远的影响。也正是从此之后，仁成为儒家学说最为核心的标志。

讲究孝道，是中华民族的一个优良传统。孝道不仅影响着中国历朝历代人们的思想，也同时成为人们评价他人言行的一个重要的标准，即民间常说的"百善孝为先"。《孝经》是十三经中内容最少的一部，共有1799字。这部书专门讲"孝道"，在中国古代一直得到上至皇帝下至黎民百姓的重视。可以说，注重孝道、孝行，是中华民族的基本精神。

中华民族注重孝道、孝行，这与中华民族乃农业文明有直接的关系，由于在家族血亲关系的处理中，非常强调长辈、晚辈之间的伦理关系，从先秦开始就将孝治作为至关重要的治国理念，孔子《孝经》的成书只不过是对先秦时期孝道、孝行思想的继承与发展而已。随着汉代儒学官学化，《孝经》也被作为为学处事的必读书，更是必读的启蒙读物。这样一来，《孝经》学在以往的基础上得到长足的发展，它成为中国古代影响最大、字数最少的经典之作。对此，正如胡平生所说：

> 中国的古书浩如烟海，如果说让我们从这个浩茫的书海中评选出一部字数最少、内容最浅，而影响最大、争议最大的著作的话，我想那毫无疑问要属《孝经》了。《孝经》总字数不过一千百余言，可是，两千年来，上至帝王将相，下至黎民百姓，广为传习，倍加

尊崇，影响所及，远至异族异国。①

的确，一方面《孝经》本身字数极少，但另一方面它作为儒家的核心经典而得到了历朝历代的重视，更为主要的是《孝经》所宣扬的孝道得到了社会各阶层的重视，并被作为治国的基本理念。随着中国文化、儒学传到世界各地，《孝经》也备受东亚、东南亚乃至世界各国的重视。

《尔雅》在十三经中是比较特殊的一部书，在晚唐时期升格为经书。它是我国古人阅读古文献、通晓方言、辨名识物的一部古汉语工具书，它是对上古以来古字、古词进行解释的一部综合性辞书。它对我们研究《诗经》《尚书》以及先秦时期的历史文化都有很大的帮助。比如有关先秦时期的疾病就有多种，《释诂》中就说：

> 痡、瘏、虺颓、玄黄、劬劳、咎、顇、瘇、瘉、鳏、戮、瘋、癠、瘽、痒、疧、疵、闵、逐、疚、痗、瘥、痱、瘅、瘵、瘦、瘆，病也。

以上这些词语都表示人的各种病态，或者说是身体非正常的状态。比如"痡"，意思是说人疲劳不能行走的病症。"瘏"是人劳累过度所导致的病症。"虺颓"也作"虺隤"，表示生病的样子，《诗经·周南·卷耳》有句诗就说："陟彼崔嵬，我马虺隤。"玄黄也是生病的样子，《诗经·周南·卷耳》也有句诗说："陟彼高冈，我马玄黄。""劬劳"表示劳苦、劳累的意思。"咎"表示灾祸，古人也常常把病看成是灾，《周易》中就有"无咎"的卦爻辞。"顇"，表示憔悴、瘦弱，一般也作"瘁"，诸葛亮《出师表》中就有"鞠躬尽瘁，

---

① 胡平生：《孝经译注》，中华书局，1996年，第1页。

死而后已",意思是说不辞辛劳,竭尽全力,贡献自己的一切。"瘽"是"勤"的古字,表示积劳成疾,与前面"劢劳"意义相近。古人常说"勤民",意思是说,让老百姓很辛劳。"瘖"指劳累困顿而生病,《诗经·小雅·正月》就有:"父母生我,胡俾我瘖?不自我先,不自我后。"意思是说,父母生我不逢时,为何令我遭祸殃?苦难不早也不晚,此时恰落我头上。"鳏",同"瘝",表示病患疾苦,有时候也表示孤独忧患,我们常说"鳏夫",就是指没有妻子或老了丧妻的人。"戮",就是羞辱、侮辱,比如戮人就是罪人,戮民就是受刑罚的人。"癙",内心忧郁而产生的疾病。"癵",积忧成疾,肌体消瘦。"痯",表示忧愁的病症。"痒",忧思成病,这较前面的"癵"多了思想的成分,长期忧愁、思虑,以致气血凝结,成为病症。"疧",忧病不止,就是长期都处于忧患的病态。"疵",小毛病,我们常说"吹毛求疵"。"闵",古代同"悯",指的是内心忧虑。"逐",它是"轴"的古字,而"轴"在古代通"疛",指的是一种心病。"疚",长期得病,也指由于自己的得失而造成自己内心的痛苦,今天我们还常说"内疚""愧疚""歉疚"等。"痗",忧病,《诗经·卫风·伯兮》中有:"愿言思伯,使我心痗。"意思是说,一心想着我大哥,使我内心充满忧愁与思念。"瘥",指疫病,古代用"瘥疠"表示瘟疫;另外,也指久病初愈。"痱",中风得病。"瘅",因劳累过度而得病。"瘵",多指痨病,比如肺瘵之类。"瘼",疾苦,古人常用"民瘼"表示百姓疾苦。"瘠",表示因为得病而面容消瘦,相当于我们常说的"为伊消得人憔悴"。以上就是古人关于疾病的种种描述,状态不同,就用不同的词语,不同的语言所表达的感情色彩也有所不同,通过这些我们也可以看出古代语言的丰富与多样化。总而言之,我们可以看出,《尔雅》汇集了上古时期各种词语,对于我们了解古代语言的演变与状态有重要的价值与意义。

孟子作为儒家最重要的代表之一，他主要发挥了孔子"仁"的学说，提出了性善论，认为每个人从一出生就是善良的，所以我们要扩展这种善良与爱心，尤其是君主，要推行仁爱，最终建立仁政，这就是孟子的思想路数。孟子的思想在宋代以后影响非常大，《孟子》一书也成为宋元明清时期的政治纲领。后来《三字经》第一句说"人之初，性本善"，袭用的就是孟子学说。

周 易

《周易》是世界上最奇特的一部经典，它是由符号和文字两部分组成的，它作为中国古代最古老的经典，虽然从起源上或本质上是一部占卜、算命的书，但是经过孔子的重新整理、解释之后，它变成了一部蕴涵非常深厚的哲学著作。从孔子《易传》流行之后，严格意义上来讲，是从汉代以后，《周易》被学者列在《诗经》《尚书》《春秋》等经典的前面。在春秋时期，六经的排列顺序一般都是这样的：《诗》《书》《礼》《乐》《易》《春秋》；汉代以后，变成了：《易》《诗》《书》《礼》《乐》《春秋》。《周易》由此变成了中国古代一切思想文化的源头和理论基础，正如清代《四库全书总目提要》中所说"易道广大，无所不包"[①]。

一、《周易》的产生及演变

　　《周易》作为一部奇书，关于它的产生，一直以来争议不断，这不仅涉及八卦的起源，也涉及六十四卦及卦爻辞的创作，更涉及《易传》的作者问题，等等。总之，直到今天，关于《周易》产生的探讨，一直没有终止，也没有形成一个共识。所以，下文我们从八卦、六十四卦及卦爻辞、《易传》几个方面来梳理。

（一）伏羲与八卦、周文王与六十四卦

　　作为《周易》最基本的构成——八卦，自古以来都认为是伏羲

---

① 《四库全书总目提要》卷一《经部·易类一》。

所作。伏羲是古籍记载的中国最古老的王。相传他人首蛇身，是他母亲踩了一个巨人的脚印，有所感应之后，怀孕十二年所生。后来，洪水泛滥，吞没了整个人类，当时只有伏羲和他的妹妹女娲活了下来。为了繁衍后代，伏羲和女娲结婚，由此成为中华民族最古老的祖先。当然这只是传说，就像盘古开天辟地一样。其实，每个民族都有自己的创世神话，就像西方上帝七天造人一样，伏羲也只不过是后人虚构出来，用以描述人类诞生、历史发展、演变的一个象征符号。

伏羲天资聪明，智慧超常，对各种事情都很好奇，他根据观察到的自然景象，用简单的符号来揭示宇宙大自然永恒的哲理，这就是八卦的产生。《易传·系辞下》对这件事情作了解释：

> 古者包牺氏之王天下也，仰则观象于天，俯则观法于地，观鸟兽之文，与地之宜，近取诸身，远取诸物，于是始作八卦。

包牺氏，又作伏羲氏、宓羲氏、庖羲氏、包羲氏、伏戏氏等。仰则观象于天，指抬头观天上的星象，就像西方的占星术一样。俯则观法于地，低头观察地形的走势，后来的风水学其实就是这样起源的，也叫堪舆学。观鸟兽之文，观察飞鸟走兽的肤色花纹，也就是了解各种动物的情况。地之宜，宜，物宜，就是不同土壤所生长的不同植物、所养育的不同动物。比如《尚书·禹贡》就是讲大禹通过考察地形，然后将天下分为九州，各州都有什么地形、物产、风俗等等。这几句话是说，伏羲氏作《易》八卦，大到天地之象，小到鸟兽花纹与生物的生长情况，都有所观察。近取诸身，远取诸物，这是个互文的句子，意思是说，伏羲根据远近的各种东西，比如近处的有自身的耳朵、眼睛（《周易》中有观卦〔下坤上巽〕）、鼻子、嘴（《周易》有颐卦〔下震上艮〕，表示吃东西，我们常说大快朵颐），远方的如山川、河流、雷电等，总而言之，他仔细观察了整个宇宙大自然，然后用简单的符号"八卦"来表示。

伏羲所画的八卦，即乾、坤、坎、离、艮、巽、震、兑。这八卦有很强的象征性，这一点我们可以从《说卦》中看出来，《易传·说卦》称："乾，西北之卦也……乾，健也……乾为马……乾为首……乾，天也，故称乎父……乾为天，为圜，为君，为父，为玉，为金，为寒，为冰，为大赤，为良马，为老马，为瘠马，为驳马，为木果。"从这可以看出，八卦具有丰富的象征意义，它们可以说是解释宇宙万事万物的基本要素。

关于六十四卦及卦爻辞的形成，后来《史记》《汉书》根据《系辞传》都作了非常细致的描述，认为八卦产生之后，周文王被商纣王关在羑里（今河南汤阴一带）的监狱里时，将八卦两两相重，推演变成了六十四卦，并分为上下两篇，其中上篇三十卦，下篇三十四卦，并为之撰写了卦爻辞。一说，周公作卦爻辞，时间大体是在商周之际，就是《易传·系辞下》中所说："《易》之兴也，其于中古乎？作《易》者，其有忧患乎？""《易》之兴也，其当殷之末世，周之盛德邪？当文王与纣之事邪？"后来司马迁《报任安书》中直接指出，周文王演八卦为六十四卦、三百八十四爻，进一步肯定了周文王作卦爻辞。后来学者如扬雄《法言·问神》、王充《论衡·正说》等都肯定了这一说法。另外，还有学者如马融、陆绩、朱熹、胡一桂等都认可周文王作卦辞、周公作爻辞等说法。

近代以来，郭沫若、顾颉刚、李镜池、冯友兰、高亨等人提出了新的看法。如郭沫若在《周易之制作时代》中认为卦爻辞是孔子的再传弟子楚国人馯臂子弓所作。顾颉刚《周易卦爻辞中的故事》

则认为《易经》卦爻辞非周文王所作，而是周初的作品。李镜池在《周易筮辞考》《易传探源》中则认为卦爻辞作者非一人，乃是历代无数卜筮之官集体创作而成。冯友兰《易经的哲学思想》中也认为，卦爻辞不是周文王、周公两人所作，而是经过长期积累而成，定型可能发生在殷末周初。另外，还有很多别的观点。

实际上，卦爻辞并非一家之言，也非一时之作，而是由当时掌管占筮的官员经过长期的采集、编辑、整理而成，既非出自一人之手，更非一时所能完成。不过，卦爻辞的定本当在战国时期。

（二）孔子与《易传》

到了春秋时期，孔子又作了《易传》十篇来分析《易经》的哲学意义。这样一来，完整的《周易》就形成了。班固《汉书》继承完善了孔子《易传·系辞》、司马迁《史记》的观点，将《周易》的形成作了细致的说明：

> 《易》曰："宓戏氏仰观象于天，俯观法于地，观鸟兽之文，与地之宜，近取诸身，远取诸物，于是始作八卦，以通神明之德，以类万物之情。"至于殷、周之际，纣在上位，逆天暴物，文王以诸侯顺命而行道，天人之占可得而效，于是重《易》六爻，作上下篇。孔氏为之《彖》《象》《系辞》《文言》《序卦》之属十篇。故曰《易》道深矣，人更三圣，世历三古。及秦燔书，而《易》为筮卜之事，传者不绝。（《汉书·艺文志》）

班固将《周易》的形成过程分成了"三古"即上古、中古和下古三个时期。上古时期，伏羲创造了八卦。中古时期，周文王将八卦推演为六十四卦，并为六十卦作卦爻辞。下古时期，孔子晚年作

《易传》。孔子、司马迁、班固的说法在后世影响很大，尽管从宋代开始就有欧阳修等人怀疑这个观点，但在中国古代一般都认同这个成书过程。

在孔子的时代，《易经》占卜非常流行，当时的君王、诸侯、士大夫、巫史等都喜欢利用《易经》来判断吉凶。现存《左传》中提到《周易》的就有十九条，其中十六条都是关于占筮的。这就很能说明，《周易》在春秋时期主要是用来占卜的。只不过，在孔子所处的春秋时代，人们已经开始挣脱《易经》占卜的束缚，注重从思想义理，尤其是注重从占卜者主体的道德修养来分析吉凶祸福了。比如《左传》襄公九年（前564）记载了一个占卜实例，这个例子常被后来研究《周易》的学者引用，具体内容是：

> 穆姜薨于东宫。始往而筮之，遇《艮》之八，史曰："是谓《艮》之《随》。随，其出也。君必速出。"姜曰："亡。是于《周易》曰：'《随》，元、亨、利、贞，无咎。'元，体之长也。亨，嘉之会也。利，义之和也。贞，事之干也。体仁足以长人，嘉德足以合礼，利物足以合义，贞固足以干事。然故不可诬也，是以虽随无咎。今我妇人而与于乱，固在下位而有不仁，不可谓元；不靖国家，不可谓亨；作而害身，不可谓利；弃位而姣，不可谓贞。有四德者，随而无咎。我皆无之，岂随也哉？我则取恶，能无咎乎！必死于此，弗得出矣！"

这段话的大体意思是说，穆姜是鲁成公的母亲，她与鲁国大夫叔孙侨私通，并打算和叔孙侨发动叛乱，阴谋推翻鲁成公的统治，让叔孙侨来当国君，但是政变失败了，叔孙侨被驱逐出国，穆姜本人也被囚禁。这个时候，穆姜感觉自己生存的希望非常渺茫，于是就用《易》为自己占了一卦，想看看前途如何。得到的卦是《艮》

卦，《艮》卦象征着山，有"停止"的意思，所以，预示着穆姜将要待在这里。当时的史官为了讨好、安慰穆姜，从变卦的角度作了分析。因为当时占卦，一般要用蓍草得出两个卦，一个是本卦，一个是变卦。史官认为，尽管穆姜得到的本卦即艮卦有"停止"的意思，但是变卦是随卦。他认为，《随》卦的卦象是下震上兑，有走动的意思。另外，卦辞也说"元亨利贞，无咎"，预示着会大吉大利，没有任何祸患。穆姜也是个明白人，知道自己谋反属于滔天大罪，不可能那么简单。她就从个人的行为和道德出发做了解释。她说尽管随卦的卦辞是"元、亨、利、贞，无咎"，是个大吉大利的卦，但这需要美好的德行和道义的行为才能"无咎"。而自己作为王后，一来不恪守妇道，二来还与人策划政变谋反，从哪个角度来说都不会"无咎"。没有德行反而拥有好卦，看来大祸要临头了。果然，穆姜就死在监狱里了。

从这个例子可以看出，在孔子之前，《易》占卜的权威性就已经遭到了人们的质疑，人们更加注重《易》所蕴含的德性因素。孔子撰写《易传》就是要突出人的主观能动性。在孔子看来，吉凶祸福都是人自己造成，相信天命、迷信占卜没有前途。所以孔子结合西周、春秋以来的《易》思想和当时人的观念，就整理、诠释了《易》。

孔子之后，《周易》就变成了哲学书，越来越多的人不再专门用它来占卜算命了，而是借助它探讨宇宙、社会、人生的大道理。如老子就曾说："祸兮，福之所倚；福兮，祸之所伏。"荀子也有句话很经典："善为《易》者不占。"即是说真正了解《周易》的人，就明白了吉凶祸福发生的规律，命由我立，事在人为，就不会再迷信占卜，听天由命了。到了汉代，《周易》因为讲的是宇宙人生的大道理，所以被列为群经之首，地位提升了。从此之后，它对中国古代的思想产生了深刻的影响，比如汉代流行的阴阳五行学说、天人感应思想、魏晋玄学、宋明理学等，这些都与《周易》有关系。可以说，《周易》是中华文化经典中的经典，是学术思想的基石，了解《周易》对于我们理解中华文化、发扬中华文化都有重要的意义。

二、《周易》的内容

今本《周易》分为经、传两个部分，即《易经》两篇，《易传》十篇，合起来共十二篇，在古代一般将它分为十二卷。这两部分在先秦时期是分开流传的，汉代以后，郑玄、王弼等人把它们改造整合在一起，就成了今天这个文本结构。

（一）《易经》

《周易》的第一部分是《易经》两篇，由六十四卦、三百八十六爻两种符号，以及卦辞（解释六十四卦）、爻辞（解释三百八十六爻）两种文字构成，基本上就是用来占卜的。为了方便记忆这六十四卦，宋代大儒朱熹在《周易本义》卷首编写了《卦名次序歌》，把六十四卦的卦名按次序编成七言诗句，非常便于记诵。歌诀如下：

六十四卦次序歌

乾坤屯蒙需讼师，比小畜兮履泰否。
同人大有谦豫随，蛊临观兮噬嗑贲。
剥复无妄大畜颐，大过坎离三十备。
咸恒遯兮及大壮，晋与明夷家人睽。
蹇解损益夬姤萃，升困井革鼎震继。

艮渐归妹丰旅巽，兑涣节兮中孚至。

小过既济兼未济，是为下经三十四。

由八卦组成的六十四卦，并不是杂乱无章的，而是非常有规律的。从彼此相邻的两个卦来看，它们一般都是卦象互为倒置的形式，如《屯》（下震上坎）、《蒙》（下坎上艮），《需》（下乾上坎）、《讼》（下坎上乾），等等。在六十四卦中，其中有五十六卦都是这样互为倒置的关系，只有《乾》（下乾上乾）、《坤》（下坤上坤）、《颐》（下震上艮）、《大过》（下巽上兑），《坎》（下坎上坎）、《离》（下离上离），《中孚》（下兑上巽）、《小过》（下艮上震）这八个卦，只是彼此六爻互为变化。唐代孔颖达根据六十四卦的结构特点，总结为："两两相耦，非覆即变。""两两相耦"，就是每两卦为一组，两两相对偶，六十四卦共分为三十二组。"覆"就是指每两卦之间相互颠倒、倒置，这样的共有五十六个卦；"变"就是指两卦的阴阳两爻完全相反，这样的共有八个卦。

卦爻辞的内容非常丰富，郭沫若曾在其《周易时代的社会生活》一文中认为，《周易》的卦爻辞是当时社会生活的反应，"除强半是极抽象、极简单的观念文字之外，大抵是一些现实社会的生活……如果把这些表现现实生活的文句分门别类地划分出它们的主从出来，我们可以得到当时的一个社会生活的状况和一切精神生产的模型"[①]。郭沫若还从社会生产、阶级结构、家族和国家制度、社会风俗及精神生产等几个方面将卦爻辞分为三大类：（1）生活的基础，包括渔猎、牧畜、商旅（交通）、耕种、工艺（器用）五项；（2）社会的阶级，包括家族关系、政治组织、行政事项、阶级四项；（3）精神的

---

① 《郭沫若全集》历史卷一，人民出版社，1982年，第38页。

生产，包括宗教、艺术、思想三项。

近代学者高亨先生曾将六十四卦卦爻辞所涉及的内容分为四种，即记事之辞、取象之辞、说事之辞和断占之辞[①]：

1. 记事之辞，主要是指记载上古时期的一些历史事实，如《大壮》卦六五爻辞："丧羊于易，无悔。"《旅》卦上九爻："鸟焚其巢，旅人先笑，后号咷，丧牛于易，凶。"说的是商人的祖先王亥在有易国被杀，失去牛羊的故事。《既济》卦九三爻辞、《未济》卦九四爻辞记载了商代高宗讨伐鬼方的故事，《升》卦六四爻辞中记载了周文王在岐山祭祀的故事，等等。当时占筮的人记载了这些历史事实与故事，来象征某种情形，比如"丧羊于易"就表示要失财，出师不利等，并用这些古人的故事来比附占筮者的吉凶祸福。

2. 取象之辞，主要是记载大家都比较熟悉的自然现象和社会生活中的事情，然后作为人与事的象征，来断定吉凶。如《大过》卦九二爻辞："枯杨生稊，老夫得其女妻。"九五爻辞："枯杨生华，老妇得其士夫。"这两条爻辞都是在说干枯的杨树又发出新芽、开出新花，以比喻老头取少妻和老妇人嫁给了壮汉，用来表示枯木逢春，遇到喜事。《坤》卦上六爻辞说"龙战于野，其血玄黄"，比喻两方战争，都有牺牲，用来指做事情不顺利。又如《履》卦辞说："履虎尾，不咥人。"意思是说，人踩到了老虎尾巴，老虎居然没有咬人，比喻人遭遇到祸患，但是没有危险。

3. 说事之辞，就是通过直接叙述人的行为事迹来表示吉凶祸福，它比取象之辞更为直接、明显、简洁。如《乾》卦九三爻辞说："君子终日乾乾，夕惕若，厉无咎。"意思是说，君子白天勤奋

[①] 高亨：《周易古经今注》，中华书局，1984年，第46页。

努力，晚上警惕谨慎，其结果自然没有过错。《师》卦六三爻辞说："师或舆尸，凶"，六五爻辞说："长子帅师，弟子舆尸。"意思是说，去打仗，军队中有人抬着尸体回来了，占卜的结果自然是凶，说明做某件事情要遇到不顺利。

4. 断占之辞，主要是指《周易》卦爻辞中对吉凶祸福直接进行判断的语句。如《坤》卦用六爻辞说"利永贞"，《恒》卦九二爻辞说"悔亡"，《解》卦初六爻辞说"无咎"，等等。总的来看，《周易》卦爻辞中的断占之辞，一般都用"吉"、"凶"、"利"、"吝"（艰难）、"厉"（危险）、"悔"（困顿）、"咎"（灾患）等词语来对吉凶祸福的事情进行判断。

在高亨先生看来，《周易》六十四卦、三百八十四爻（再加上《乾》《坤》两卦的用九、用六两个爻辞）记载了非常丰富的内容，所涉及的范围非常广泛，从人们生活的饮食起居到祭祀战争、农业生产、婚姻家庭、宗教道德等多个方面。不过就内容性质而言，都不超出记事、取象、说事、断占四个大类。可以说，这些卦爻辞的内容是我们研究先秦历史的重要史料。比如在晚清民国时期，王国维对殷商的祖先进行考证，证明了《周易》中所提到的王亥、王恒、上甲微等人是真实存在的。顾颉刚受到王国维的启发，发表了《周易卦爻辞中的故事》，对《周易》中王亥丧牛羊、高宗伐鬼方、帝乙嫁女等一系列商周史事作了考证，也认为它们是历史上存在的，反映了当时的一些史实，他的研究填补了商周研究史中的一些空白。

不仅如此，郭沫若、李镜池、闻一多等人还从社会史、民俗史等多个角度出发，将《周易》卦爻辞分得更加细致。比如闻一多就曾将《周易》卦爻辞细分为器用、服饰、车驾、田猎、牧畜、农业、行旅、婚姻、家庭、宗族、封建、聘问、争讼、刑法、征伐、迁邑、占卜、祭祀、乐舞等多种史料门类。可以说，《周易》给我们研究中国上古时期的历史、民俗无疑提供了丰富而宝贵的文献资料。

(二)《易传》

《周易》的第二部分就是孔子《易传》，包括《彖传》（解释每一卦的整体意义）、《象传》（解释每一个卦象的含义）、《系辞》（解释整个《周易》经文哲学思想的）、《文言》（专门阐发乾坤两卦卦意的）、《序卦》（解释六十四卦为什么这样排列的）、《说卦》（解释卦爻来历和象征意义的）、《杂卦》（解释六十四卦卦名和卦意的），一共是七种十篇，因为《彖传》《象传》《系辞》都分上下两篇，所以多出三篇。这七种十篇，一般被称为"十翼"，"翼"的本义是翅膀、羽翼，所以"十翼"就是十篇辅助理解和解释《周易》经文的文字。

我们举个例子，中国古代国家大事最重要的就是祭祀与战争，《师》卦讲的就是战争，我们借助这一卦了解下《周易》的结构与内容：

☵☷ 坎下坤上

师：贞，丈人吉[①]，无咎。

《彖》曰："师"，众也。"贞"，正也。能以众正，可以王矣[②]。刚中而应[③]，行险而顺，以此毒天下[④]，而民从之，"吉"又何咎矣。

《象》曰：地中有水[⑤]，师。君子以容民畜众。

---

① 丈人：老人。一说，军队的总指挥。
② 王：称王天下。
③ 刚中而应：下卦的阳爻九二，刚健中正，又与上卦的阴爻六五相应，所以称"刚中而应"。
④ 毒：治理。《释文》引马云："毒，治也。"
⑤ 地中有水：《师》卦坎下坤上，即象征水下地上，所以称"地中有水"。

初六：师出以律，否臧①，凶。

《象》曰："师出以律"，失律"凶"也。

九二：在师中吉，无咎，王三锡命②。

《象》曰："在师中吉"，承天宠也。"王三锡命"，怀万邦也。

六三：师或舆尸，凶。

《象》曰："师或舆尸"，大无功也。

六四：师左次③，无咎。

《象》曰："左次无咎"，未失常也④。

六五：田有禽。利执言⑤，无咎。长子帅师，弟子舆尸⑥，贞凶。

《象》曰："长子帅师"，以中行也⑦。"弟子舆尸"，使不当也。

上六：大君有命⑧，开国承家⑨，小人勿用⑩。

《象》曰："大君有命"，以正功也。"小人勿用"，必乱邦也。

"师"指的是军队、战争。古人认为战争非常凶险，是不得已而为之的事情。《孙子兵法》就讲："兵者，国之大事，死生之地，存亡之道，不可不察也。"《师》卦讲的就是用兵之道。由于用兵的关键在于军队，军队纪律严明，师出有名，自然战斗力强。否则，就

---

① 否臧：纪律不好。
② 锡：同"赐"。
③ 次：驻扎。
④ 常：常道，正道。
⑤ 利执言：利于捉获禽兽或俘虏，喻打胜仗。言，语气助词，无实义。一说，利于实现原来的诺言。朱熹《本义》："言，语辞也。"
⑥ 弟子：次子。
⑦ 中行：指正确。
⑧ 大君：国君。
⑨ 开国承家：建立诸侯国，继承封邑。
⑩ 小人：地位低贱之人，平民。

会遭遇到失败。

从《师》卦我们可以看出《周易》的结构，《彖传》《象传》与每一卦编排在一起，用来解释卦辞、爻辞。由于《彖传》《象传》是孔子所作，所以非常突出道德、政治等理念。比如九二"王三锡命"，为什么？就是因为"怀万邦也"，心怀天下才有这样的好结果。六五"长子帅师"很顺利，为什么？就是因为"以中行也"，做事符合中道，中庸之道。实际上，不只是《师》卦经过孔子的解释之后，变成了讲道德、讲政治的卦，除此之外，《周易》还有很多别的卦都是从不同角度来告诉人们应该怎么做，怎么做人与怎么做事。

比如《乾》卦告诉人们做人一定要刚健有为。《乾》是由六个阳爻组成的。乾象征着天，上天化生万物，变化无穷，所以《乾》卦告诉我们要"天行健，君子以自强不息"，就是要不断进取，不能懒惰。九三爻还强调说，"君子终日乾乾，夕惕若"，就是说要刚健有为，即使是晚上也要时刻反省自己提升自己。《坤》卦告诉人们，要想成功还得有好的品质，不但要"厚德载物"，还要"直方大，不习无不利"，"直"是什么意思呢？《论语》记载孔子说"人之生也直"，就是说做人要正直，要真实、自然。方就是要有原则，外圆内方。大，就是要大气，有理想，不是只顾自己的那种。同时，在《家人》卦中，还告诉人们，要想成功，还要持之以恒，所谓"君子以言有物而行有恒"，等等。

当然，《周易》很多卦也告诉人们，一旦得志了，一定要谦虚，否则就是"亢龙有悔"，什么意思呢？就是飞得太高了，就没有回旋余地了。所以，中国历史上功高震主的人都被杀了，比如春秋时期陪伴勾践灭吴的文种、汉代刘邦时的韩信、宋代的岳飞、明代初年

的李善长与常遇春、清代的年羹尧等人都是如此。所以,《周易》专门有一卦就是讲谦虚的《谦》卦,具体来看:

☷☶ 艮下坤上

谦:亨。君子有终①。

《彖》曰:谦,"亨"。天道下济而光明②,地道卑而上行③。天道亏盈而益谦④,地道变盈而流谦⑤,鬼神害盈而福谦⑥,人道恶盈而好谦⑦。谦,尊而光,卑而不可逾,君子之终也。

《象》曰:地中有山,谦。君子以裒多益寡⑧,称物平施。

初六:谦谦君子,用涉大川⑨,吉。

《象》曰:"谦谦君子",卑以自牧也⑩。

六二:鸣谦⑪,贞吉。

《象》曰:"鸣谦贞吉",中心得也。

九三:劳谦⑫,君子有终,吉。

---

① 终:结果。
② 天道下济而光明:天道对下周济但却光明普照。因为谦卦之中,只有九三爻为唯一阳爻,象征着天,居于下,故曰天道下济。又因为一阳处于众阴之中,故说光明普照。
③ 地道卑而上行:地道虽然位置卑下但地气却源源上升。
④ 天道亏盈而益谦:天道使盈满者减损,却使虚缺者增益。亏,减损。益,增益。谦,谦卑,引申为虚缺。
⑤ 地道变盈而流谦:地道使盈满者变易,而使谦虚者充实。
⑥ 鬼神害盈而福谦:鬼神惩罚骄盈者,但却护佑谦恭者。害,祸害,惩罚。福,福泽,护佑。
⑦ 人道恶盈而好谦:人道厌恶骄盈者,但喜好谦恭者。恶,厌恶。好,喜好。
⑧ 裒:减少。
⑨ 用涉大川:利于渡大河。为"利用涉大川"的省略,本卦中六五、上六都有"利用"。
⑩ 牧:养。
⑪ 鸣:鸣叫,有声望。
⑫ 劳谦:有功劳而谦虚。

《象》曰："劳谦君子"，万民服也。

六四：无不利，㧑谦①。

《象》曰："无不利，㧑谦"，不违则也。

六五：不富以其邻②，利用侵伐③，无不利。

《象》曰："利用侵伐"，征不服也。

上六：鸣谦，利用行师征邑国④。

《象》曰："鸣谦"，志未得也。"可用行师"，征邑国也。

总之，《谦》主要讲的是谦虚的美德。这一卦的卦象是下卦为艮为山，而上卦为坤为地，就是山比地高，但是却以卑低的态度，处于地之下。这种谦卑的态度，就是谦卦的卦德，即谦虚、礼让。当然，这种谦虚不是无原则的谦让，而是有礼有节。当有人要掠夺、侵略的时候，也要予以坚决的回击。

从上面的例子，我们可以看出，《周易》的主体部分都是《易经》经文、《彖传》、《象传》合在一起编排的。当然《文言》被放置在了《乾》《坤》两卦的后面，因为乾象征着天，坤象征着地，二卦最为重要，所以用《文言》来继续阐发其中的思想。文言，就是文饰的言辞，是专门文饰、阐释乾坤两卦的。

除了这个整体部分之外，《系辞》《序卦》《说卦》《杂卦》都是单独放在后半部分的。《序卦》主要解释《周易》六十四卦为什么这样排列，同时说明每一卦卦名的含义，指出有天地万物，然后有男

---

① 㧑谦：随时发挥谦虚之德。㧑，发挥，扩散。《说文》段《注》："㧑谦者，溥散其谦，无所往而不用谦。"

② 不富：物资不丰富。以：因为。

③ 利用侵伐：利于出征讨伐。利用，利于。

④ 利用行师征邑国：利于起兵征讨诸侯之国。行师，出动军队。征，讨伐。邑国，诸侯封地。

女、夫妇、父子、君臣，以及相应的社会等级制度。如解释前六卦乾、坤、屯、蒙、需、讼的卦序时说：

> 有天地然后万物生焉。盈天地间者唯万物，故受之以《屯》。屯者，盈也。屯者，物之始生也。物生必蒙，故受之以《蒙》。蒙者，蒙也，物之稚也。物稚不可不养也，故受之以《需》。需者，饮食之道也。饮食必有讼，故受之以《讼》。

意思是说，乾坤所象征的天地是万物的根源，而且充盈天地间的也只有万物。乾、坤之后便是《屯》。屯有生长的意思，只不过它表示事物还处于胚胎阶段，万物就是从此开始诞生、萌芽的。继《屯》之后是《蒙》，蒙表示万物处于刚出生非常幼弱的时期，正如刚出生的小孩，需要启蒙，需要哺乳、吃饭，还需要不断学习等等，我们常说的"启蒙"阶段就是如此。在《蒙》之后就是《需》，需表示饮食，动物需要母乳，而植物需要养分、化肥，学生需要学习知识，都表示在成长的过程中需要各种资源来维持生命。但是，无论是饮食，还是成长，一旦资源不够，彼此就会发生争吵、斗争，于是就要打官司，所以在《需》之后就是《讼》，等等。总的来说，《序卦》主要是从因果关系、物极必反、相生相成的角度出发来解释卦与卦之间的关系的，并处处与社会政治、文化生活相联系。

另外，在《系辞》《序卦》《说卦》等《易传》中，孔子还探讨了宇宙、社会是怎么来的，人应该怎么做才能获得吉利，而不会遭遇到凶险，比如《序卦》就指出人、社会秩序都是上天的安排：

> 有天地然后有万物，有万物然后有男女，有男女然后有夫妇，有夫妇然后有父子，有父子然后有君臣，有君臣然后有上下，有上下然后礼义有所错。

在《周易》看来，男女、夫妇、父子是社会存在的根本，只有有了个人和家庭的存在，才有君臣、礼仪等社会关系、社会制度的存在。可以说，人、婚姻、家庭是社会的根本所在。正是因为人、婚姻、家庭非常重要，在《周易》六十四卦及卦爻辞中，有很多与生命、成长、恋爱、婚姻、家庭、社会有关的内容，目的便是要引起人们重视，并提出了很多相关原则。

三、《周易》与中华传统文化

《周易》之所以是十三经之首，又是儒家经典的核心，更是中国古代传统文化的思想根源，从而受到历朝历代的重视，原因就在于它拥有非常丰富而多样的思想内涵，正如《四库全书》所说：

> 《易》道广大，无所不包，旁及天文、地理、乐律、兵法、韵学、算术，以逮方外之炉火，皆可援《易》以为说，而好异者又援以入《易》，故《易》说愈繁。①

正如清代纪晓岚、戴震等大学者所言，《周易》所蕴含的道理实在是太深刻、太广泛了，无所不包，除了包含宇宙、自然、社会、政治、人伦、道德之外，还是天文、地理、乐律、兵法、音韵学、算术、炼丹、中医、科技等等古代传统文化、思想的最重要的源泉。总之一句话，《周易》是中国古代一切传统思想文化的根源。在中国古代，《周易》所发挥的所有功能中，影响最深远的主要是两个方面：第一，它在占卜算命活动中的应用（诸多神秘文化物占、风水、

---

① 《四库全书总目提要》卷一《经部·易类一》。

术数等都源于《周易》的阴阳理论）；第二，它是古代诸多思想文化的源泉，比如政治、伦理、教育等等。这两个方面大体上也可以说是代表了易学发展的两个方向，一个是象数，一个是义理。不过，象数、义理所涵盖的方面，远远超越了占卜算命、思想文化两端。

（一）《周易》与占卜预测

占卜预测，是《周易》最基本和最初的表现形式。如果按照《史记》《汉书》等文献记载，最早让《周易》由卦画符号变成占卜算命方式的，应当开始于周文王。周文王在伏羲八卦的基础上，演化出了六十四卦，并配有卦爻辞，这种推演本身就是一种创造，即将简单的象形符号转化为可以用来占卜吉凶的重要方式，以此传达上天的旨意。所以说，《周易》的性质因为有了周文王而发生了质变，即由象形符号转变为可以用来沟通天人关系的工具。

其实在周文王将八卦推演为六十四卦之前的夏商时期，占卜就已经非常流行了。从晚清以来出土的殷墟甲骨卜辞来看，我们可以断定，至少从商朝开始，占卜活动已经非常兴盛。当然，他们用的不是《归藏》，而是用龟甲兽骨来占卜。从殷墟卜辞和《史记》的记载来看，在商王朝时期，当时的商王和巫史祝卜等人就经常利用龟卜的形式来占卜吉凶，预测未来。占卜的事情很多、很杂，商朝王室的一切活动几乎都要占卜，包括祭祀、战争、打猎、农业、天象、吉凶预测、官员任免、大兴土木、婚丧嫁娶、生儿育女等等。比如说：

我今天可以出门祭祀吗？

今天下雨吗？

这次外出打猎的结果怎么样？

今年是不是风调雨顺啊？

今年的庄稼可以获得好收成吗？

我能任命他做太宰吗？

今天适合寺庙动工吗？

哪一天适合迎娶王后？

……

　　以上这些事情，事无巨细，都要经过占卜，然后决定做与不做。可以说，从殷墟卜辞来看，商朝王室几乎天天都在占卜、事事都要占卜。如果遇到了重大国事，更是反复占卜发问，不厌其烦。尽管他们占卜利用的不是《周易》，但也是《周易》占卜的原型，即通过龟甲、兽骨等材料来实现和上天的对话。当然，商朝王室占卜本身只不过是一种象征形式，他们是想通过这种方式来向人们表明，商王所做的一切都是上天的意志，人们应当毫无条件地服从。商王拥有了这种可以和上天沟通的神圣权力（神权），加上他在现实中拥有的王权（王权），以政、教合一的形式来使得自己的王位变得至高无上、无可动摇。可以说，占卜、预测对于商王来说，只不过是统治国家、维护王权的一种形式。

　　后来，负责占卜的人将长期应验的卦爻辞收集起来，就编辑成了《周易》的雏形一样的占卜工具。我们都知道，相传古代《易》有三种，即《连山》《归藏》《周易》。其中《连山》产生于夏代，《归藏》产生于商代。《周易》应当是在《连山》《归藏》基础上的丰富、完善。《周易》经过周文王、周公等人的完善变成了占卜书，在西周、春秋时期都非常流行。作为研究春秋时期最重要的史料文献《左传》《国语》中，记载有关占筮的例子达几十处之多，就很直观地说明了这一点。抛开《周易》文本不讲，实际上在西周初年，卜筮依然是最重要的决议手段，对此《洪范》"稽疑"中表现得比较明显，龟甲、筮占在当时的决策中还有决定性的意义。不过到了春秋时期，这种听天由命的占卜形式，越来越受到人们的质疑，人们更加相信自身的行为及德行的力量，以至于到了孔子时代，孔子结合当时易学、占卜的基本理念及做法，创作了《易传》。

当然，孔子及儒家对《周易》哲理的关注，并没有阻止人们对《周易》占筮本质的认识，秦汉以后，历朝历代根据《周易》原理演化出来的占卜方式多种多样、源源不断。比如根据《周易》所记录的卦象，辅以甲骨、铜钱、蓍草等道具来算卦、抽签，是自古以来占卜算命最为主流的方式。另外，古人还有很多方式借助《周易》来占卜吉凶，比如根据《周易》阴阳二气运行的原理进行物占（日占、月占、风占、云占），所以，诸葛亮就曾说，作为三军统帅，要上知天文，下知地理。除此之外，比如看到喜鹊就认为有喜事，看到乌鸦就认为有丧事，老百姓还喜欢采用家畜等动物的异常行为来判断将有地震发生。此外，还有梦占，这在《左传》中有很多记载，就是根据梦到的场景，来进行解释，现在流行的"周公解梦"就是如此。还有看相（比如宋人《麻衣神相》、曾国藩《冰鉴》，以人的五官分布、手相手纹、骨相体质等，并根据人的气质，以预测人的命运及吉凶祸福等。《周易》认为，宇宙万物是由阴阳两种"气"组成的，阳气上升，阴气下降；清气在上，浊气在下。所以，气质清亮的人高贵，气质污浊的人下贱）、生辰八字（尤其是在婚配的时候，通过查验男女双方的生辰八字，以测算相合不相合，如果双方相克、犯冲的话，那么就不可以结婚）、金钱课（用铜钱来占卜吉凶，如民间流行的周文王六十四卦金钱课），等等。可以说，《周易》是中国古代占卜算命、神秘文化的思想摇篮。

举例来说,最有影响的是抽签、看相。远了不说,近代以来的袁世凯、张作霖、吴佩孚、蒋介石等,都曾经抽签、看相。吴佩孚从小喜欢读与《周易》有关的占卜算命的书,而且精通术数,在成为军阀之前,他为了生存曾在北京城摆摊为人占卜算命。吴佩孚还经常为自己算命,算定自己在军事、政治上会大有作为,所以时刻留心机会,后来才参了军。

蒋介石也是相当喜欢占卜,身边有一大批术士。蒋介石喜欢用相面术识人,比如陈诚、刘峙、汤恩伯等人才能一般,但是在蒋介石看来,面相很好,所以一直重用他们。蒋介石凭这种感觉用人,经常出错,比如徐向前在黄埔军校的时候,有一次蒋介石找他到办公室谈话,徐向前的背不直,人长得也不太"威武",生性腼腆,不爱说话,蒋介石问一句他答一句,没有更多的话,加上一口山西口音,蒋介石听起来很费劲,没有说几句话,就让他走了,等徐向前离开办公室后,蒋就对属下连声说:"不可用也。"

又比如古人起名字,也经常用到《周易》,三国时蜀国大将赵云(名),又叫赵子龙(字),就是根据《周易·文言》中所说"云从龙,风从虎"而来。臧克家之名,取自《易经》蒙卦,意思是能够兴家立业。蒋介石,名中正,字介石,取自《易经》豫卦:"六二:介于石,不终日,贞吉。《象》曰:不终日,贞吉;以中正也。"

(二)《周易》与古代哲学

中国的哲学源远流长,其中易学扮演着至关重要的角色,对此正如张立文先生所言:"中国哲学的发展与易学的发展一直相伴而行,如影随形。包含华夏先哲深湛智慧的《易经》,是中国哲学的源头活水,由阐扬《易经》而成的《易传》,是先秦哲学的最高成果。

在汉代确立为群经之首的《周易》，不仅是魏晋三玄之冠，宋明道学主原，而且成为近代新学的基干，现代新儒家的宗主。《周易》之所以被称为中华第一经，关键即在于易学是贯穿中国哲学历程的中心线索，《周易》是中国哲学的首要资源。"[1] 可以说，《周易》是中国哲学的核心与基石，是中国哲学的思想源泉，离开了《周易》则中国哲学无从谈起。

先秦时期是中国哲学的形成时期，在先秦哲学的发展历程中产生了一系列的经典，其中《易经》《易传》便是典范。可以说，《周易》尤其是《易传》是对上古以来哲学思想的集大成，它深刻洞察了天人之际、人之为人、境界工夫等多层理念，并做了深入的阐发。

首先，在《易传》中蕴含有非常深厚的哲学思想，比如"生生之谓易"，体现了《周易》对生命的重视与关照，这也可以说是天地万物最根本的原理，也是《系辞》中所说"天地之大德曰生"。在《周易》中多次提到了生命的起源问题，如《彖》"大哉乾元，万物资始，乃统天。云行雨施，品物流形"是说，乾元乃是天道的呈现，它化生万物，同样，万物又在大地的滋养下，开始生生不息，"至哉坤元，万物资生，乃顺承天"。在《周易》看来，天地产生了万物、孕育了万物、涵养着万物，所谓"天地絪缊，万物化醇，男女构精，万物化生"（《系辞下》）。

《周易》所说的生，是天人互动的整体。也就是说，天地化生万物，而人则是天地万物的主宰。但是，在《周易》看来，人并非与天地、万物相隔，而是彼此是浑然一体的共生关系。所以，生生之谓易，强调的乃是天人合一、生生不息的思想。

---

[1] 张立文主编：《和境——易学与中国文化》，人民出版社，2005年，第14页。

其次,《易传》跳出了迷信天命的传统观念,而强调人的主体性、主观能动性,宣扬自强不息、厚德载物的思想。《周易》所强调的修德,乃是对天人本为一体的深刻感悟,所以修德最高境界或曰人格理想——大人,实际上就是天人合一的状态,如《乾·文言》中所说:

> 夫大人者,与天地合其德,与日月合其明,与四时合其序,与鬼神合其吉凶,先天而天弗违,后天而奉天时。天且弗违,而况于人乎?况于鬼神乎?

这是说,大人的德性要与天地的功德相契合,要与日月的光明相契合,要与春、夏、秋、冬四时的时序相契合,要与鬼神的吉凶相契合。在先天而言,它构成天道的运行变化,那是不能违背的自然功能。在后天而言,天道的变化运行,也必须奉行它的法则。无论先天或后天的天道,尚且不能违背它,何况是人呢?更何况是鬼神呢?整体上来看,这种人格理想,实际上就是天与人之间的合而为一,可谓是体用合一、显微无间。《周易》之所以强调这样的德行境界,乃是基于它对人性的深刻感悟,更是基于商周之际人文精神的凸显。

最后,《周易》奠定了中国人的辩证思维。在《周易》中多次提到了辩证的思维,所谓"一阴一阳之谓道"。同样,在具体的卦爻辞中也有这样的体现,比如《泰》《否》两卦便是如此,《泰》卦的卦辞是"小往大来,吉亨"。因为《泰》卦的卦形是上坤下乾,象征着天气下降,地气上升,天地阴阳交会,化生万物,故吉利、亨通。《否》卦的卦辞是"否之匪人,不利君子贞,大往小来"。《否》卦的卦形是上乾下坤,象征着天气上升,地气下降,以至于天地不交,自然是万物难以亨通。当然，这两者之间是辩证统一的关系，正如《泰》卦的九三爻辞中所说"无平不陂，无往不复"，也就是说平地与斜坡是辩证统一的，来回往复之间也是如此。

在汉代，《周易》实现了经传合一，同时也以其丰富的哲学形上学思想，被列为群经之首，如《汉书·艺文志》所言："五常之道，相须而备，而《易》为之原。"各家各派如陆贾《新语》、《淮南子》、《春秋繁露》、王充《论衡》等在建构全新的哲学体系的时候，都以易理为主要的思想资源。另外，汉代诸家诸派的易学，如孟喜、京房、马融、荀爽、郑玄等人的易学，都从不同的角度丰富了汉代的哲学。扬雄还曾仿照《周易》编纂了《太玄》一书，深入探讨了宇宙生成的理论。

相对于两汉时期易学的发展侧重宇宙生成论，魏晋时期的易学则注重本体论的探究。正如张立文先生所言：

> 相对于两汉的宇宙本原论和宇宙生成论，魏晋哲学主要呈现为存在本体论和生存根据论，它主要追寻的是现实人生和其超越根据的关系问题，是具体生存与理想人格的关系问题，同时也涉及内圣与外王的统一，内在真性情与外在行为践履的统一等论域。[1]

在魏晋时期，作为当时易学的重要代表——王弼开始注重跳出汉代易学侧重象数的传统，而探究象、意之间的关联，提出了得意忘象、得象忘言的思想，由此开启了魏晋玄学的思想。

到了隋唐时期，佛禅之学非常兴盛，很多学者开始注重探究易学与佛禅之学的内在关联。比如李鼎祚认为《周易》为"权舆三教，

---

[1] 张立文主编：《和境——易学与中国文化》，人民出版社，2005年，第29页。

钤键九流"的经典，即易学可以贯通儒释道、诸子百家之说。又如柳宗元认为佛禅之学与儒家的易学、《论语》学颇有相合之处，"浮图（屠）诚有不可斥者，往往与《易》《论语》合，诚乐之。……吾之所取者，与《易》《论语》合，虽圣人复生，不可得而斥也。"[①] 李翱更是撰写《复性书》，借助佛教的思想资源重新解读《中庸》之道，从而开启了宋明理学建构的先河。

到了宋代，理学家们为了应对佛老之学的挑战，更是借助《易传》创建了系统的宇宙本体论、心性论、道德修养工夫论等，实现了理学思想体系的建构，此后理学成为宋元明清时期占主导地位的思想观念。

总之，《周易》注重形而上学的探讨，注重对人心、人性的关注，也基于这种天人合一的观念，古人提出了一系列为人处世、治国理政的理念，这对于中国古代的人伦道德、纲常名教都有十分重要的价值与意义，从而构建了中国古代哲学的基本框架。所以，没有《周易》就没有中国哲学。

（三）《周易》与古人的三观

《周易》是中国古代思想文化的源泉。《周易》作为儒家的核心经典，一个重要特点便是提出了系统的宇宙本体论（本体，就像一棵树最初的根本），即宇宙是怎么来的，由什么构成，以及天地万物之间的运行规律。在《周易》看来，宇宙的形成即《系辞上》所说："易有太极，是生两仪，两仪生四象，四象生八卦，八卦定吉凶，吉凶生大业。"其中，太极就是万物产生的本源，太极是由什么组成的

---

① 余彦君注译：《柳宗元文·送僧浩初序》，崇文书局，2017年，第78页。

呢？孔子将"太极"看成是"天"，老子将此看成是"道"。汉代学者解释说，太极就是元气，它是一团混沌不分的气体。

元气通过动静变化，又进一步分化为阴阳两种气体，即"两仪"。阴阳两气又产生了四象。阴阳两爻又组成八卦，八卦互相重叠，形成六十四卦，象征着万物的产生。这就是《周易》中所体现的儒家的宇宙生成理论。后来，随着阴阳五行学说盛行，汉代和宋代的很多学者对《周易》宇宙本体论作了进一步发挥，比如认为太极产生了阴阳二气，阴阳二气产生了金木水火土五种物质，五种物质组成了天地万物和人类，其中人类是万物之灵（即最有智慧的生物）。

在《周易》的宇宙生成理论中，人被看成是天地万物的核心，比如八卦的每一卦都可以分为三爻，上爻代表天，下爻代表地，中爻代表人。而六十四卦的每一卦中，三、上代表天道，初、四代表地道，二、五代表人道。古人非常看重《周易》中的二、五两爻，就是因为它们代表着人。所以，古代的易学注解都非常强调对二、五爻思想的阐发，将二、五爻与君臣结合起来，认为二爻乃臣子、五爻乃君王，然后提出系统的君臣之道。总之，在《周易》看来，人是宇宙的中心，后来儒家借助易学建构思想，也非常强调以人为本、以民为本等理念。另外，从卦象、卦形来看，古人将天、地、人视为一体，也非常注重三者之间的和谐。天地人三者的融合与互动是宇宙的本质所在，这就是我们常说的"天人合一"。

可以说，在《周易》中，一方面没有放弃对天命的尊崇，另一方面极力彰显人的价值与意义以及人的主体意识，比如君子"自强不息""厚德载物"等都是在强调个人的主观努力，进而彰显天地之道的刚健有为与深厚德行。《系辞下》中对此也强调说：

乾，阳物也；坤，阴物也。阴阳合德而刚柔有体，以体天地之撰，以通神明之德。

这句话的意思是说，乾为阳物，坤为阴物，阴阳交合其德，而刚柔都有了各自的形体，以此体现了天地的创造，以通达神明的本性。这其实就是在强调个人主体意识的发挥，"以德配天"。《周易》强调以人为本，在儒家看来，人和动物的区别就是他的社会性和道德性，即仁义道德。所以，《周易》中极力强调人们要修身养德，只有这样人与人之间才能和谐相处。在六十四卦之中，就有二十九卦在谈君子修身以及如何提升道德境界。比如：

《乾·文言》：君子进德修业。忠信，所以进德也；修辞立其诚，所以居业也。

《坤·象》：地势坤，君子以厚德载物。

《大畜·象》：天在山中，大畜。君子以多识前言往行，以畜其德。

《大壮·象》：雷在天上，大壮。君子以非礼弗履。

《家人·象》：家人，女正位乎内，男正位乎外。男女正，天地之大义也。家人有严君焉，父母之谓也。夫妇，子子，兄兄，弟弟，夫夫，妇妇，而家道正。正家而天下定矣。

《损·象》：山下有泽，损。君子以惩忿窒欲。

《艮·象》：兼山，艮。君子以思不出其位。

《周易》很多地方强调每个人都应当提升自己的道德品行。比如说"天行健，君子以自强不息"，"地势坤，君子以厚德载物"。在《周易》看来，修德，一方面可以逢凶化吉，另一方面可以安身立命，使人胜任自己的职位，并进一步治国安邦。修德的最高标准，在《周易》看来就是"大人"的境界，如《乾·文言》中所说：

> 夫大人者，与天地合其德，与日月合其明，与四时合其序，与鬼神合其吉凶，先天而天弗违，后天而奉天时。天且弗违，而况于人乎？况于鬼神乎？

这个"大人"的境界，其实就是"圣人"的境界，达到了这个境界的人，就能够自觉遵循一切自然规律和社会规范，正如孔子所说的"从心所欲不逾矩"。在儒家看来，如果每个人都成为圣人，那么上古三代的王道政治就可以实现。这其实就是儒家"内圣外王"的基本思路，也是《大学》所宣扬的"三纲八目"。当然，这只是理想人格，实际上，由于每个人的出身、资质、环境、教育不同，最终的结果有很大的不同。所以，后来学者根据人性人心的不同，提出了各种道德修养的理论和方法，可以说，中国古代的一部儒学史，在一定程度上就是教人成德的历史。

怎么修身？《周易》中也提到了很多。比如说要保持谦虚的品格，如《谦》卦的卦辞就说："谦，亨，君子有终。"意思是说，只有保持谦虚，才可以万事亨通。谦虚的美德，可以让君子做人做事得以善终。"君子以思不出其位"，就是说，作为君子要做好自己的本职工作，不在其位，不谋其政。另外，《周易》还非常强调"中"与"正"，即"中庸之德"。从每一卦的爻位来看，"中"指的是二、五爻位，而"正"指的是阳爻位于奇数位，阴爻居于偶数位。从道德的角度来说，居于中正之位是理想的位置，所以，《周易》希望人们把握时机，行中庸之道，这也是儒家对君子之德的基本要求。

总之，《周易》是周人理解宇宙万物、社会人生的哲学著作，其中自然包含了周人对当时社会政治治理的思考，《周易》中蕴含着他们对人文精神、以德治国的重视。当然，这种德治并非仅仅是西周初年的思想，也是西周到春秋甚至是战国时期儒家学者的一种政治理念。毕竟，连同《周易》经传来说，它们的形成是一个漫长的过程，包含了数百年儒家学者对宇宙人生、治国理政的深入思考。

（四）《周易》与风水

《周易》对建筑方面的影响非常大，中国古代的建筑理论或建筑学说，称为"堪舆学说"。汉代许慎曾解释说："堪，天道也；舆，地道也。"堪舆之学就是天地之道，言外之意就是所有的建筑规划、选址、营造都应当与天文、地理、气象等自然因素结合起来考虑，力图营造一个天道、地道、人道或者说天时、地利、人和的和谐统一体，从而实现天人合一的境界。

中国古代的堪舆，也称为"风水"。中国人讲风水的历史非常久远，《尚书·召诰》中就提到了"成王在丰，欲宅洛邑，使召公先相宅"。意思是说，周成王本来在陕西丰这个地方，但想在今天洛阳一带的洛邑建宫殿，于是就先派召公先去"相宅"。这里的"相宅"就是看风水。召公去了以后，一方面通过龟甲占卜确定方位，另一方面还全面考察周围的地理环境，确定建筑物的方向、方位、范围，等等。

在建筑学上，看风水最重要的是看"气"，所以古人有"风水以气为主"的说法。何况，从中医的角度来讲，气也是人体构成最基本的物质。风水所说的"气"，包括天上之气、地中之气、山中之气、水中之气，更重要的是空气。所以，选址的时候，注重空气的质量与流通及阴阳平衡。古人看风水，主要是给自己住的阳宅和死后住的阴宅看风水。所以，古人尤其是帝王，无论是营造阳宅还是阴宅，都强调依山傍水、坐北朝南，注重气流的通畅，阴阳平衡，方可以长久。

其实，中国古代以及现代的很多建筑的智慧都来源于《周易》。比如《周易》强调乾代表天，运行不停，像个圆环一样；坤代表地，静止不动，向四方延展，就像一个四四方方的矩形。北京奥运会的主场馆——鸟巢、水立方，设计理念就取自《周易》"天圆地方"的观念。又比如《周易》用"九"表示乾阳，所以"九"是一个极数，也是非常吉利的数字，也成为皇帝的专用数字。比如周天子的国都，方圆九里，城中东西南北走向的大路各九条，每条路都有九辆马车并行的宽度。周天子的后宫有九间内室，九个妃子各分一间。周天子还把国土分为九份，九个卿各治理一份。天子的宫殿前面要有九座大门，院落也是九进。又如明清两朝皇家所在的北京城，它的内城就有九座城门，城内外有九座皇家祭坛。城区中轴线上的重要建筑高度都是九丈九尺。传说故宫房屋有9999间，皇城每扇大门上的门钉，都是九行九列。又如乾象征天，代表君主，天的特征为"清"，所以皇帝住在乾清宫；坤象征地，代表皇后，地的特征为"宁"，所以皇后住在坤宁宫。按照《周易·说卦》中的说法，乾为天，在正南；坤为地，在正北；离为火为日，在正东方；坎为水为月，在正西方。所以，古人就将天坛建在北京城的南边，地坛建在北边，日坛建在东边，月坛建在西边。皇城的四个大门，正南为天安门，北边为地安门，东边为东安门，西边为西安门，等等。可以说，元明清三朝的皇都北京城，在建筑上处处遵循《周易》在宇宙、自然、风水方面的理念，成为中国古代建筑史上利用《周易》的典范。

（五）《周易》与中医养生

既然《周易》非常重视人，重视人的生命，那么它对中国古代的医学自然也有直接的影响。中医治病理论很多也来源于传统的《周易》，它也强调从系统、整体出发来看待问题，治病讲究系统性调理，注重阴阳之间的平衡。因此可以说是"医易同源"[①]。在先秦时期，便有医生治病借用易理的，如《左传》昭公元年记载：

> 晋侯求医于秦。秦伯使医和视之，曰："疾不可为也。是谓'近女室，疾如蛊。非鬼非食，惑以丧志。良臣将死，天命不佑'。"公曰："女不可近乎？"对曰："节之。先王之乐，所以节百事也，故有五节，迟速本末以相及，中声以降，五降之后，不容弹矣。于是有烦手淫声，慆堙心耳，乃忘平和，君子弗听也。物亦如之，至于烦，乃舍也已，无以生疾。君子之近琴瑟，以仪节也，非以慆心也。天有六气，降生五味，发为五色，征为五声，淫生六疾。六气曰阴、阳、风、雨、晦、明也。分为四时，序为五节，过则为灾。阴淫寒疾，阳淫热疾，风淫末疾，雨淫腹疾，晦淫惑疾，明淫心疾。女，阳物而晦时，淫则生内热惑蛊之疾。今君不节不时，能无及此乎？"出，告赵孟。赵孟曰："谁当良臣？"对曰："主是谓矣！主相晋国，于今八年，晋国无乱，诸侯无阙，可谓良矣。和闻之，国之大臣，荣其宠禄，任其宠节，有灾祸兴而无改焉，必受其咎。今君至于淫以生疾，将不能图恤社稷，祸孰大焉！主不能御，吾是以云也。"赵孟曰："何谓蛊？"对曰："淫溺惑乱之所生也。于文，皿虫为蛊。谷之飞亦为蛊。在《周易》，女惑男，风落山，谓之蛊

[①] 医易同源的说法为明代张介宾（1562—1639）所明确提出，他在《类经附翼·医易义》中就说道："天地之道，以阴阳二气而造化万物，人生之理，以阴阳二气而长养百骸。易者，易也，具阴阳动静之妙；医者，意也，合阴阳消长之机。虽阴阳已备于《内经》，而变化莫大乎《周易》。故曰天人一理者，一此阴阳也；医易同原者，同此变化也。"（[明]张介宾撰：《类经图翼·类经附翼评注》，陕西科学技术出版社，1996年，第350—351页）

䷑。皆同物也。"赵孟曰："良医也。"厚其礼而归之。(《春秋左传正义·昭公元年》)

当时晋平公生病了，求助于秦国。秦景公就派医和为他看病，医和就借助蛊卦的卦名、卦意分析晋平公的身体，认为晋平公纵欲过度，病入膏肓，导致身体过度虚弱，他根据《周易》蛊卦强调说"女惑男，风落山，谓之蛊"。

实际上，中国古代的医书都有易学的融入，比如《黄帝内经》，张仲景《伤寒杂病论》、张介宾《类经附翼》，等等，皆是如此。中医非常强调整体性的观念，这在认知上与《周易》的系统思维方式一致。在现存最早的中医理论著作《黄帝内经》中就大量运用《周易》阴阳五行的观念给人治病：

> 天地之间，六合之内，其气九州、九窍、五脏、十二节，皆通乎天气……故圣人抟精神，服天气而通神明。失之则内闭九窍，外壅肌肉，卫气散解，此谓自伤，气之削也。(《黄帝内经·素问·生气通天论》)

> 人之合于天道也，内有五脏，以应五音、五色、五时、五味、五位也；外有六腑，以应六律。六律建阴阳诸经，而合之十二月、十二辰、十二节、十二经水、十二时、十二经脉者，此五脏六腑之所以应天道。(《黄帝内经·灵枢·经别》)

从上文我们可以看出，中医将人体看成与天道有内在相通性的有机整体，人体各个部分与天道包括五行、十二月、二十四节气等都是相互应和的。既然人体与自然相互一致、天人合一，那么在治病过程中就需要顺应天道，从宏观的、整体的角度去发现问题、分析问题、解决问题。

另外，中医也认为阴阳二气是构成人体的基本物质，阴阳和合是人体存在的基本状态。如《黄帝内经·素问》中就有《阴阳应象大论》《阴阳离合论》等多篇文章，对阴阳理论进行了论述，并反复强调阴阳理论是学医治病的指导思想，如《阴阳应象大论》中就说道：

> 阴阳者，天地之道也，万物之纲纪，变化之父母，生杀之本始，神明之府也，治病必求于本。

在这里，《黄帝内经》将阴阳看成天地万物的大道，并认为治病就应当遵守这个基本原理，即要让阴阳保持平衡。可以说，在中医看来，人与天地万物的生成是一样的，都是由阴阳两种气体或物质组成的，阴阳是天地万物和人体的基本结构。正如唐代大医学家孙思邈所说："不知《易》，不足以言太医。"（见张介宾《内经附翼·医易义》）

在具体的治病过程中，中医认为人体的正常状态便是阴阳平衡，比如气血充足、精力充沛、五脏健康、容颜焕发。简单一点讲，就是心情好、能吃、能睡、免疫力好。如果有病，那就是阴阳失衡，那就需要看病了。中医看病一般都是通过望闻问切的形式看人的"气"，比如气色不好、阴阳失调，医生就对症下药。比如口腔溃疡或眼睛不好，中医会开降肝火的药，治标治本。还有针灸，也是通过调节经络的阴阳平衡来治病的。根据《史记·扁鹊列传》记载，春秋时代的名医扁鹊就是利用阴阳对立统一的观念给人看病的，甚至把一个"死人"给救活了。扁鹊到虢国行医，当时虢国的太子刚刚病死。虢国大夫中庶子告诉扁鹊，太子是因为"阳缓而阴急"暴死。扁鹊说，那太好治疗了，只要把阴阳两气调整一下就好了。于是，扁鹊就给已经放在棺材里的太子针灸，太子当时一下就坐了起来——"死人"就此复活了。从此以后，扁鹊声名大振，被称为一代神医。

由上可见，中医非常强调阴阳平衡的原理，将病体作为一个综合的整体看待，并根据《周易》阴阳对立统一的理念，通过调节阴阳的关系，保持一个中和的状态，这就是"中医"。对此，正如《坤·文言》中所说："君子黄中通理，正位居体，美在其中，而畅于四支（肢），发于事业，美之至也。"故"中医"实则是指医治病人进而实现中和的状态，而非指中国的医生或医学。正是由于《周易》对中医的理论形成影响巨大，所以中医界始终有"医易同源"的说法。

另外，《周易》不仅对中医看病、治病有直接的影响，对中国古代的养生理论也有直接的影响。比如《周易》强调居安思危的思想，《易传·系辞下》中说："君子安而不忘危，存而不忘亡，治而不忘乱，是以身安而国家可保也。"《乾·文言》中说："亢之为言也，知进而不知退，知存而不知亡，知得而不知丧，其唯圣人乎！"意思是说，人们一定要懂得居安思危的道理，任何事情都要防患于未然，这种思想对医学养生理论影响很大，由此形成了"不治已病治未病"的思想，《黄帝内经·素问·四气调神大论》中就说道：

> 是故圣人不治已病治未病，不治已乱治未乱，此之谓也。夫病已成而后药之，乱已成而后治之，譬犹渴而穿井，斗而铸锥，不亦晚乎？

这种"未病先防"的养生思想对后世影响很大，所以在中国古代出现的很多医学家都反复强调注重养生调理的道理与实践。比如强调要天人合一，就是说养生要顺应天道自然，如《黄帝内经·素问·四气调神大论》中就说道:"夫四时阴阳者,万物之根本也。所以圣人春夏养阳,秋冬养阴","故阴阳四时者,万物之终始也,死生之本也。逆之则灾害生,从之则苛疾不起"。这种养生理论就是讲求天人合一、人与自然的和谐,这和《周易》所说的圣人境界一样,就是"与天地合其德,与日月合其明,与四时合其序,与鬼神合其吉凶"。

(六)《周易》与古代政治观念

《周易》本来是占卜之书,它的产生就是为当时政治服务的。后来,经过孔子等人的再解释,《周易》变成了一种政治哲学。其中,《易传》作为孔子思想的集中体现,其中就反复强调了他的政治理念。所以,就此而言,《周易》是中国政治思想的最重要经典之一。

《周易》强调君权神授、等级思想,比如《系辞上》说:"天尊地卑,乾坤定矣。卑高以陈,贵贱位矣。"大体意思是说,天尊地卑,而象征天地的乾坤,由此就确定了它们的次序和贵贱。随后正如《序卦》所说的:

> 有天地然后有万物,有万物然后有男女,有男女然后有夫妇,有夫妇然后有父子,有父子然后有君臣,有君臣然后有上下,有上下然后礼义有所错。

天地是万物的本源,它又确定了男女、夫妇、父子、君臣、上下的等级秩序。总之,在《周易》看来,天尊地卑、贵贱等级都是天然、必然的,这在某种程度上就是在宣扬君权天授、等级有别的政治理念。

由于《周易》形成于商周之际,周代的统治者吸取了商纣王失败的教训，提出了敬德、保民的思想，这些在《周易》中都有充分的体现。比如《师·象传》："地中有水，师。君子以容民畜众。"意思是说，地上有水蓄积，这就是《师》卦的卦象，君子从中获得启示，一定要宽容民众、蓄养他们。又如《兑·象传》："兑，说也。刚中而柔外，说以'利贞'，是以顺乎天而应乎人。说以先民，民忘其劳。说以犯难，民忘其死。说之大，民劝矣哉！"这几句话翻译过来便是说："《兑》卦，表达喜悦之意。内心阳刚而外表阴柔，结果喜悦而且'利贞'，所以顺乎天道、人心。以喜悦的心态先于百姓而劳苦，民众就会效仿并忘记他们的劳苦；以喜悦的心态先于百姓而排除万难，民众就会忘记生死来效力。喜悦作用重大，民众将受到勉励。"在这里，《周易》极力强调作为统治者一定要身先士卒，做民众的表率，民众自然会非常高兴，自然会忘记劳苦和生死来效力。

《周易》文本中始终都贯注着修身明德的思想，这不但关系到吉凶祸福，在儒家看来，修身明德还是人之所以为人、治国安邦的根本所在。每个人都能成为圣人，然后形成道德氛围浓厚、人人自觉遵守礼仪的王道政治。儒家政治思想强调"内圣外王"，其实就是要求统治阶层提升自己的道德品质，进而扩充这种品质，成就圣人人格，以此作为示范，带动广大的民众，从而实现人人境界很高、整体和谐的王道社会。

《周易》极力强调修身以德，并提出了很多关于如何修德的重要方式方法。比如说要保持谦虚的精神，如《谦》卦的卦辞就说："谦，亨，君子有终。"意思是说，只有保持谦虚，才可以万事亨通；谦虚的美德，可以让君子做人做事得以善终。《艮·象传》曰"君子以思不出其位"，就是说作为君子要做好自己的本职工作，不在其位，不谋其政。另外，《周易》还非常强调"中"与"正"，即"中庸之德"。从每一卦的爻位来看,"中"指的是二、五爻位,而"正"指的是阳爻位于奇数位,阴爻居于偶数位。从道德的角度来说,居于中正之位都是理想的位置,所以,《周易》希望人们把握时机,行中庸之道,这也是儒家对君子之德的基本要求。

尽管《周易》中反复强调德治的重要性,但实际上《周易》这部书包含了对德、礼两个维度的关注,这也符合孔子作《易传》的原始思想宗旨。毕竟,在孔子的思想体系中,作为德治表征的仁与作为礼治表征的礼是不可分割的,所以礼治、德治在《周易》中是表里如一的关系,对此正如王国维所说的:

> 古之所谓国家者,非徒政治之枢机,亦道德之枢机也。使天子、诸侯、大夫、士各奉其制度典礼,以亲亲、尊尊、贤贤明男女之别于上,而民风化于下。此之谓治。反是则谓之乱。是故天子、诸侯、大夫、士者,民之表也;制度、典礼者,道德之器也。周人为政之精髓,实存于此。[①]

从这里可以看出,在周人制定国策的时候,他们实际上是将礼治、德治融为一体,从而形成了敬德保民、以德配天的基本理念。只不过到了春秋时期,礼治成为形式化的存在,以至于孔子作《易传》实则是要恢复西周前期治国理政的本旨,这便是孔子仁学的出现。换言之,西周的礼治实际上蕴含着对德治、礼治的双重关照,只不过到了春秋时期,德治的要素淡化,而只突出形式化的礼治,孔子仁学及《周易》只不过是在恢复西周礼治,其中自然包含了德治与礼治的贯通为一。

《周易》中充满了强烈的忧患意识,如《系辞下》中就说:"作

---

① 王国维:《观堂集林》,中华书局,1959年,第475页。

《易》者，其有忧患乎？""《易》之兴也，其当殷之末世，周之盛德邪？当文王与纣之事邪？是故其辞危。危者使平，易者使倾。"可以说，《周易》产生于商周之际，故整部书充满了忧患意识。毕竟，周武王、周公在建立周朝政权之际，依然面临着各种危机，故他们反复强调忧患意识。后来，孔子继承了这一观念。正如《系辞下》中引述孔子的话所说：

> 子曰："危者，安其位者也；亡者，保其存者也；乱者，有其治者也。是故君子安而不忘危，存而不忘亡，治而不忘乱，是以身安而国家可保也。《易》曰：'其亡其亡，系于苞桑。'"

这几句话翻译过来便是："危险，总是发生在那些处在权位上而安居享乐的人身上；灭亡，往往降临在一心想保全自身存在的人身上；祸乱，总是发生在沉湎于治世的人的身上。所以，君子在安定的时候不忘危难，在存在的时候不忘灭亡，在治世的时候不忘祸乱。因此自身得到安定，国家也得到保全。正如《周易》所说：'（心中时时自警）将要灭亡，将要灭亡，就可以像系结于丛生的桑树上一样（安然无恙）。'"这种危机忧患意识，是《周易》注重民本、以德治国与变革思想的重要出发点。所以，居安思危、穷变通久成为《周易》又一重要政治理念。

《周易》强调社会变革，如《革》卦便是典型例子。《革》卦的卦形是兑上离下，离为火，兑为水，离象征着中女，兑象征着少女。《革·彖传》中就说："水火相息，二女同居，其志不相得，曰革。……革而当，其悔乃亡。天地革而四时成，汤武革命，顺乎天而应乎人：革之时大矣哉！"就是说，根据《革》的卦象，火的上面是水，水企图熄灭火，而火在水的下面又想把水烧干，这样水火就不相容。另外，中女和少女两个人住在一起，也如同水火一样不相容。所以，《象传》就认为，在这种危急情况下，只有进行合适的、彻底的变革，才能相安无事，"其悔乃亡"。在这里，《周易》还进一步引申说，自然界有变革，社会也有变革，所以变革是人类社会发展的普遍规律。

（七）《周易》与古代文史

我们都知道《诗经》对中国古代的文学产生了深远影响，其实《周易》在文学方面也非常有价值。它描写叙事的文字也非常优美，比如《屯》卦的六二、《贲》卦的六四两爻的爻辞便是这样："屯如邅如，乘马班如，匪寇，婚媾。""贲如皤如，白马翰如，匪寇，婚媾。"这两段爻辞是描述当时的娶亲队伍的，富有诗情画意，句式非常整齐、押韵。

又比如《明夷》卦的初九爻辞就说："明夷于飞，垂其翼。君子于行，三日不食。"意思是说：受伤的鸟儿想继续飞翔，但是两只翅膀却难以举起。君子在远行的路上，已经好几天没有吃饭了。言外之意就是说，心中的苦闷，谁人能知道？正如《诗经·王风·黍离》中所说："知我者谓我心忧，不知我者谓我何求。"这种表达方式在《诗经》中也可以见到，如《邶风·雄雉》："雄雉于飞，泄泄其羽。我之怀矣，自诒伊阻。雄雉于飞，下上其音。展矣君子，实劳我心。"这篇是妻子怀念远行丈夫的诗歌，它的意思是说：雄雉起飞向远方，拍拍翅膀尽舒畅。心中怀念我夫君，音信难通空忧伤！雄雉起飞向远方，忽高忽低咯咯唱，一心牵挂我夫君，思念的心儿真忧伤！

从上文可以看出，《周易》与《诗经》中的诗句，从内容结构和表现形式来看，没有什么区别，都是用诗歌特有的比兴手法描绘形象，创造意境。我们知道，《周易》成书主要在殷周之际，而《诗经》主要写成于春秋中后期，所以有可能《诗经》继承并发扬了《周易》这种文学形式与思想精髓，最终成为中国文学发展史的源头。

《周易》中的很多词语也被沿用下来，比如群龙无首（乾卦）、不速之客（需卦）、无妄之灾（无妄卦）、夫妻反目（小畜卦）、谦谦君子（谦卦）、突如其来（离卦）、匪夷所思（涣卦）、虎视眈眈（颐卦）、鱼贯而入（剥卦）、洗心革面（革卦）、观光（观卦）、同人（同人卦），等等。此外还有"天行健，君子以自强不息"，"地势坤，君子以厚德载物"，"积善之家，必有余庆；积不善之家，必有余殃"，"形而上者谓之道，形而下者谓之器"等诸多名言警句流传下来。

中国的史学非常发达，无论是历史记载还是历史思想都非常悠久而且丰富，从《周易》中我们可以了解商周时期的一些历史事实，比如我们常说的商周之际的改朝换代的历史，周人的史学观、史学思想，等等。可以说，《周易》明确告诉我们，只有注重历史知识的记忆与思考，总结历史经验教训，才能预测历史，提升自己的智慧。正如《大畜·象传》中所说："君子以多识前言往行，以畜其德。"这里的"前言往行"指的就是历史事实、历史经验，"以畜其德"指的自然就是自己的德行与智慧。不仅如此，孔子《易传》也明确指出，《周易》之所以被创作，就是模拟宇宙天地万物之道，"易与天地准，故能弥纶天地之道"（《系辞上》）。所以，希望人们借助《周易》了解其中的道理，然后有所创新发展，"夫《易》开物成务，冒天下之道，如斯而已者也"（《系辞上》）。

《周易》认为，宇宙万物都是不断变化的，有盛就有衰，没有一成不变的事情，"一阴一阳之谓道"，凡事都是相互转化的。如《丰·彖传》就说："日中则昃，月盈则食，天地盈虚，与时消息，而况于人乎？况于鬼神乎？"意思是说，宇宙万物都是在不断运动变化之中的，太阳到了正午，就开始向西倾斜，月亮圆了，就开始残缺，天地之间的万物都是一盈一虚，随着时间的推移而有消长。人类社会也是如此，如《坤·文言》就说："臣弑其君，子弑其父，非一朝一夕之故，其所由来者渐矣，由辩之不早辩也。"

《周易》宣扬一种天命无常的观念，提醒人应当保持一种忧患意识。如《系辞下》所说"穷则变，变则通，通则久"，意思是说，如果想改变穷途末路的现状，就应当有所变化，比如要创新、要改革旧制度、改变自我、要努力进取等等，然后才可以通达，通达才可以长久存在。

四、古代《易》学史略

《周易》作为十三经之首，得到了历朝历代的重视，研究它的人与著作更是不计其数。有人统计说，从先秦两汉以来，有关《易》学的研究著述就有三千多种，历代为《周易》作注者就有一千多家，产生的文献达几十万、几百万卷之多。历朝历代的君臣、士大夫、读书人和老百姓都非常重视《周易》，或者利用《周易》来算命、看风水，或者用它来建构新思想，发展新学说。

《周易》的研究历史开始得非常早，可以说，从《周易》一产生，就有人开始研究它了。从《史记》《汉书》的记载来看，最早的研究者可以说是周文王，他将象形符号变成了可以占卜的工具，并作了卦爻辞。（还有一种说法，说周文王作卦辞，周公为《周易》经文作了爻辞。）到了春秋时期，孔子根据以往的占卜经验和自己的心得体会，撰写了《易传》一书，使《周易》变成了一部哲学著作。这里的《易传》只能看成是今本《易传》的前身，还不是今本，今本《易传》经历了后来儒学弟子的编辑才形成。总的来看，在先秦时期，伏羲、周文王、周公和孔子在《周易》传承上作出了里程碑式的贡献，正如古人总结所说"伏羲制卦，文王卦辞，周公爻辞，孔子十翼也"[1]。

孔子之后，尤其是在秦汉时期，《周易》开始成为群经之首，得到了更多人的关注和研究。《四库全书》对中国古代《易》学的发展历程作了一个大体的概括，它说：

> 《易》之为书，推天道以明人事者也。《左传》所记诸占，盖犹太卜之遗法，汉儒言象数，去古未远也。一变而为京、焦，入于禨祥。再变而为陈、邵，务穷造化。《易》遂不切于民用。王弼尽黜象数，说以老、庄。一变而胡瑗、程子，始阐明儒理。再变而李光、杨万里，又参证史事。《易》遂日启其论端。此两派六宗，已互相攻驳。[2]

四库馆臣将中国古代易学研究分为两大派、六小家。两大派就是象数派和义理派。象数派注重从卦爻象及八卦所象征的物象，来解说《周易》；义理派注重从卦名、卦爻辞的意思来分析《周易》。简言之，象数就是根据《周易》卦象、数理逻辑来研究之，义理就是偏重《周易》的思想、哲理。这六宗分别是占卜宗、禨祥宗、造

---

[1] 《史记》卷四《周本纪》，张守节《正义》引《易正义》。
[2] 《四库全书总目提要》卷一《易类·序》。

化宗、老庄宗、儒理宗、史事宗。这六宗其实就是象数、义理两大派的细化。

象数派：占卜宗（先秦、汉儒）、机祥宗（京房、焦延寿）、造化宗（陈抟、邵雍）

义理派：老庄宗（王弼）、儒理宗（胡瑗、程颐）、史事宗（李光、杨万里）

四库馆臣的分类尽管客观，但还是比较笼统。下面就《四库全书》所总结的两派六宗，按照各宗派的时间顺序，加以具体说明。

（一）占卜宗

总体上来看，在先秦时期，《周易》主要是用来占卜的，探讨《周易》义理不占主要地位，探讨《周易》义理主要发生在春秋时期孔子之后，并逐渐形成了"以德代占"的观念。

我们知道，相传古代《易》有三种，即《连山》《归藏》《周易》。《周易》只是其中之一。其中《连山》产生于夏代，《归藏》产生于商代。这就说明至少在夏、商、两周人们可能已经开始用《易》进行占卜预测了。当然，那只是古人的传说。我们至今也缺乏足够的传世文献来证明夏、商时期的人们利用《连山》《归藏》进行占卜。

不过，根据晚清以来出土的殷墟甲骨卜辞来看，我们可以断定，至少从商朝开始，占卜活动已经非常兴盛。当然，人们用的不是《归藏》，而是龟甲兽骨。当时的商朝王室凡事必占，占卜内容涉及日常生活的各个方面，包括祭祀、战争、打猎、农业、天象、出行、官员任免、大兴土木、婚丧嫁娶、生儿育女等等。如果遇到了重大国事,更是反复占卜发问,不厌其烦。当然,我们知道商朝王室占卜本身并不重要,这样做只是为了表明他们所做的一切都是上天的安排,都是天意,每个人都必须无条件遵从,尤其是在祭祀神灵、战争打仗、官员任免等方面。可以说,占卜、预测对于商王来说,只不过是统治国家、维护王权的一种形式,以此来强化商王替天行道的崇高地位。

周朝与商朝相比,有了很大的变化。第一,开始淡化天命、淡化占卜,强调敬天修德、以德治国。第二,西周与商代相比,改变了占卜方式。西周以农业立国,改变了商朝以游猎、畜牧为主的生活方式,占卜用的龟甲、兽骨也不容易找到,所以开始利用蓍草进行占筮。蓍草是一种长寿草,周人认为蓍草活得长,如同老年人一样,知道得也多,所以用它占卜。当然,在国家重大事情上,周人还经常用龟甲。第三,与商人占卜凡事都听天由命不同,周人占卜更注重人的主观能动性与道德修为。比如根据《史记》记载,武王伐纣之前,也进行占卜,结果是"凶",武王和各个诸侯就变得非常犹豫,不知要不要起兵攻打商朝。这时,姜太公就认为周人以德治国,而商朝失去民心,所以力主伐商,最后武王伐商取得了胜利。这就表明,西周一开国,就更加注重人本身的因素,而开始淡化上天的意志。

到了东周的春秋时期,利用《周易》占卜非常流行。比如《左传》一书中提到《周易》的有19条,其中16条就是关于占筮的。这就很能说明,《周易》在春秋时期主要是用来占卜的。只不过,与以往相比,这个时候的《周易》占卜更加注重人的主观能动性与道德修为。

在这种社会文化变迁的大环境下,孔子作为当时的大学者,结合当时人们对《周易》占卜的认识，撰写了《易传》，极力发挥《周易》中的哲学思想，更加强调人的主观能动性与道德修为。比如从马王堆汉墓出土的简帛《易传》，就记载了孔子的原话，他说：

> 《易》，我后其祝卜矣，我观其德义耳也。幽赞而达乎数，明数而达乎德，有仁（存）者而义行之耳。赞而不达于数，则其为之巫；数而不达于德，则其为之史。……吾求其德而已，吾与史巫同涂而殊归者也。君子德行焉求福，故祭祀而寡也；仁义焉求吉，故卜筮而希也。祝巫卜筮其后乎！①

在这段话中，孔子清楚地表达了自己的观点，那就是对待《周易》要注重"观其德义""后其祝卜""吾求其德而已"，意思是说，我对待《周易》更关注的是其中的道德和礼义，占卦卜筮对我来说都是次要的。同时代的老子，也是注重发挥《周易》中的思想，强调阴阳强弱祸福的转化，比如他说："祸兮福之所倚，福兮祸之所伏。"②

春秋以后的儒家，基本上都继承了孔子重视《周易》德义的观点。比如战国时期的荀子就曾说过"善为《易》者不占"，就是说，真正了解《易》理的人是不需要占卜的，因为他对于天地人之道已经都领悟了，知道该如何发挥主观能动性来逢凶化吉了，不需要外在的心理暗示、听天由命了。从此之后，研究《周易》"德义"成为《易》学发展史上的重要组成部分。

孔子去世之后，他的易学被他的弟子及再传弟子传了下来。《汉

---

① 邓球柏：《帛书周易校释》，湖南人民出版社，2002年，第573页。
② ［魏］王弼注，楼宇烈校释：《老子道德经注校释》第五十八章，中华书局，2008年，第151页。

书·儒林传》记载孔子《易》学的传承谱系，说：

> 自鲁商瞿子木受《易》孔子，以授鲁桥庇子庸，子庸授江东䭾臂子弓，子弓授燕周丑子家，子家授东武孙虞子乘，子乘授齐田何子装。及秦禁学，《易》为筮卜之书，独不禁，故传受者不绝也。

孔子撰写《易传》，从此《周易》开始由一部占筮的书，转变为一部探讨伦理、道德、政治哲学的书籍。孔子之后，他的易学经过弟子历代承传，经过六代，一直传给了汉初齐人田何，田何就是汉代《易》学的祖师。

之后，田何又将《易》学传给了杨何，杨何又传给田王孙。田王孙又传给了施雠、孟喜、梁丘贺。孟喜又传给了焦延寿，焦延寿又影响了京房。随后，京房又在前人的基础上，全面继承和发展了汉代象数《易》学。这一时期，汉武帝罢黜百家，独尊儒术，于是就将施雠、孟喜、梁丘贺、京房四家相继立为官学，这就是西汉今文经学《易》学。到了东汉，这四家依旧被立为官学。所以说，有汉一代，田何一支的今文《易》学一直占有主导地位。另外，在民间还有费直、高相两家古文易，他们一直在民间发展，直到东汉末才引起朝野的关注①。他们用孔子《易传》解释《易经》，注重义理思想阐发，后来发展为魏晋王弼的义理学派。汉代今古文易学之间最大的不同，就在于田何所代表的今文易学注重象数，古文易学家们则更加注重义理。

总而言之，从先秦一直到两汉，占筮易学一直是主流，义理易

---

① 《后汉书》卷七十九上《孙期传》作了详细记载："建武中，范升传《孟氏易》，以授杨政；而陈元、郑众皆传《费氏易》，其后马融亦为其传。融授郑玄，玄作《易注》，荀爽又作《易传》，自此《费氏》兴，而《京氏》遂衰。"

学只是潜流而已。孔子之后占卜依旧非常流行，比如秦始皇时期，朝廷专门设立太卜官。秦始皇焚书，卜筮类的书籍不烧，《周易》因为是占筮之书，由此逃过劫难。连秦始皇晚年的时候，听说了"今年祖龙死"（《史记·秦始皇本纪》）的谶言，也利用《周易》占卜，"卦得游徙吉"，就到处远游，最后死在了途中。汉武帝时期，尽管开始重视儒学，但也重用一大批占卜者，汉朝征伐匈奴、南越等地都要先进行占卜。两汉时期，西汉前期易学的祖师田何和他的后传弟子，基本上秉承孔子易学观，非常注重义理思想。但到了西汉中期，孟喜、京房等人受到董仲舒利用阴阳五行学说研究《春秋》的影响①，纷纷也将阴阳术数和《周易》结合起来，从而形成了"卦气说"，由此孟喜、京房成为汉代象数《易》学的主要代表。

（二）机祥宗：京房、焦延寿

机祥，就是吉凶的征兆，言外之意即灾异占卜。两汉时期是我国易学发展的黄金时期，象数易学一直是这一时期的主要表现形式。两汉的易学祖师是田何。田何的后传弟子施雠、孟喜、梁丘贺、京房之学被立为官学。因为当时官方易学使用汉代隶书所写，所以叫今文经学。民间有费直、高相，为古文经学②。东汉易学基本上是今文经学占主导。东汉末年，费氏易经过马融、郑玄等人的宣扬，才得到官方的重视。

---

① 因为从西汉中期之后，很多经学家都将董仲舒看成是一代宗师，受到他的影响，各家都纷纷将阴阳术数与儒家经义结合起来。在这种思潮影响下，如阴阳术数之学与《春秋》结合起来，形成了"春秋阴阳说"；与《尚书》结合起来，形成了"洪范五行说"；与《礼》结合起来，形成了"明堂阴阳说"；与《诗经》结合起来，就形成了"四始五际说"，等等。

② 《隋书》卷三十二《经籍志》："其本皆古字，号曰《古文易》。"

《四库全书》之所以将京房、焦延寿单独提出来，那是因为京房是汉代象数易学的最有名的学者。京房，今河南人。他本来姓李，由于非常喜好音律，是个音乐迷，就根据音律推算，将自己的姓改为"京"。后来，他跟从当时的象数易学大师焦延寿学习《周易》。焦延寿喜欢借助《周易》的卦象、爻象，来推算灾异，而且还相当灵验。京房这人很聪明，他完全得到了焦延寿的真传，他的弟子曾说"房言灾异，未尝不中"（《汉书·京房传》）。由于京房很有才华，很快被汉元帝重用。

　　京房所处的时代，属于西汉衰落阶段，各地豪强争权夺利，腐败成风，社会矛盾非常尖锐。这一时期自然灾害也特别多，皇帝和各级官吏被折磨得焦头烂额。由于京房会推算灾异，汉元帝就任用他预言灾异，并找出解决自然灾害的办法。京房不负众望，多次准确地预言了灾害的降临时间，还提出了很多的办法，京房由此得到了汉元帝的宠信。但是，京房这个人天性贪婪，还经常借助自己的名望干预朝政。鉴于当时朝廷腐败、官员徇私枉法，京房便向皇帝献上了他的"考功课吏法"，实际上就是改革考核办法，减少腐败，但这无疑损害了很多皇亲国戚、朝廷高官的既得利益，于是就有人陷害他，他因而被处以弃市之刑。他的老师焦延寿曾常说："得我道以亡身者，必京生也。"（《汉书·京房传》）《异苑》中记载了一则盗墓故事云："京房尸至义熙（东晋安帝司马德宗的年号）中尤完具，僵尸人肉堪为药，军士分割之。"[1]

　　京房作为汉代象数易学的佼佼者，对后世影响非常大，《四库全书》把他列为单独一派。京房《易》学究竟有哪些特点呢？从现存

---

[1] ［南朝宋］刘敬叔撰，范宁校点：《异苑》，中华书局，1996年，第67页。

文献来看，京房《易》学最大的特点就是将阴阳术数和《周易》进行结合，形成了一个新的天人感应理论，一般称之为"卦气说"。简单一点讲，京房利用阴阳说和五行说，将《周易》六十四卦与四时（春、夏、秋、冬）、十二月、二十四节气和七十二候相匹配，用来解释一年中节气的变化，同时推断人事的吉凶祸福，这就是卦气说。

另外，京房还将五行相生相克的理论与《周易》六十四卦的各卦、各爻相配，以此来解释卦爻象中的吉凶。用五行说解释《周易》卦爻吉凶是京房的发明，这在前代是没有的。此外，京房还提出了很多新的占筮体例，比如纳甲说，就是将六十四卦按照八卦分为八宫，八宫卦再和十个天干相配，因为甲是天干之首，所以叫纳甲。又将八宫卦的每一卦的各爻与十二个地支相配，称为纳支，等等。

总的来说，京房作为两汉时期的重要易学家，善言灾异，成为先秦两汉占筮易学的典范。其实，不止焦延寿、京房善言灾异，借助儒家经典解说阴阳灾异是两汉经学的共同特征，比如董仲舒借助《春秋》说灾异，夏侯胜借助《尚书·洪范》说灾异，翼奉借助《诗经》说灾异，等等。另外。京房所建构的以"卦气说"为核心的宇宙生成理论，将八卦看成是宇宙的缩影，而自然界的一切变化都可以用八卦中的阴阳二气的变化来解释。由于这种思想体系侧重解释天人感应、灾变灾异，后来很多学者也在此基础上牵强附会，以至于变得烦琐而芜杂，使得《易》学的发展走上了歧路。到了魏晋时期，随着王弼玄理《易》学的出现，这种风气才得以改观。

（三）老庄宗：王弼、韩康伯

魏晋时期，玄学盛行，玄学强调虚无、空灵、无为的宇宙观与人生观。这一时期的易学的突出特征就是，两汉时期所盛行的烦琐的、杂乱的象数易学不再流行，而是注重将《周易》与魏晋玄学结合起来，以老庄思想解读《周易》，由此建立了玄学派义理易学体系。其中，王弼（226—249）是这一《易》学流派的代表人物。

王弼出身世家大族，他的五世祖、六世祖在汉代都曾位列三公，他的外曾祖父是荆州牧刘表。他出身显赫，从小就非常聪明，十多岁就精通老庄之学，能言善辩，生活上放荡不羁，喜欢吃喝玩乐，完全是一副老庄虚无主义的生活态度。王弼因为才华出众，非常高傲，经常嘲笑他人，后来依附曹爽，曹爽被司马家族杀害后，他也受到牵连丢掉了官职。二十四岁的时候，王弼暴病身亡。虽然年纪很轻，但他写下了很多著作，比如《周易注》《周易略例》《老子注》《老子指略》《论语释疑》等等。

王弼易学的重要贡献主要体现在两个方面。一个是在解释《周易》的方法上，他提出了很多和汉代解读《周易》不同的方法，比如采用"取义说"，他认为卦爻辞的含义借助文字就可以解读，不用拘泥于卦爻所象征的物象，这就否定了汉代通过卦爻象解读《周易》的主要方式。又如强调"一爻为主说"，即一卦的意义主要取决于某一爻，不需要太烦琐的解释，等等。

王弼易学另一个重要贡献，主要体现在他用老庄思想解读《周易》，发掘《周易》中的哲学思想。他研究《周易》的目的，不是为了占卜算命、推算阴阳灾异，而是探讨现象与本质之间的内在关联，如强调"得意忘象"。与此同时，王弼借助易学诠释建构了系统的玄学思想体系。王弼玄学体系的核心思想就是，"无"是宇宙自然、社会政治、人生价值的根本所在，所以人与社会应当顺应自然、无为而有为。

总而言之，王弼的玄学易，是曹魏时期古文经学与老庄玄学兴盛并结合的产物，既注重思想义理，同时又注重对现象、本质关系的探讨。王弼作为玄学易的代表人物，无论是在易学解释方法上，还是在借助易学所建构的玄学思想体系上都有深远的影响。这种影响主要体现在玄学易学对隋唐时期佛学的本土化、宋明时期理学的建构都提供了非常丰富的思想与方法资源。

韩康伯（332—380），名伯，字康伯，颍川人，撰有《系辞注》三卷。韩康伯继承和发展了王弼的学说，从思想义理的角度解读《周易》。在他看来，《易》理是《周易》象与数的根本所在。相对王弼来说，他将"得意忘象"的"意"更加抽象，以"理"来代之，这为后来程颐建构理学提供了重要的思想资源。

（四）造化宗：陈抟、邵雍

陈抟（872—989），字图南，今河南鹿邑人（和老子是同乡）。他是五代宋初的一名道士，相传活了一百一十八岁。相传他五岁才会说话，不久就痴迷《周易》八卦，后来考进士不中，就开始遍访名山，喜欢研究神仙、养生之术，名声非常大。宋朝建立后，他听说赵匡胤登基做了皇帝，一高兴从驴上掉了下来，说这下天下终于可以安定了。后来，宋太宗还召见了他，赐号希夷先生。（"希"指听而不闻，"夷"指视而不见，出自《老子》第十四章："视之不见，名曰夷；听之不闻，名曰希。"）

陈抟在《易》学上的贡献主要是他创造性地画了"太极图""先天方圆图""八卦生变图"等一系列《易》图，通过图式的形式来表示《周易》的阴阳变化原理，由此成为中国太极文化的创始人。陈抟用图式的形式来表现《周易》，在一定程度上复活了汉代象数易学，不过他没有沿用汉代象数易学烦琐芜杂、牵强附会的做法。他的这种方法被后来的邵雍、朱熹等继承了。后来元明清科举考试采用朱熹《周易本义》一书，书的前面就有《周易》太极图式。

另外，在易学理论与儒学建构方面，陈抟主张儒、释、道应当融会贯通（其中的思想文化背景是：唐末五代时期佛教禅宗、道家内丹之学都非常发达，而儒学则非常衰微，但是宋朝建立之后，朝廷希望有一个有利于社会政治统治的学说出现，作为当时的著名人士陈抟便主张三家合一）。陈抟主张融合儒释道三家，以此以治《易》，以治学，以治心，以治身，以治天下一切。

陈抟一般被视为宋代易学的开山之祖，相传他的易学经过种放，传给了穆修、李溉，穆修传给了李之才，进而发展为周敦颐、邵雍的易学。李溉传给了许坚，再传给了范谔昌，进而发展为刘牧的图书易学。就是说，北宋中期图书易学的重要人物如邵雍、刘牧，包括理学的开山祖师周敦颐都是陈抟的后传弟子。

邵雍（1011—1077），字尧夫，号康节，祖籍河北人，后来随父迁到了今河南辉县。他隐居在山上，将自己的住处命名为安乐窝，人称安乐先生。他终身不做官，就是喜欢研究学问如《周易》，他和当时的司马光、富弼、吕公著、程颢、程颐等人交往非常密切。他是陈抟的三传弟子，朱震说："陈抟以先天图传种放，放传穆修，修传李之才，之才传邵雍。"[①]

邵雍非常聪明，虽然他的《易》学传自陈抟，但他对《易》学有很多创建。他的《易》学最大的特点就是继续以图式的形式，来阐发陈抟易学。与陈抟不同的是，邵雍侧重探讨《周易》及宇宙的起源问题，即伏羲《易》学。后人将邵雍的《易》学称为先天《易》

---

① [宋]朱震：《汉上易传·表》，上海古籍出版社，1989年，第5页上。

学，而将《周易》称为后天易学。

邵雍在易学史上的贡献可以说有两个。第一，邵雍借助图式与数理逻辑的形式探讨宇宙起源与发展演化。根据朱熹的观点，邵雍所画的易图主要有四种：伏羲八卦次序图、伏羲八卦方位图、伏羲六十四卦次序图、伏羲六十四卦方位图。这四个图可以分为两类：次序图和方位图。这些图的目的就是想说明八卦的起源和六十四卦的形成过程，以此来推算天地万物的起源和人类社会的吉凶祸福。具体方法是什么呢？在邵雍看来，天地万物都起源于"数"。他将"易有太极，是生两仪"中的"太极"理解为"一"，万物开始于"一"，然后就是二、四、八、十六……以此类推，即相当于以2的n次方一直推演下去，以至无穷。程颢将这种方法称为"加一倍法"，朱熹称为"一分为二"法。这种方式其实就是利用《周易》中的数理逻辑解释《周易》的起源。邵雍的这种数理《易》学比较复杂，不是轻易就能学会的，他曾经想传授给二程兄弟。程颢就说，自己没有那么多的闲工夫，要想学会，需要二十年[①]。

邵雍的第二个贡献就是，他将《周易》的演变规律与宇宙历史进程结合起来，来说明社会的演变，这个图后人称为"皇极经世图"。邵雍将天地从开始到结束的这一过程分为元、会、运、世四大阶段。其中，一元十二会，一会三十运，一运十二世，一世三十年。一元实际上就是一年的放大（年十二月，月三十日，日十二时辰，一时辰三十时分），共十二万九千六百年。邵雍断定，世界的历史以此为周期，由兴盛到衰亡，每况愈下，直到灭亡。

[①] [宋]程颢、程颐《二程语录集》："明道云：'待要传与某兄弟，某兄弟那得工夫？要学，须是要二十年工夫。'"（山东画报出版社，2004年，第322页）

总的来说，邵雍借助图数之学建构出一个自宇宙到人类社会的学说体系，实际上远远突破了《周易》的框架，突破了《系辞》《说卦》《杂卦》所言的宇宙体系和结构，也突破了以往学者所采用的宇宙模式，他所言的元、会、运、世等，也不完全是《周易》中的天地之数、大衍之数，他的体系实质上是个全新的哲学体系。相比汉《易》象数之学，邵雍的象数之学不讲阴阳灾异和天人感应，但象数却被哲理化了，尤其是数成为自然宇宙和人类社会演化的根源。与义理派易学相比，他对数的突出，其目的还是为了探寻其中的易理，进而找出有关人类社会治乱兴衰的哲理。他将图数学和理学进行了结合，形成"数理合一"的理论模式，由此直接奠定了他在理学史上的地位。

（五）儒理宗：胡瑗、程颐

胡瑗（993—1059），字翼之，世人又称安定先生，北宋时泰州人，与当时的孙复、石介并称"宋初三先生"。在《易》学方面，胡瑗有《周易口义》传世，此书是今存宋代最早的义理派《易》学著作。

胡瑗《易》学为宋代《易》学中义理一派的开创者，他不论《易》之"互体"，于象数"扫除略尽"[1]。胡瑗对程颐《易》学的影响最为直接，《四库全书总目提要·周易口义》曰："考《伊川年

---

[1] [宋]陈振孙撰，徐小蛮、顾美华点校：《直斋书录解题》卷一《周易口义》解题："新安王炎晦叔尝问南轩曰：'伊川令学者先看王辅嗣、胡翼之、王介甫三家，何也？'南轩曰：'三家不论互体，故云尔。杂卦物撰德，具于中爻，互体未可废也。'南轩之说虽如此，要之，程氏专治文义，不论象数。三家者，文义皆坦明，象数殆于扫除略尽，非特互体也。"（上海古籍出版社，2015年，第10页）

谱》，皇祐中游太学，海陵胡翼之先生方主教道，得先生文试，大惊，即延见，处以学职。意其时必从而受业焉。世知其从事濂溪，不知其讲《易》多本于翼之也。"[1] 清四库馆臣评论其书曰"在宋时，固以义理说《易》之宗已"，可以说胡瑗是宋代义理派《易》学的先驱之一，他对程颐《易》学产生了非常重要的启发和影响。

胡瑗作为宋代理学的先驱人物，开始利用易学探讨儒家的宇宙论和本体论问题，但是其学术的重心还是在经世致用之上。他的《易》学偏重人事、重功用，他借助《周易口义》表达了现实人事诸多方面的解决方案，如君臣如何相处，君子如何学习，如何教育别人，如何修身养性，如何事父事君，如何治国理政，如何与小人斗争，等等。

胡瑗在解《易》上与汉唐注疏虽多有不同，但是其《易》学在整体上未能跳出旧有的理论框架，依旧徘徊于汉唐旧说之间，没能建构出一个全新的理论体系来。但是不能否定的是他对性、心、体、理、动、静、诚、敬等概念范畴做了探讨，而这些都成为之后程颐等理学家们继续深化发掘的学术思想基础。

程颐，宋代理学的奠基人。他和王安石属于一个时代，他和司马光、富弼、吕公著等大政治家交游非常密切。程颐后来经过司马光、富弼的举荐还做了宋哲宗的老师。程颐《易》学的最大特点在于，注重《周易》中的思想，并将"理"或"天理"作为《易》学、理学的核心范畴。在他看来，天理是《周易》产生和发挥作用的内在根据，是万事万物的源头与价值依据。程颐还以此为基础，借助对《周易》的解释，对语言与思想、现象与本质等问题进行了探讨，

---

[1]《四库全书总目提要》卷二《周易口义》提要。

并对社会政治问题提出了自己的看法，强调以德治国、以理治国等等。由于他是宋代理学的奠基人，更是理学派易学的典范，所以成为中国古代义理派易学的代表性人物。

总之，程颐《程氏易传》是继魏晋王弼《周易注》之后具有里程碑意义的易学著作。后来理学集大成者朱熹继承了程颐的易学思想，并吸收了陈抟、邵雍、刘牧等人象数易学的成果，重点探讨《周易》占卜、象数的思想，弥补了程颐注重义理轻视象数的不足。到了南宋末年，理学被确立为官方学说，由于程颐《程氏易传》重视义理、朱熹《周易本义》重视占卜、象数，各有偏重，所以朝廷将它们并在一起作为科举考试的必修书，一直影响到清代。可以说，程颐易学是宋代以后理学派易学的典范。

胡瑗、程颐之后，由于理学被确立为官学，理学化《易》学也随之得到了长足发展。其中，朱熹在程颐的基础之上，吸收周敦颐、邵雍、张载等人的思想，进一步发展了理学化《易》学。元明两代，理学进一步官学化，理学化《易》学更是得到了进一步继承和发展。比较著名的如元代吴澄《易纂言》《易纂言外翼》等，明代胡广《周易大全》、蔡清《易经蒙引》、来知德《周易集注》等等，都是理学化《易》学继续发展的代表。

（六）史事宗：李光、杨万里

李光（1078—1159），字泰发，今浙江人，两宋之际的重要学者和政治家。北宋末，蔡京等人擅权，金兵入侵，李光对内抗击蔡京等人，对外主战。入南宋，累官至吏部尚书、参知政事。因反对向金割地求和而得罪秦桧，被贬到岭南。秦桧死后，李光被赦免，回到家后去世。孝宗即位后，赐谥"庄简"。传世著作有《读易详说》

十卷、《庄简集》十八卷。

《读易详说》是李光的经世之作，它是李光在被流放的过程中写成的。李光注重借助卦爻象、卦爻辞来阐发自己的观点，虽然他也肯定《易》本为象之书，所谓"易，无非象也，盖制器所以尚象，立象所以明义也"①。但在实际的解释过程中，他始终没有将重心放在对易象或易数的解释上，而是着力于人事，通过援引大量的历史事实，来表达他对朝廷政治和社会人心的关注。比如他认为统治者应当节用爱民，在解释《节》时云：

> 圣人制经国之术，必量入为出，上之用度有节，故不伤财，取于民有制，故不害民。夏后氏五十而贡，商人七十而助，周人百亩而彻，其实皆什一也，此三代取民之道也。秦、隋之君至穷奢极欲，府库空竭，而百姓离叛，卒以亡天下者，由不知立制度以为节，故海内荡然也。②

李光认为，统治者应当量入为出，节俭财用，有所节制，对民也有利。他列举了夏商周三代收取赋税的标准，认为这是可以效仿的榜样，并从反面以秦、隋两代为例，认为如果统治者不知道节用爱民，必然造成"府库空竭，百姓离叛"，最终身死国亡，等等。四库馆臣曾评价这部书说："书中于卦爻之辞，皆引证史事，以君臣立论，或不免有所牵合，然意存法戒，究胜空谈，援古事以证爻象，始自郑玄；若全经皆证以史，则光书其始也。"③

---

① [宋]李光：《读易详说》卷八《鼎》，收于《四库全书珍本初集·读易详说》五，商务印书馆，1935年，第35页左。
② [宋]李光：《读易详说》卷十《节》，收于《四库全书珍本初集·读易详说》六，第15页右。
③ 《四库全书简明目录》卷一，上海古籍出版社，1985年，第6页。

总的来说，李光通过经、史合一的解释模式，将理论与史实相结合，有力地发挥了《周易》在现实中的指导作用。徐志锐先生在《宋明易学概论》中评价李光《易》学时曾说："李光的经世《易》学，在宋代的《易》学发展史中，是有重要地位的。他坚持了《周易》哲学与政治结合的方向，使义理的研究更注重于社会实际，从而显现出《易》学的实用价值。在宋代的《易》学史中，李光《读易详说》是代表着一个流派的出现。其后又有杨万里引史以证经，可视为是这一流派的接续。"① 李光《易》学将经学和史学、哲学和政治有机地结合起来，成为《易》学解释学史上的一个重要模式，这在宋代《易》学史中占有重要的地位。

杨万里（1127—1206），字廷秀，号诚斋，今江西吉水人，南宋初年的著名学者，也是南宋大诗人，与尤袤、范成大、陆游合称南宋"中兴四大诗人""南宋四大家"。《诚斋易传》是他的易学代表作。

杨万里的易学，与李光一样，主要是引用大量的历史事实来解读《周易》六十四卦，以此为易学的理论提供了更加丰富的史实。其实，用史实解读《周易》由来已久。首先《周易》本身就有很多历史事件，这就使得后代学者解读《周易》的时候必须援引历史事实来解读《周易》内容。从汉代以后，郑玄、孔颖达等人也都用史实解读《周易》，宋代的胡瑗、程颐更是援引大量的史实来解读《周易》。李光、杨万里只不过继承了前人的方法，并将这种方法更加系统化、专业化，由此发展成为解读《周易》的一种重要方法。

总的来看，四库馆臣的分类代表了中国古代易学发展的不同阶

---

① 徐志锐：《宋明易学概论》，辽宁古籍出版社，1997年，第168页。

段，比较客观。对于这样的划分，现代学者徐芹庭先生认为还是比较粗略的，他作了更为细致的分派，大体有十七派①。具体来看有：

1. 占筮派与简易占筮法。这一派主要是指从上古一直流传到后世的占卜。

2. 象数派。汉代儒家学者多言象数，之后历代都有，尽管有王弼、孔颖达、程颐等人倡导义理《易》学，但象数在古代一直占有主流地位。

3. 机祥灾异卦气卦候派。《易》之机祥灾异在《春秋》《左传》中就非常多见，但真正发展是从《易纬》开始，然后汉代的孟喜、焦赣（延寿）、京房等人都非常地推崇。

4. 老庄派。借助老庄之学解读《周易》的派别，如王弼《周易注》，韩康伯注解《系辞》《序卦》《杂卦》，孔颖达《周易正义》，这主要盛行于魏晋南朝与隋唐。

5. 儒理派。主要是以理学解读《周易》，肇始于周敦颐《太极图说》，之后张载《易解》、程颐《程氏易传》、朱熹《周易本义》都是代表。由于程朱理学为宋元明清的主导，所以儒理派《易》学在宋元明清时期最为流行。

6. 史事派。用史实来辅助解读《周易》，如汉唐时期的韩婴、马融、郑玄、虞翻、干宝、荀九家（荀爽等九家），宋以后又有李光、杨万里，近代以来又有胡朴安《周易古史观》、张承绪（洪之）《周易象理证》，等等。

7. 图书派。从河图、洛书出发，探讨《周易》的起源与特征。这在宋代最为兴盛，如陈抟、刘牧、邵雍、朱震、朱熹等都是代表。

---

① 参见徐芹庭《易经源流：中国易经学史》，中国书店，2008年，第63—70页。

8. 集解派。魏晋之后，学者解释《周易》已经不完全遵守家法的规定，而是兼收并蓄，兼采多家注解而成一书。如《隋书·经籍志》著录的《马郑二王集解》十卷，《周易荀爽九家注》十卷，《周易杨氏集二王注》五卷等。唐以后的代表有李鼎祚集三十五家而成《周易集解》，五代房审权《周易义海》一百卷，宋代李衡在此基础上又作《周易义海撮要》十二卷，等等。

9. 古易派。汉代解释《周易》，一般还是将《易经》与《易传》分离。从西汉末年开始，古文《易》学家费直开始用《易传》解读《周易》经文。之后马融、郑玄等人都相继将《周易》经传合并起来进行解释，而且郑玄还将《彖辞》《象辞》上下放在六十四卦卦爻辞的下面。到了曹魏时期，王弼又将《文言》分别放在《乾》《坤》两卦的下面。以后的南北朝隋唐五代以及宋代的学者，都沿用王弼的《周易》经传合一的版本。从宋代开始，有学者开始将《周易》经传分开研究，如吕大防《周易古经》、晁说之《古周易》、吕祖谦《古周易》、朱熹《周易本义》等等，在宋元明清时期也影响很大。

10. 疑古派。这主要开始于北宋欧阳修《易童子问》，该派怀疑《文言》《系辞》《说卦》非孔子所作。之后历代多有响应，一直到近代依旧有学者怀疑《易传》非孔子所作。

11. 佛理心性派。主要是运用佛教义理来解说《周易》，如苏轼《易传》、杨简《易传》，明代学者更多。

12. 辑佚派。自南宋王应麟开始辑佚郑玄《易》学，之后有明清的姚士粦、马国翰、惠栋、张惠言，近代的黄奭、王仁俊等都有辑佚古代《易》学的成果。

13. 易林火珠林派。此派主要是用来占断吉凶祸福，始于汉代焦延寿《易林》。之后又有京房《周易集林》、许峻《易新林》、郭璞

《周易新林》等等。

14. 天文律历派。此派主要与天文历法、音律有关，如汉代郑玄《周易注》、唐代李淳风、清代惠栋、民国徐昂等人都属于此派。

15. 哲学科学宗教派。此派主要开始于清代晚期，随着西学东渐，很多学者开始将《周易》与西方科学相结合进行研究，如严复以《周易》义理来解释天演论，薛学潜《易与物质波量子力学》《超相对论》，丁超五《科学的易》，王弼卿《周易与现代数学》，赵尺子《三民主义与周易哲学》，王寒生《易教中的宗教哲学》，李石岑《以解析几何之坐标解易》，杜而未《以宗教释易》，等等。

16. 音训派。从汉代马融、郑玄开始，解释《周易》便已经涉及音训，之后王肃《易音》、徐邈、李轨《易音训》、唐陆德明《周易音义》、宋吕祖谦《古易音训》、明张献翼《读易韵考》、清顾亭林《易音》等等，都是如此。

17. 易学别传派。此派主要是模拟《周易》或术数之类，如扬雄《太玄经》、卫元嵩《关朗易传》、邵雍《皇极经世》、司马光《潜虚》、蔡沈《洪范皇极内外篇》、黄道周《三易洞玑》等都是模拟《周易》而作。其余如《易纬》《六壬》《太乙》《奇门遁甲》等都是术数派。

总而言之，历史上出现的易学流派如果根据时代来划分，大体可以分为四个时期：先秦两汉易学、魏晋南北朝隋唐易学、宋元明清易学、近代易学。先秦两汉时期是《易》学的奠基时期，主要还是占筮、象数为主。魏晋南北朝隋唐时期的《易》学，随着王弼的出现，改变了之前注重占筮的特征，尤其是改变了两汉时期术数《易》学牵强附会的风气，学者们开始注重探讨《周易》中的哲理，比如语言与意义、现象与本质的关系等形而上的问题。但不能否认的一点是，以阴阳术数为主的象数《易》学依旧在中古非常盛行（比如三国管辂，东晋郭璞、干宝，唐李鼎祚等人），而且在思想体系与方法上还深受汉代天人感应、阴阳灾变的神学体系与章句训诂之学影响。宋元明清时期的《易》学，主要是理学化的《易》学，清代《易》学缺乏自己的特色，主要是整理前代《易》学。近代以来，《易》学开始受到西学的影响，跳出了经学研究的束缚，利用现代学科的思维来研究《周易》，由此《易》学开始了新的历程。

参考文献

（一）基础文献

［汉］司马迁撰：《史记》（全十册），北京：中华书局，1959年版。

［汉］班固撰：《汉书》（全十二册），北京：中华书局，1962年版。

［汉］孔安国传，［唐］孔颖达疏：《尚书正义》，《十三经注疏》本，杭州：浙江古籍出版社，1998年版。

［汉］毛亨传，郑玄笺，［唐］孔颖达疏：《毛诗正义》，《十三经注疏》本，杭州：浙江古籍出版社，1998年版。

［魏］王弼、韩康伯注，［唐］孔颖达疏：《周易正义》，《十三经注疏》本，杭州：浙江古籍出版社，1998年版。

［魏］王弼注：《老子》，上海：上海古籍出版社，1989年版。

［晋］杜预注，［唐］孔颖达疏：《春秋左传正义》，《十三经注疏》本，浙江古籍出版社，1998年版。

［南朝宋］范晔撰，［唐］李贤等注：《后汉书》（全十二册），北京：中华书局，1965年版。

［唐］魏徵等撰：《隋书》（全六册），北京：中华书局，1973年版。

［唐］柳宗元著，余彦君注译：《柳宗元文·送僧浩初序》，武汉：崇文书

局，2017年版。

［宋］程颐：《程氏易传》，载于《二程集》，北京：中华书局，1981年版。

［宋］程颢、程颐：《二程语录集》，济南：山东画报出版社，2004年版。

［宋］朱熹撰，廖名春点校：《周易本义》，北京：中华书局，2009年版。

［宋］朱震：《汉上易传》，上海：上海古籍出版社，1989年版。

［宋］陈振孙撰，徐小蛮、顾美华点校：《直斋书录解题》，上海：上海古籍出版社，2015年版。

［宋］李光：《读易详说》，收于《四库全书珍本初集》，上海：商务印书馆，1935年版。

［明］张介宾撰：《类经图翼·类经附翼评注》，西安：陕西科学技术出版社，1996年版。

［清］永瑢等：《四库全书总目提要》，上海：商务印书馆，1931年版。

［清］永瑢等：《四库全书简明目录》，上海：上海古籍出版社，1985年版。

(二) 研究论著

蔡尚思主编：《十家论易》，上海：上海人民出版社，2006年版。

崔波：《周易文化十二讲》，长春：吉林文史出版社，2008年版。

郭沫若：《郭沫若全集》，北京：人民出版社，1982年版。

高亨：《周易古经今注》，北京：清华大学出版社，2010年版。

胡道静、戚文：《周易十讲》，上海：上海人民出版社，2003年版。

胡朴安：《周易古史观》，上海：上海古籍出版社，2005年版。

姜海军：《程颐〈易〉思想研究——思想史视野下的经学诠释》，北京：北京师范大学出版社，2010年版。

金春峰：《〈周易〉经传梳理与郭店楚简思想新释》，北京：中国言实出版社，2004年版。

李笑野：《〈周易〉的观念形态论》，上海：上海古籍出版社，2016年版。

李学勤：《周易溯源》，成都：巴蜀书社，2005年版。

梁韦弦：《易学考论》，哈尔滨：黑龙江人民出版社，2005年版。

廖名春：《〈周易〉经传十五讲》，北京：北京大学出版社，2004年版。

林忠军：《象数易学发展史》（第一、二卷），济南：齐鲁书社，1994年、1998年版。

刘大钧：《周易概论》，济南：齐鲁书社，1986年版。

牟宗三：《周易哲学演讲录》，上海：华东师范大学出版社，2004年版。

宋会群、苗雪兰：《中华第一经——〈周易〉与中国文化》，开封：河南大学出版社，1995年版。

孙景浩、刘昌铭、李杰：《〈周易〉与中国风水文化》，上海：上海古籍出版社，2009年版。

唐明邦、王继红：《易学源流举要》，武汉：湖北教育出版社，2019年版。

陶磊：《思孟之间儒学与早期易学史新探》，天津：天津古籍出版社，2009年版。

王博：《易传通论》，北京：中国书店，2003年版。

王国维：《观堂集林》，北京：中华书局，1959年版。

徐志锐：《宋明易学概论》，沈阳：辽宁古籍出版社，1997年版。

徐芹庭：《易经源流：中国易经学史》（上册），北京：中国书店，2008年版。

杨庆中：《二十世纪中国易学史》，北京：人民出版社，2000年版。

杨庆中：《周易经传研究》，北京：商务印书馆，2005年版。

姚春鹏译注：《黄帝内经》，北京：中华书局，2010年版。

张立文主编：《和境——易学与中国文化》，北京：人民出版社，2005年版。

张其成：《象数易学》，北京：中国书店，2003年版。

朱伯崑：《易学哲学史》，北京：华夏出版社，1995年版。

朱伯崑：《周易知识通览》，济南：齐鲁书社，1993年版。

诗 经

《诗经》是中国历史上的第一部诗集,是儒学与中国文化传统的核心经典之一。它产生的初期,不但是人们表达爱情、抒发感情、政治劝谏最重要的方式,更是西周王室用来教育贵族子弟、了解民情风俗、考察各级官吏的必要手段。另外,在祭祀、宴会、战争、婚嫁等各种场合,乐官也演奏《诗经》各篇,以此来烘托气氛、激发情感。到了春秋时期,《诗经》更是国与国、人与人交往的必备工具书,"赋诗言志"是不可缺少的交流方式,正如孔子所说"不学诗,无以言"。孔子之后,儒家学者更是发挥《诗经》道德教化、政治治理的功能,如孔子所说,《诗经》可以"兴观群怨",即可以抒发感情、考察社会、相互交流、批评政治等。在汉代,它被确立为官方经典。《诗经》的政教功能一直影响了中国古代的思想文化与历史传统,可以说,了解《诗经》,对于了解儒家思想与中国文化传统有重要的意义。

　　《诗经》作为一部内容非常丰富的文化典籍,对我们了解西周、春秋时期社会各个阶层的生活状态与面貌有非常重要的价值,比如了解商周创业建国、宗教祭祀、婚姻爱情、外交宴会、生产劳动、战争徭役等多个方面,可以说它是一部非常丰富的社会文化史的资料宝库。另外,《诗经》对中国古代文学的发展有重要的意义,《诗经》是中国古代文学的源头,它对后来的楚辞、乐府、汉赋、建安诗、唐诗、宋词、元曲、现代诗歌都有一定的影响。尤其是它的爱情诗及其宣扬的坚贞的爱情观念影响最大,比如汉乐府《孔雀东南飞》,主人公焦仲卿和刘兰芝为了爱情一个"自挂东南枝",一个"举身赴清池";杜十娘为了捍卫真爱,怀抱百宝箱怒沉江心;还有

《牡丹亭》《西厢记》《牛郎织女》《七仙女》《白娘子传奇》等爱情故事，都是受其影响。正是因为如此，西方汉学家还将《诗经》与荷马史诗、莎士比亚戏曲并提，认为它们是世界古代文学史上的三大杰作，可以看出，《诗经》在人类文学史上也有崇高的地位。

进而言之，《诗经》对中华文化的影响，还主要体现在思想观念上。换句话说，《诗经》并不仅仅是一部诗歌选集，也是一部儒家思想价值观念的重要载体。因为在中国古代，解读《诗经》一般都受到《诗序》的影响。《诗序》一般认为是孔子弟子子夏所作，其中所表达的就是儒家如何做人、如何治国的一些理念。比如《诗经》第一篇《关雎》[①]讲的就是"后妃之德"，也就是如何做个后妃、王后。《诗序》说："《关雎》，后妃之德也。风之始也，所以风天下而正夫妇也。故用之乡人焉，用之邦国焉。"这里就反映了中国古代的伦理政治思想，那就是在古人看来，夫妻与家庭是人伦道德的开始，要想治理好国家就必须先处理好夫妻关系与家庭问题。这也是《大学》所说的修身齐家治国平天下的思想。就是因为如此，所以《毛诗序》的作者就认为，《关雎》具有典范意义，于是被列为"《风》之始"，即十五国风的开始，以此来感化全天下的夫妻与家庭。总之，《诗经》每一篇在《诗序》看来都有伦理道德或社会政治意义。换言之，《诗经》充满了"隐喻"，否则三千年来《诗经》不可能被视为经典，更不可能流传这么久远。总而言之，《诗经》以一种价值载体的形式，影响着中国之后三千多年的文明与文化，学习、研究它有非常重要的历史意义和现实意义。

[①] 《周南·关雎》："关关雎鸠，在河之洲。窈窕淑女，君子好逑。参差荇菜，左右流之。窈窕淑女，寤寐求之。求之不得，寤寐思服。悠哉悠哉，辗转反侧。参差荇菜，左右采之。窈窕淑女，琴瑟友之。参差荇菜，左右芼之。窈窕淑女，钟鼓乐之。"

一、《诗经》的成书

《诗经》的原型应当是上古时期的号子、山歌、民谣，还有一些和宗教祭祀有关的诗文、词曲之类。总而言之，《诗经》产生于人们的日常生活和宗教祭祀中。《诗经》作为经典之一，根据文献记载，主要是由当时周代王室组织相关人员到民间、朝野，对社会各阶层的诗歌进行搜集，然后进行加工整理，形成了《诗经》的雏形。因为《诗经》主要产生于周代，所以一般也将《诗经》称为"周诗"。春秋时期，孔子将周代开国以来六百多年的诗歌进行删定，形成了三百篇《诗经》。不过，"诗经"的称呼比较晚，一般来说，它开始于战国末期的荀子（《荀子·劝学》）。而它正式被官方确认为"经"是在汉武帝"罢黜百家，独尊儒术"之后。

一般认为，《诗经》的产生与周王室"采诗"制度有很大的关系，如班固《汉书》、何休《春秋公羊传注疏》、陆德明《经典释文》都有记载：

> 孟春之月，群居者将散，行人振木铎徇于路以采诗，献之大师，比其音律，以闻于天子，故曰王者不窥牖户而知天下。（《汉书·食货志》）

> 《书》曰："诗言志，哥（歌）咏言。"故哀乐之心感，而歌咏之声发。诵其言，谓之诗；咏其声，谓之歌。故古有采诗之官，王者所以观风俗，知得失，自考正也。孔子纯取周诗，上采殷，下取鲁，凡三百五篇。（《汉书·艺文志》）

> 男女有所怨恨，相从而歌。饥者歌其食，劳者歌其事。男年六十、女年五十无子者，官衣食之，使之民间求诗。乡移于邑，邑移于国，国以闻于天子。（《春秋公羊传注疏·宣公十五年》）

诗者，所以言志，吟咏性情，以讽其上者也。古有采诗之官，王者巡守，则陈诗以观民风，知得失，自考正也。（《经典释文·序录》）

将以上四段史料连起来就可以看出，当时的周王室在每年的阳春三月，就命令地方各级政府从民间召集没有孩子的六十岁以上的男人和五十岁以上女人，给他们穿的衣服和吃的粮食，然后让他们深入民间（他们被称为"行人"或"遒人"），拿着木铎（古代一种乐器，大铃铛，铜质、木舌），顺着马路挨家挨户采集诗歌。将采集来的诗歌，一级一级往上递交，即乡交给大的辖区，然后再交给诸侯国，然后由各个诸侯国再交给周王室中的太师（或大师）。太师在当时主要负责音乐教化，太师和他的属官们对这些从民间收集来的诗歌进行分类、整理，然后选择精华部分，交给天子，天子就通过这些各地、各阶层的诗歌来了解各地的风土人情、民间疾苦，了解各地诸侯国的道德教化、社会治理情况，然后调整自己的执政策略或者以此作为考核各地官员政绩的标准。这种制度持续了很多年，到了东周时期，随着周王室权威的下降、各地诸侯实力的上升，采诗制度作为一种带有监察性质的政治行为也进行不下去了，毕竟各诸侯国已经不完全听从中央的考核和支配了。到了周平王东迁以后，尤其是春秋时期，这种制度基本上是名存实亡了。

根据传世史料，我们可以断定当时的"采诗"制度的确存在过，也曾在考察各个诸侯国的民风、民情的时候起到了重要作用。这些采集来的诗歌后来就是"十五国风"的重要来源。所以，我们在今天的十五国风中就可以看到，很多诗歌都是关于婚姻、家庭、征战、农业的。尽管有一些诗歌反映了民众的收获，但很多诗歌都展现了民众的不快乐，充满了对现实的不满，而这些不满很大程度上就是春秋时期战争不断、劳役与兵役繁重，从而造成百姓怨声载道的必然结果。后来学者将这些表达不满的"国风"称为"变风",比如《豳风·七月》《唐风·鸨羽》①《邶风·击鼓》②等。

在西周时期,除了"采诗"之外,还有一种就是"献诗"。根据《国语·周语上》的记载,当时的公卿、大夫、士各级官吏都有"献诗"的责任,所谓:

> 天子听政,使公卿至于列士献诗,瞽献曲,史献书,师箴,瞍赋,矇诵,百工谏,庶人传语,近臣尽规,亲戚补察,瞽史教诲,耆艾修之,而后王斟酌焉,是以事行而不悖。

献诗就是当时公卿、大夫、士根据自己的生活及所见所闻而创作的诗歌,这些诗歌很多所反映的是作者自己的生活或者政治经历③,

---

① 《唐风·鸨羽》说的就是一位男子听从官府的派遣,繁重的劳役使得自己背井离乡,整天奔波在外,顾不上种自己家的农田,更顾不上赡养父母和关心自己妻子儿女,全诗云:"肃肃鸨羽,集于苞栩。王事靡盬,不能艺稷黍。父母何怙?悠悠苍天,曷其有所!肃肃鸨翼,集于苞棘。王事靡盬,不能艺黍稷。父母何食?悠悠苍天,曷其有极!肃肃鸨行,集于苞桑。王事靡盬,不能艺稻粱。父母何尝?悠悠苍天,曷其有常!"

② 《邶风·击鼓》:"击鼓其镗,踊跃用兵。土国城漕,我独南行。从孙子仲,平陈与宋。不我以归,忧心有忡。爰居爰处,爰丧其马。于以求之?于林之下。死生契阔,与子成说。执子之手,与子偕老。于嗟阔兮,不我活兮。于嗟洵兮,不我信兮。"

③ 比如《小雅·鹿鸣》主要写的是主人大宴宾客的快乐场景:"呦呦鹿鸣,食野之苹。我有嘉宾,鼓瑟吹笙。吹笙鼓簧,承筐是将。人之好我,示我周行。呦呦鹿鸣,食野之蒿。我有嘉宾,德音孔昭。视民不恌,君子是则是傚。我有旨酒,嘉宾式燕以敖。呦呦鹿鸣,食野之芩。我有嘉宾,鼓瑟鼓琴。鼓瑟鼓琴,和乐且湛。我有旨酒,以燕乐嘉宾之心。"又比如《小雅·出车》写的是一位叫南仲的大夫奉命讨伐狁而凯旋的经历。全诗这样写道:"我出我车,于彼牧矣。自天子所,谓我来矣。召彼仆夫,谓之载矣。王事多难,维其棘矣。我出我车,于彼郊矣。设此旐矣,建彼旄矣。彼旟旐斯,胡不旆旆?忧心悄悄,仆夫况瘁。王命南仲,往城于方。出车彭彭,旂旐央央。天子命我,城彼朔方。赫赫南仲,狁于襄。昔我往矣,黍稷方华。今我来思,雨雪载涂。王事多难,不遑启居。岂不怀归?畏此简书。喓喓草虫,趯趯阜螽。未见君子,忧心忡忡。既见君子,我心则降。赫赫南仲,薄伐西戎。春日迟迟,卉木萋萋。仓庚喈喈,采蘩祁祁。执讯获丑,薄言还归。赫赫南仲,狁于夷。"

这些诗歌一般构成了《小雅》；还有很多诗歌是歌功颂德的，尤其是歌颂朝廷，或者歌颂自己祖先的①，这些诗歌一般构成了《大雅》。《小雅》《大雅》中比较正面或者歌功颂德的，后世一般将它们称为"正雅"。当然，在大、小《雅》部分，也有很多公卿、大夫、士发表自己对现实社会政治不满的②，这些就是后世所说的"变雅"。总之，公卿、大夫、士所献的诗歌，基本上构成了今本《诗经》中的《小雅》《大雅》两部分。

当然，西周王室自己也有专门的乐官作一定数量、一定种类的诗歌，目的就是用于祭祀、婚嫁、宴会、狩猎、外交、丧葬等场合。通过长期积累，这些诗歌成为《诗经》重要的组成部分，即后来《颂》诗的原型。

总的来说，通过各地民间采诗、各级官吏献诗、西周王室作诗，共同形成了《诗经》三千篇最早的雏形。当时的乐官通过对这些种类繁多、内容庞杂的诗篇进行整理、精选，并给它们配上音律，分类成编，以备祭祀、宴飨、征战、狩猎、外交、教化等时所用，这样一来，周代《诗经》也就编定形成了。可以说，周王室通过"采诗""献诗""作诗"三种形式，汇集了大量的诗歌，墨子认为当时有"诵《诗》三百，弦《诗》三百，歌《诗》三百，舞《诗》三百"的盛况，而《史记·孔子世家》也有"古者诗三千余篇"的说法，"三百""三千"都是约数，表示非常多，说明当时诗歌在周王朝非

---

① 比如《大雅·皇矣》就歌颂周朝早期的统治者王季的崇高德行，诗曰："维此王季，帝度其心。貊其德音，其德克明。克明克类，克长克君。王此大邦，克顺克比。比于文王，其德靡悔。既受帝祉，施于孙子。"

② 比如《小雅·节南山》便是如此，其中有曰："节彼南山，维石岩岩。赫赫师尹，民具尔瞻。……不吊昊天，乱靡有定。式月斯生，俾民不宁。忧心如酲，谁秉国成？不自为政，卒劳百姓。"

常兴盛。

根据司马迁《史记》的记载，说孔子在三千多篇诗歌的基础上，进行删定，并对305篇进行加工，使它们符合礼乐规范[1]。后来班固《汉书·艺文志》、王充《论衡·正说》、赵岐《孟子题辞解》、郑玄《六艺论·诗论》、魏徵《隋书·经籍志》等都继承了司马迁的这个说法[2]。当然，他们都没有明确说从三千多篇《诗》到孔子删为305篇这个过程，只是笼统说孔子删定为305篇《诗经》。这样一来，中国古人一般都认为孔子删诗，即孔子在三千多篇《诗》的基础上删定为305篇。

孔子与《诗经》之间到底是什么关系呢？实际上，孔子并没有将三千多篇《诗》删定到305篇，在孔子之前《诗经》已经存在了。为什么这样说呢？有几点需要注意：

（1）孔子之前，在周太师等人的努力下已形成了一个《诗经》原本[3]，这个原本在各国统一流行，以至于当时的诸侯、卿、大夫、士对之都有一定的记诵与认识，否则在孔子之前不会有各个阶层的

---

[1] 《史记》卷四十七《孔子世家》："古者诗三千余篇，及至孔子，去其重，取可施于礼义，上采契、后稷，中述殷周之盛，至幽、厉之缺，始于衽席，故曰：'《关雎》之乱，以为《风》始，《鹿鸣》为《小雅》始，《文王》为《大雅》始，《清庙》为《颂》始。'三百五篇，孔子皆弦歌之，以求合《韶》《武》《雅》《颂》之音，礼乐自此可得而述，以备王道，成六艺。"

[2] 《汉书·艺文志》云："古有采诗之官，王者所以观风俗，知得失，自考正也。孔子纯取周诗，上采殷，下取鲁，凡三百五篇。遭秦而全者，以其讽诵，不独在竹帛故也。"王充《论衡·正说》篇云："《诗经》旧时亦数千篇，孔子删去复重，正而存三百篇。"赵岐《孟子题辞解》云："孔子自卫反鲁，然后乐正，《雅》《颂》各得其所。乃删《诗》，定《书》，系《周易》，作《春秋》。"郑玄《六艺论·诗论》云："鲁僖间，《商颂》不在数矣。孔子删诗，录此五章。"

[3] 今人袁长江在其《先秦两汉诗经研究论稿》中也认为"孔子之前确实存在一种各国统一的《诗经》本子，这就是太师所教子弟和乐工用的本子。这是一个统一的权威性的本子，出自周太师之手"。（袁长江：《先秦两汉诗经研究论稿》，学苑出版社，1999年）

人都会在不同场合熟练地"赋诗言志",反过来讲,当时的诸侯、卿、大夫、士都在不同场合熟练地、心照不宣地借助《诗经》篇章含蓄地表达自己的意向。《左传》襄公二十九年(前544)吴公子季札曾到鲁国观赏周代音乐,鲁国乐工为他演奏了十五《国风》,这些《国风》的名称与编排顺序,和今天所传的本子基本一致,说明当时《诗经》已经被编辑成册,而当时孔子才八岁。

(2)孔子本人也在《论语》中多次对弟子强调"不学诗,无以言",他还曾说:"诵诗三百……使于四方,不能专对,虽多,亦奚以为?"(《论语·子路》)孔子曾多次提到诗三百,这就说明在孔子那个时代,《诗经》三百篇的文本已经存在。不仅如此,孔子还要让自己的弟子们反复诵习《诗经》,并要注意活学活用。这就表明,与孔子同时代的各个诸侯国的卿、大夫、士们都懂《诗经》,否则孔子弟子学会了《诗经》,到哪里去运用呢?

(3)在孔子之前,各个诸侯国无论是外交还是宴飨等场合,都已经流行"赋诗言志"的习惯,而当时所赋的那些诗篇,大多出自今本《诗经》,这也说明,孔子删诗之前,《诗经》已经存在了。

(4)春秋战国一直到汉代,在人们的著作中经常出现很多逸诗(就是后世《诗经》文本中没有的诗篇),这就说明孔子曾经整理了在各个诸侯国流传的、其中一个《诗经》文本,从而形成了孔子版的《诗经》定本。而那些在春秋一直到汉代出现的逸诗,有可能就是《诗经》的其他文本,这些文本与孔子文本并行于世。

总之,孔子作为儒家的创始人,曾经对春秋时期流传的众多《诗经》文本,选择了一种对之进行整理,比如纠正诗篇中字词,调整顺序、删去重复芜杂,等等。这正如司马迁《史记·孔子世家》所说"古者诗三千余篇,及至孔子,去其重,取可施于礼义","三百五篇，孔子皆弦歌之，以求合《韶》《武》《雅》《颂》之音"。经过孔子的整理、编次，形成了一个新的《诗经》文本，正如《论语·子罕》记载，孔子说："吾自卫反鲁，然后乐正，《雅》《颂》各得其所。"孔子用他整理后《诗经》文本教育弟子，这个《诗经》文本也随即在儒家弟子中流传，并经过春秋战国数百年的传承、修订、完善，最终在秦始皇时代得以确定。秦始皇时代虽然焚诗书，但这个儒家版《诗经》已经被《诗经》博士及弟子们背诵记住，并在汉代建立后重新被写录了下来。总之，孔子前后有多个《诗经》文本，孔子作为儒家学派的创始人，整理了周太师的《诗经》文本，并形成了新的儒家版《诗经》文本，这个文本尽管不是《诗经》原本、定本，但却是汉代甚至是我们今天《诗经》的祖本。①

二、风、雅、颂

《诗经》一共305篇。其中十五国风一共160篇，雅105篇，颂40篇。另外，在《小雅》中，还有六篇有篇名但没有内容的"六笙诗"，故《诗经》其实是311篇。什么是"笙诗"？笙诗就是用笙这种乐器吹奏的乐曲。一般都认同朱熹的说法，即认为笙诗只是贵族宴会典礼中演唱诗歌时插入的清乐，原本就没有歌词，相当于"没

---

① 持同样观点的还有戴维先生，他在其《〈诗经〉研究史》一书中说道："从歌谣演变成诗，起码经过了诸侯国太师之手的删削整理，'国以闻于天子'的才是诗。诗汇集于周太师之手，太师比其音律，分类而成编，《诗经》也就编订成了。《诗经》虽编订成了，但并不是一个定本，除以前一些为人所广泛接受并应用的诗篇外，应该是不时有所增删的，这从当时人引用的一些逸诗就可以推论出。直到周王室衰微得无力再收诗编诗，才结束收诗编诗的局面。后来由于流传很多本子，孔子就重订了一个。随着儒家的不断壮大，孔订本就演变成所谓定本了，但现在流传的《毛诗》却非孔子时的旧观了。"（参见戴维《〈诗经〉研究史》，湖南教育出版社，2001年，第6页）

辞没义"，六笙诗只不过是个音乐插曲或配乐。

（一）十五国《风》

十五国风，一共 160 篇，是民歌，十五国风就是十五个不同地区民间歌谣的汇总。国风，最早用来了解民间风俗人情、百姓疾苦，以及臣民对上层的讽谏。这十五个地区大体分布在今天的陕西、山西、河南、河北、山东与湖北北部，主要集中在黄河流域与江汉流域。这里的"国"，并不是国家，而只是指地区，比如邶、鄘、卫三风，都是卫国的；魏、唐两风，是晋国的；王，是周天子所在地区，也不能称为国；豳，是周代祖先的发祥地，也不是国；至于"周南""召南"都是指与周公、召公有关的湖北一带，也不是国。所以，称为"十五国"并不确切，而是十五个地区，但习惯称之为"十五国风"。

十五国风产生的时间，最早上推到西周早期，最晚是在春秋中期。按照近现代以来学者的理解与解释，国风内容主要是有关中下层人民的日常生活，比如爱情婚姻、民众生活、民俗礼仪、战争劳役等等，其中大部分，差不多有六成，都是关于爱情婚姻，这集中体现了《诗经》的民本思想。

就爱情诗歌而言，其中《周南·关雎》作为开篇，写的就是一位君子对窈窕淑女的热烈追求。当然，这首诗要表达的是如何做一对模范的夫妻。另外，很多诗篇都是男女之间谈情说爱的诗歌，比如《召南·摽有梅》：

> 摽有梅，其实七兮。求我庶士，迨其吉兮。
> 摽有梅，其实三兮。求我庶士，迨其今兮。
> 摽有梅，顷筐塈之。求我庶士，迨其谓之。

在这首诗中，梅子象征青春时光，摽有梅，即梅子纷纷落地，以此来比喻青春渐渐流失了。"其实七兮"，说明青春已经失去了三成，所以姑娘很着急，于是她就说，追求我的小伙子，一定要抓紧好时光啊。但是依旧没有合适的小伙子出现，而青春又过去了很多，"其实三兮"，表明青春已经失去了七成。于是姑娘非常着急了，她说，追求我的小伙子，赶快抓住今天啊。真如古人所说，花开堪折直须折，莫待无花空折枝。依旧没有人来追求，树上的梅子也落完了，说明青春时期已经过去，但是姑娘依旧对爱情很渴望，她继续说，喜欢我的小伙子，只要你开口说话，我就会答应你。由此可以看出，女子在爱情上非常坦诚、渴望，但又比较含蓄，这对中国古代的爱情发展模式影响非常深远。

在《诗经》中，除了有很多甜美的感情诗之外，还有很多诗篇写的是爱情、婚姻的不幸，甚至是家庭暴力。如《邶风·谷风》说的是一位妇女，她的丈夫喜新厌旧、忘恩负义，将她赶出家门，以至让她内心非常痛苦。她回忆说，他们俩好的时候，如胶似漆，"宴尔新昏，如兄如弟"；但是婚姻感情破裂的时候，"有洸（动手打人）有溃（怒骂），既诒我肄。不念昔者，伊余来塈"，说的是，男人变心后，对她非常粗暴，甚至动手打人，还让她干粗活、累活，全然不顾过去的夫妻恩情，居然还把她赶出家门。这样的诗歌还有很多，比如《卫风·氓》《召南·江有汜》等等。就《诗经》所表达主题和艺术风格而言，三百多篇诗歌中，很多都对现实社会进行了直白的描写，章句之间充满了忧伤、愤懑与怨恨，正如古人所说"诗三百篇，大抵贤圣发愤之所为作也"（《史记·太史公自序》），"男女有所怨恨，相从而歌"（《春秋公羊传注疏·宣公十五年》），也许就是种种忧患情感，直接影响了后来的汉乐府、建安诗、唐诗、宋词以及元杂剧和明清小说中忧伤、怨恨的主题思想。

由于国风中很多篇目都成书于西周末、春秋时期，因此反映了这一时期的历史现实。这一时期正处于社会动荡、战争不断的状况中，即使有暂时的和平，也有很多男子服兵役、劳役常年在外，甚至不幸死在了外面，以至于家中只有女人、孩子和老人，所以，天人永隔、两地分居、交通不便、祸患不断的社会现实，使得相思、忧伤、哀怨成为一种常态。国风中有很多关于战争、劳役、哀愁的诗篇，比如《邶风·北门》《卫风·伯兮》《王风·君子于役》《郑风·清人》《齐风·东方未明》《唐风·鸨羽》《豳风·七月》《秦风·无衣》等等。如《邶风·击鼓》曰：

> 击鼓其镗，踊跃用兵。土国城漕，我独南行。
> 从孙子仲，平陈与宋。不我以归，忧心有忡。
> 爰居爰处，爰丧其马。于以求之？于林之下。
> 死生契阔，与子成说。执子之手，与子偕老。
> 于嗟阔兮，不我活兮。于嗟洵兮，不我信兮。

这首诗写的是一位士兵，应征讨伐陈国和宋国，但是很久都没有办法回家，非常想念自己的妻子。这首诗，前三章主要写自己从军到队伍涣散的过程，后两章追述和妻子牵手分别时依依不舍的情景，更突出了战争的残酷与战士内心的悲凉与凄苦。全诗翻译过来便是：战鼓敲得咚咚作响，踊跃进军挥舞刀枪。运土在漕地建城池，偏要派我远行南方。跟从孙子仲当士兵，与陈国宋国结了盟。不允许我返回家园，真让我内心好伤痛。我该到何处去安身？我在何处丢失了战马？丢失的战马哪里寻？无奈我来到丛林下。无论生死，我们都要在一起，你我当初早已约好。多想牵着你的手，和你一同变老。多遥远,难与你再相见。多遥远,无法信守我的誓言。这首诗的前三章,按照时间顺序,步步深入,非常有感染力;后两章,以回味的形式来展现作者内心的思念和忧伤。

总之,正是这种种社会历史现实,加上西周末、春秋时期社会文化处于转型时期,人们不知所从,身体饱受痛苦的同时,内心也非常迷茫、没有方向。这些诗篇也正好反映了当时的社会现状,使得整个国风弥漫着一种忧伤、无奈和凄凉。在那个时代,女性是弱势群体,她们的无助和无奈尽管没有全部表达出来,但是通过这些短短的诗篇,我们仍可以窥见她们内心的苦楚。所以,孔子说《诗经》三百篇,"一言以蔽之,曰思无邪"。的确,所有这些诗篇表达的都是真实的心声或自然的情感,而不是矫揉造作或者无病呻吟。

(二)大小《雅》

雅,一般指西周都城附近的乐歌,主要是祭祀祖先、诸侯朝聘、贵族宴飨等朝会典礼时用的乐歌。分《大雅》三十一篇、《小雅》七十四篇,共计一百零五篇。为什么叫"雅",历代学者也是众说纷纭。《毛诗序》解释说:"雅者,正也,言王政之所由废兴也。政有小大,故有《小雅》焉,有《大雅》焉。"雅是正的意思,正又被引申为"政",说明大、小《雅》是关于政治兴衰的。《大雅》便是重大的政事,《小雅》则是指次要的政事。

由于"雅"与西周的社会政治紧密相连,所以《诗大序》根据雅所表现的内容,即政治得失,分为正雅、变雅。其中,周昭王、周穆王以前的诗歌,古人称之为"正雅";周昭王、周穆王以后的诗歌,古人称之为"变雅"。其实,国风也有正变之分,标准和《雅》一样,即以政教得失。

"正雅"主要是宫廷作品，是贵族朝会时所用，其中以歌功颂德、宴会田猎为主要内容。歌功颂德主要是歌颂周代祖先有关创业、建国方面的英雄事迹，如《皇矣》这篇写的就是周文王伐崇的故事。据说，古公亶父有三个儿子：长子太伯、次子虞仲（仲雍）、幼子季历。《史记·周本纪》记载："太伯、虞仲知古公欲立季历以传昌，乃二人亡如荆蛮，文身断发，以让季历。"意思是说，太伯、虞仲哥俩知道了亶父想传位给幼子季历，目的就是季历去世后能传位给姬昌，所以就逃亡到了荆蛮一带。这也说明当时周人已经推行的是嫡长子继承制，而不是殷商的兄终弟及制。的确，季历非常贤明能干，使得周成为殷商时期重要的诸侯国且成了殷商的威胁，根据《晋书·束皙传》引古本《竹书纪年》称，商王文丁最后杀了季历。季历之后的周文王更是在前辈的基础上，将周的疆域扩展到了长江、汉水、汝水等流域，文王晚年周在殷商境内已经是三分天下有其二了。

宴会田猎方面的诗，主要描写的是当时的贵族生活，如《大雅·既醉》说："既醉以酒，既饱以德。君子万年，介尔景福。"又如《小雅·鹿鸣》是古代贵族宴会宾客的诗：

　　呦呦鹿鸣，食野之苹。我有嘉宾，鼓瑟吹笙。吹笙鼓簧，承筐是将。人之好我，示我周行。

　　呦呦鹿鸣，食野之蒿。我有嘉宾，德音孔昭。视民不恌，君子是则是傚。我有旨酒，嘉宾式燕以敖。

　　呦呦鹿鸣，食野之芩。我有嘉宾，鼓瑟鼓琴。鼓瑟鼓琴，和乐且湛。我有旨酒，以燕乐嘉宾之心。

这首诗是《小雅》的第一首，全诗共三章，每章八句。翻译过来便是说：一群鹿儿呦呦叫，在那原野吃苹草。我有一批好宾客，弹琴吹笙奏乐调。一吹笙管振簧片，捧筐献礼礼周到。人们待我真友善，指示大道乐遵照。一群鹿儿呦呦叫，在那原野吃蒿草。我有一批好宾客，品德高尚又显耀。示人榜样不轻佻，君子贤人来仿效。我有美酒香而醇，宴请嘉宾嬉戏任逍遥。一群鹿儿呦呦叫，在那原野吃芩草。我有一批好宾客，弹瑟弹琴奏乐调。弹瑟弹琴奏乐调，快活尽兴同欢笑。我有美酒香而醇，宴请嘉宾心中乐陶陶。这些都反映了当时贵族的美好生活。

　　唐宋以后，秀才们一旦乡试考取后，当地的州县长官就要根据朝廷的要求为学子们举办"鹿鸣宴"，以示庆贺。在举行"鹿鸣宴"期间，当地的政府要给这些新科举人颁发金银、衣帽等，还要举行感谢皇帝的谢恩礼。最后，设宴招待这些举人，大家齐唱《诗经·小雅·鹿鸣》这首乐歌。有的时候还边唱边跳"魁星舞"（一种舞蹈，举人们都认为自己是天上的星宿——魁星下凡。魁星是中国古代的神话人物，主宰文运，在当时学子心目中，魁星具有至高无上的地位。我国很多地方都建有祭祀魁星的魁星楼，香火很盛），这种习俗一直沿袭到清代。

　　"变雅"主要是西周后期的诗歌，内容主要是描写周厉王、周幽王时期的黑暗统治与贵族的腐朽生活，一些不满现状的贵族或民众为了表达自己的心情，写出了很多针对性很强的诗歌，来批判现实社会。如《大雅》中的《民劳》《板》《荡》《瞻卬》《召旻》，《小雅》中的《节南山》《正月》《十月之交》《雨无正》，等等。如《节南山》中就写了对贵族统治的不满：

　　　　节彼南山，（那个高高的南山）
　　　　维石岩岩。（只有石头高高地立着）
　　　　赫赫师尹，（高高在上的掌权者）

民具尔瞻。（大家都看着你的所作所为）

……

不吊昊天，（不仁慈的老天爷）

乱靡有定。（社会政治的混乱不能平定）

式月斯生，（反而随着岁月一天天更加严重）

俾民不宁。（使得老百姓不得安宁）

忧心如酲，（我对现状忧心忡忡好像喝醉了酒）

谁秉国成？（是谁掌控着国家的权力）

不自为政，（自己不亲自行使权力）

卒劳百姓。（最终使得老百姓如此辛劳）

这首诗的一些片段主要反映的是掌权者不亲自行使权力，荒废政事，反而任用小人，使得社会政治混乱，百姓生活在水深火热之中，全篇反映了作者对执政者的不满。可以说，在《诗经》中，不仅仅是《大雅》《小雅》有很多关于社会政治混乱、道德沦丧、世风日下的篇目，十五国风、三颂中也都有这样的篇目，反映了当时诗人忧国忧民、关心国家命运的社会责任感，这种精神影响深远，后来的很多诗歌在表达思想时都发出对社会现实、国家命运的关心，这种"文以载道"的表达方式成为中国古代文学最重要的特征之一。

（三）三《颂》

颂，是祭祀、重大盛典所用的乐歌，又分《周颂》三十一篇，《鲁颂》四篇，《商颂》五篇，共计四十篇。《毛诗序》说："颂者，美盛德之形容，以其成功，告于神明者也。"意思是说，颂是用来赞美王侯功德，并将之传达给上天神灵。它的性质属于宗庙祭祀的乐歌，所以宋代朱熹在其《诗集传·颂序》中便说："颂者，宗庙之乐歌。"

《周颂》主要就是西周王室宗庙祭祀祖先、鬼神的诗篇,当然并不是每一首都是用来祭祀鬼神的。《鲁颂》风格类似国风,成书当在春秋时代,较《周颂》晚些。《商颂》是宋人祭祀祖先的诗篇,关于它的创作时代有两种观点,一说成书于殷商时期,一直保存到周代;一说是成书于春秋时期的宋国。

准确地说,《商颂》实际上应出于春秋时的宋国。因为宋国是殷商的后裔,商"为武王所灭,封其庶兄微子启于宋,修其礼乐以奉商后"(朱熹《诗集传》)。说明《商颂》是宋国遗民为了祭祀自己的祖先而作。但自古以来,也有人认为这本是商人所作,后来商朝灭亡,这些诗歌被周人获得,后来,孔子祖先正考父从周太师那里发现了《商颂》,并整理之。《国语·鲁语下》就说:"昔正考父校商之名颂十二篇于周太师。"后来孔子整理《诗经》,此时《商颂》已经不全,只有五篇,于是列入《诗经·颂》这一部分,以祭祀自己的商朝先祖。比如《商颂·玄鸟》:

> 天命玄鸟,降而生商,宅殷土芒芒。古帝命武汤,正域彼四方。方命厥后,奄有九有。商之先后,受命不殆,在武丁孙子。武丁孙子,武王靡不胜。龙旂十乘,大糦是承。邦畿千里,维民所止,肇域彼四海。四海来假,来假祁祁,景员维河。殷受命咸宜,百禄是何。

这首诗主要是表彰歌颂高宗武丁,武丁是商朝的第二十三位国君,庙号高宗,在位五十九年。武丁在位时期,商朝再度强盛,史称"武丁中兴"。不过在歌颂他之前,全诗先写商的产生,即上天派一只燕子到凡间,然后就有了商。玄鸟就成了商部落所崇拜的图腾。

"天命玄鸟，降而生商"，就是远古时期商起源的神话传说。然后商的祖先成汤建立了强大的国家，管理着四方诸侯，九州的诸侯方国都来朝贡。诗篇写商的起源与商汤的功劳，目的是烘托作者所要歌颂的高宗武丁。《玄鸟》重点描写了高宗武丁，说武丁继承了先祖们的丰功伟绩，除了开疆拓土之外，还发展生产、繁衍人口，国力继续保持着强盛，四方的诸侯纷纷来朝贡，殷商的事业得到了传承和弘扬。在歌颂中，全诗还多次用"四方""九有""十乘""千里""四海""百禄"等数字作点缀，以突显武丁中兴的伟大贡献。总而言之，这是一篇祭祀颂诗，整诗从商汤写到武丁，集中突出武丁的盛世武功。

《玄鸟》这篇是宋君祭祀并歌颂祖先的乐歌。《毛诗序》："《玄鸟》，祀高宗也。"三家《诗》则以为是宋公祭祀中宗之乐歌。朱熹不信《毛诗序》，认为："此亦祭祀宗庙之乐，而追叙商人之所由生，以及其有天下之初也。"

三、《诗经》与中华传统文化

《诗经》作为是我国第一部诗歌集，它在中国古代社会文化中扮演着非常重要的角色，除了被人们用来进行社会政治统治、道德教化之外，它对中国古代的文学、历史、语言、思想、文化等多个方面都有深远的影响。

（一）《诗经》与赋诗言志

《诗经》在西周至春秋时期扮演着重要的角色，那就是被作为社会交往的一种重要手段，即在国与国、人与人之间交往的过程中，除了演奏《诗经》中的篇目来烘托气氛之外，人们一般也都通过赋诗的形式来委婉地表达自己的观点或想法，而所赋的诗几乎都来自《诗经》。正如《汉书·艺文志》所说：

> 古者诸侯卿大夫交接邻国，以微言相感，当揖让之时，必称《诗》以谕其志，盖以别贤不肖而观盛衰焉。

可以说，"赋诗言志"是春秋时期最重要的一种社交礼仪，以至于孔子都说"不学《诗》，无以言"，这里的"言"，不是我们今天所讲的"说话"，而是指演讲与口才或外交辞令。不过当时赋诗、引诗一般都是根据自己的需要，不顾诗篇的本义而断章取义。正如《左传》襄公二十八年中所记载的当时齐人卢蒲癸所说："赋诗断章，余取所求焉。"即断章取义取决于自己的需求而已。

在今本《左传》《国语》中就记载了大量卿大夫在外交及人际交往等场合中运用《诗经》的事例，如《左传》襄公二十七年记载：

> 齐庆封来聘，其车美。孟孙谓叔孙曰："庆季之车，不亦美乎！"叔孙曰："豹闻之：'服美不称，必以恶终。'美车何为？"叔孙与庆封食，不敬。为赋《相鼠》，亦不知也。

这段提到了齐国大夫庆封，这个人在齐国位高权重，他曾经和齐国大夫崔杼合谋杀死了齐庄公，然后立后来的齐景公，庆封和崔杼分别担任左右相，但是崔杼飞扬跋扈，独揽大权，于是庆封又设计杀死了崔杼一家，独揽朝政。不过，由于庆封荒淫腐朽，在政治斗争中最后被灭族。在庆封独揽大权的时候，他曾经访问鲁国，他所乘坐的车子非常华丽，级别非常高，远远超过了他的身份，于是鲁国大夫叔孙认为庆封的车不符合礼仪，所以赋《相鼠》一诗来讽刺他，但是他却不知，或者假装不知。

《相鼠》这首诗说的什么呢？《相鼠》为《诗经·鄘风》中的一篇，具体内容是：

> 相鼠有皮，人而无仪。人而无仪，不死何为？
> 相鼠有齿，人而无止。人而无止，不死何俟？
> 相鼠有体，人而无礼。人而无礼，胡不遄死？

诗的意思是说：看老鼠有自己的毛皮，但是人却没有自己的威仪（说的是庆封没有合乎礼仪的行为）。人如果没有符合自己身份的礼仪，为什么不去死？看老鼠有自己的牙齿，但是人却没有廉耻（"止"通"耻"）。人如果没有廉耻，不死还等什么？看老鼠有自己的肢体，而人却不讲礼仪。人如果不讲礼仪，为什么不赶快死掉？这首诗非常直白，叔孙借助老鼠来讽刺庆封，认为老鼠都有自己的形象仪表，而作为大夫的庆封却不知道礼仪。

实际上，在孔子之前，在周太师等人的努力下已形成了一个《诗经》原本，这个原本在各国统一流行，以至于当时的诸侯、卿、大夫、士对之都有一定的记诵与认识，并在不同场合熟练地"赋诗言志"。也就是说，当时人们都在不同场合熟练地、心照不宣地借助《诗经》篇章含蓄地表达自己的意向。比如《左传》文公十三年载：

> 冬，公如晋，朝，且寻盟。卫侯会公于沓，请平于晋。公还，郑伯会公于棐，亦请平于晋。公皆成之。郑伯与公宴于棐。子家赋《鸿雁》。季文子曰："寡君未免于此。"文子赋《四月》。子家赋《载驰》之四章。文子赋《采薇》之四章。郑伯拜。公答拜。

从上面的历史叙事，我们很难一下看出《诗经》诸篇的作用所在，但由于当时人对《诗经》诸篇及其所蕴含的深意有了深刻体悟，所以一场聘问就圆满解决了诸侯间的诸多问题。上文中所提到的事情是，郑国想和晋国和好，但是希望鲁文公帮助去晋国说情，并赋了一首《鸿雁》，想借助其中"之子于征，劬劳于野。爰及矜人，哀此鳏寡"（这个勇士打仗行军，日日辛劳奔波在田野。还有他的家人和爱人，可怜独自在家中）四句，希望鲁国可怜他。当时的季文子代表鲁文公也赋一首《四月》，借助其中"四月维夏，六月徂暑。先祖匪人，胡宁忍予"（四月夏季将开始，六月则暑气褪去。其先祖不是一般人，怎忍心让他这样）四句，来表达文公已经很累了，想回家休息。言外之意，是要拒绝郑国的请求。郑国的子家再赋《载驰》之四章，取"我行其野，芃芃其麦。控于大邦，谁因谁极？"（我在郊野忙行驶，麦子繁盛又茂密。前往大国去求援，依靠谁来帮我忙）两句，是向鲁国表明自己是小国，希望得到大国鲁国的真心帮助。季文子又赋一首《采薇》，取"戎车既驾，四牡业业。岂敢定居，一月三捷"（兵车早已驾好了，四匹雄马真强壮。哪敢安然定居下，一月之内仗不停）四句，表明自己再忙，也要为郑国跑一趟。

总的来说，当时大小国、人与人之间的交往，赋诗言志是一种基本方式。由此也说明，当时《诗经》肯定有一个比较通用的本子在各国流传，否则交通不便、信息不畅的国与国之间能够借助《诗经》表达自己的意图思想就显得不可能。在《左传》中，赋诗、引诗约180多次，这些不能不说也是《诗经》文本在孔子之前已经流行的重要佐证。

（二）《诗经》与孔子的诗教

礼仪社交中运用《诗经》是西周、春秋时期的一种重要礼仪。另外，《诗经》也被用来贵族子弟的教育。由于《诗经》的《周颂》《大雅》之中有大量宣扬周代祖先建国事迹的记载，所以对于凝聚人心、宣扬周代礼乐制度有非常重要的意义。春秋时期，经过孔子儒家学派的改造，《诗经》逐渐成为政治教化最重要的经典，它的作用和功能发生了变化。

在孔子时代，《诗经》虽然有了流传的文本，社会上盛行赋诗言志、引诗著述，但这些和孔子所宣扬的儒家思想并不完全一致。于是孔子根据周礼的标准以及自己的思想体系来整理、删定各种版本的《诗经》，从而形成了儒家版的《诗经》305篇。孔子除了删定《诗经》之外，还对它作了深入细致的研究，并提出了一系列观点，这在《论语》中有很多记载，比如"诗三百，一言以蔽之，曰思无邪"，"《关雎》，乐而不淫，哀而不伤"，等等。可以说，孔子由此成为《诗经》学史上第一位真正研究、评论的学者，成为中国《诗经》学的开山祖师。

孔子删定《诗经》，主要标准就是周礼，他的目的无疑是想借助《诗经》来宣扬周代礼乐文明。所以，孔子之后，《诗经》的价值便主要体现在道德教化、政治统治方面。他曾对弟子说："诵《诗》三百，授之以政，不达；使于四方，不能专对；虽多，亦奚以为？"（《论语·子路》）就是说，如果熟读《诗经》三百篇，却不能运用到社会政治之中，了解得再深入，那也没有任何意义。所以孔子《诗经》学的一个重要思想，就是《诗经》要服务于现实社会政治。

在孔子看来，《诗经》到底有什么政治、道德方面的价值呢？这就是影响后世深远的"兴、观、群、怨"，这个观点也可以说是中国文学批评史的源头。这一理论出自《论语·阳货》：

> 小子何莫学夫《诗》？《诗》可以兴，可以观，可以群，可以怨。迩之事父，远之事君。多识于鸟兽草木之名。

这句话的意思是说，弟子们为什么不学习《诗经》呢？《诗经》可以激发情志，可以观察社会，可以与人交往，可以怨刺现实，还可以侍奉父母、君主，另外，还可以从《诗经》中学习有关飞鸟走兽、花草树木的名称呢！这句话中提到了孔子对《诗经》功能的认识和定性，其中影响最大的莫过于"兴、观、群、怨"。具体来说：

"兴"，就是可以激发人的情感，具有感染作用，通过诗歌来陶冶性情、移风易俗，进行道德教化。比如古人在宴会、祭祀、丧葬等场合朗诵诗歌，配上音乐，从而营造一种气氛，达到陶冶性情、在潜移默化中实现人伦道德教化的目的。

"观"，就是考察风俗人情的演变、社会政治的得失。毕竟《诗经》中的每一首诗歌都是不同地域、不同历史情境下的产物，它代表了不同阶层、不同时代人们的情感和生活，所以通过《诗经》所反映的内容，可以考察社会现象的本质。这有点像历史典籍，司马迁作《史记》，就是希望借助历史现象、历史真实，让人们探究历史规律，找到治理社会的方法，从而为现实社会服务。

"群"，是说诗歌有抒情、言志的作用，所以大家可以聚集在一起通过诗歌来沟通思想感情，融洽彼此之间的关系。这有点像我们今天在一起通过诗朗诵或歌咏比赛的形式来增进彼此之间的感情，激发人们的热情，还可以让大家更加团结。

"怨"，就是批评当时政治的得失，尤其是面对不良的社会政治风气与丑陋现象，就可以通过诗歌进行批判。就《诗经》"怨"的功能而言，这种类型的诗歌有很多篇，主要表达了个人对现实社会的不满，比如《小雅·北山》：

> 陟彼北山，言采其杞。偕偕士子，朝夕从事。王事靡盬，忧我父母。

> 溥天之下，莫非王土。率土之滨，莫非王臣。大夫不均，我从事独贤。
>
> 四牡彭彭，王事傍傍。嘉我未老，鲜我方将。旅力方刚，经营四方。
>
> 或燕燕居息，或尽瘁事国。或息偃在床，或不已于行。或不知叫号，或惨惨劬劳。或栖迟偃仰，或王事鞅掌。
>
> 或湛乐饮酒，或惨惨畏咎。或出入风议，或靡事不为。

这首诗主要说的是一个官府小吏对现实的不满，翻译过来便是说：爬上高高的北山，去采摘那山上的枸杞。体格健壮的小吏，从早到晚都要办理各种事情。官府的差事没完没了，我担心没有时间陪伴自己的父母。普天之下每寸土地，没有不是天子的。四海之内每个人，没有不是天子的臣民。上司大夫分派的活并不公平，害得我的差事又多又重。四马驾的车在路上狂奔，官府的琐事总是又急又忙。由于我年龄正当年，身体也强壮，血气也方刚，所以上司大夫就派我到处办理差事。官府中有的人在家中休息，而有的人却为国为民鞠躬尽瘁。有的人在自家床上躺着歇息，而有的人却在路上来回奔波。有的人不听从朝廷的号召，而有的人却忧虑又辛苦。有的人游荡睡大觉，而有的人却从事又多又繁忙的苦差事。有的人贪图享乐喝酒应酬，而有的人却战战兢兢害怕被责难。有的人到处溜达清谈聊天，而有的人却什么差事都要干。

这首诗是一位社会底层"士"的自我表白，他的上司是大夫，由于他自己年轻、资历浅，所以他被分配的工作特别多、特别重，由于整天在外奔忙，非常辛苦，于是他心生怨恨。而他的上司卿大夫们却逍遥在外，过着安逸悠闲的生活，所以第四章作者连用一组相互对比的诗句，来说明当时上层卿大夫的逍遥和下层"士"的含辛茹苦。其实这个辛苦的小官吏说的也是现实,在周代社会结构中,卿大夫是上层,而"士"是最下层的官吏,整天奔忙,却没有收获,所以就非常怨恨社会。《小雅·北山》是《诗经》中怨刺类型的比较典型的一篇,此外还有很多相似的诗篇。

我们需要注意的一点是,孔子曾在《论语·为政》中说过:"《诗》三百,一言以蔽之,曰'思无邪'。"其中"思无邪"见于《诗经·鲁颂·駉》中的"思无邪,思马斯徂"一句。这句诗与前三章句型相同,其他三句分别作"思无疆""思无期""思无斁"。何晏认为"思无邪"就是"归于正"的意思。[①] 所说的"正",自然是孔子所倡导的儒家伦理道德,"邪"便是违背儒家伦理道德的东西。实际上,《诗经》并不是所有的诗篇都是"归于正"的作品,孔子删《诗经》,保留了国风中的《硕鼠》《伐檀》《新台》《墙有茨》《柏舟》《东山》《将仲子》等诸篇,就不太符合"思无邪"的标准。之所以出现这样的现象,正如朱熹在其《诗集解·序》中解释"诗之所以为教"时所说:

> 诗者,人心之感物而形于言之余也。心之所感有邪正,故言之所形有是非。惟圣人在上,则其所感者无不正,而其言皆足以为教。其或感之之杂,而所发不能无可择者,则上之人必思所以自反,而因有以劝惩之。是亦所以为教也。[②]

从这段话可以看出,朱熹对《诗经》所出现的"正""邪"诗篇也认为是圣人有意为之,目的是想通过认识违法儒家道德伦理的社会行为来促使上层统治者反省,以此实现劝诫、惩恶的目的。

---

① 《论语集解》引包成语,见何晏《论语集解义疏》,商务印书馆,1937年,第30页。
② 《诗集解·序》,见《朱子全书》第26册,第103页。

总而言之,《诗经》通过兴、观、群、怨来服务于社会政治,其中"兴"是后三者的基础和前提,毕竟《诗经》所反映的是人们真实的情感,即"诗言志"。然后,人们才可以通过考察民风人情、聚集起来沟通感情、批评社会政治,从而促使政治的革新,达到教化人民、改革政治的目的。后来,儒家重要弟子孟子、荀子等都极力宣扬《诗经》兴观群怨的政教功能,以至于在战国时期,《诗经》成为儒家学派的核心经典。秦汉以后,孔子"兴观群怨"的诗学思想成为《诗经》学发展的指导思想。

(三)《诗经》与古代文学艺术

《诗经》是中国古代最重要的经典之一,它是中国文学的源头,在中国古代文学发展历程上具有重要的价值,正如冯天瑜先生所言:"《诗经》是一部从内容到形式都富于首创性的文学杰作,它的思想倾向与艺术风格影响后世文学至深,一部中国文学史,可以说是在《诗》的导引下得以发展的。"[1] 这怎么理解呢?

首先,《诗经》拥有丰富的内容题材,比如有爱情诗、祭祀诗、宴飨诗、农事诗、战争诗等,这些都成为后来各种诗歌的源头。从诗的作者而言,多是当时中下层的百姓,尤其是《国风》部分,以非常直白的语言来表达诗人内心的想法、情感,如同绘画中的白描一般,没有任何的修饰与做作,正如孔子所说:"诗三百,一言以蔽之,曰思无邪。"可以说,很多诗歌都表达了作者敢爱敢恨的个性,而这自然为以后中国诗歌的现实主义风格奠定了重要的基础,成为中国文学遗产中的优良传统。

---

[1] 冯天瑜:《中华元典精神》,上海人民出版社,1994年,第55页。

其次，就《诗经》所表达的主题和艺术风格而言，三百多篇诗歌中，很多都对现实社会进行了直白的描写，章句之间充满了忧伤、愤懑与怨恨，正如古人所说"诗三百篇，大抵贤圣发愤之所为作也"（《史记·太史公自序》），"男女有所怨恨，相从而歌"（《春秋公羊传注疏·宣公十五年》），也许就是这种种忧患情感，直接影响了后来的汉乐府、建安诗、唐诗、宋词以及元杂剧和明清小说中忧伤、怨恨的主题思想。在后来的文学作品中，以白描的形式来表现思念之情者非常多，比如北宋婉约派的代表柳永（987—1053），在《雨霖铃》中就写了对恋人的思念：

> 寒蝉凄切，对长亭晚，骤雨初歇。
> 都门帐饮无绪，留恋处、兰舟催发。
> 执手相看泪眼，竟无语凝噎。
> 念去去、千里烟波，暮霭沉沉楚天阔。
>
> 多情自古伤离别，更那堪、冷落清秋节！
> 今宵酒醒何处？杨柳岸、晓风残月。
> 此去经年，应是良辰好景虚设。
> 便纵有千种风情，更与何人说？

这首词是他离开汴京（今河南开封）时所写，主要写的是和恋人离别时难舍难分的感情，全诗翻译过来便是：秋后的蝉叫得是那样凄凉而急促，面对着长亭，正是傍晚时分，一阵急雨刚停住。在京都城外设帐饯行，却没有畅饮的心绪，正在依依不舍的时候，船上的人已催着出发。握着手互相瞧着对方泪光闪闪的眼睛，直到最后也无言相对，千言万语都噎在喉间说不出来。想到这回去南方，这一路行程，千里迢迢，一片烟波，那夜雾沉沉的楚地天空竟是一望无边。自古以来多情的人最伤心的是离别，更何况又逢这萧瑟冷落的秋季，这离愁哪能经受得了！谁知我今夜酒醒时身在何处？怕是只有杨柳岸边，面对凄厉的晨风和黎明的残月了。这一去长年分别，（相爱的人不在一起，）我料想即使遇到好天气、好风景，也如同虚设。即使有满腹的情意，又再同谁去诉说呢？

《雨霖铃》这首词采用托物言情的手法，表达了作者内心深处的忧伤，在艺术手法上和《诗经·邶风·击鼓》非常相似。即使是豪放派的苏轼，在诗词写作上也与《诗经》风格有相似之处，比如他的《江城子》：

> 十年生死两茫茫。不思量，自难忘。
> 千里孤坟，无处话凄凉。
> 纵使相逢应不识，尘满面，鬓如霜。
>
> 夜来幽梦忽还乡。小轩窗，正梳妆。
> 相顾无言，惟有泪千行。
> 料得年年肠断处，明月夜、短松冈。

这首词是苏轼在妻子死后，以回忆的形式书写而成的，词中表达了苏轼经过十年都难以忘却的那种相濡以沫的感情。

以上是《诗经》在主题与艺术风格方面对后代文学作品的影响。另外，《诗经》常用的赋、比、兴，即铺陈、比喻、兴发的三种表现手法也一直为历代作家所继承和发展。此外，《诗经》所运用的排比、对偶、夸张等文学技巧，也为后来的很多文学形式，比如宋词、元杂剧、散文、小说等所沿用。

最后，在思想内涵和表现形式的关系上，《诗经》对后代文学的影响也非常深远。《诗经》在表达思想方面注重内容与形式的统一，即"诗言志"，这对后来文学的发展有直接的影响。后来文学理论中常说的"文以载道""文以明道"等，就和《诗经》有一定的关联。

总而言之，《诗经》不仅对中国后来的诗歌有直接的影响和启蒙意义，比如唐诗、宋词等无论是表现手法，还是修辞技巧、结构形式都不同程度地受到《诗经》的影响，而且对其他体裁的文学作品也有直接或间接的影响，可以说，《诗经》是中国文学艺术的滥觞。正如闻一多（1899—1946）所说："'三百篇'的时代，确乎是一个伟大的时代，我们的文化大体上是从这一刚开端的时代就定型了。文化定型了，文学也定型了，从此以后二千年间，诗——抒情诗，始终是我国文学的正统的类型，甚至除散文外，它是唯一的类型。赋、词、曲，是诗的支流，一部分散文，如赠序、碑志等，是诗的副产品，而小说和戏剧又往往以各自不同的方式夹杂些诗。诗，不仅支配了整个文学领域，还影响了造型艺术，它同化了绘画，又装饰了建筑（如楹联、春帖等）和许多工艺美术品。"[①]

(四)《诗经》与先秦史

《诗经》作为中国第一部诗歌集，它主要反映的是社会各个阶层的生活，包括创业建国、社会生活、婚姻爱情、仪礼习俗、生产劳动、战争徭役等多个方面，许多诗篇都可以说是史诗。这对了解、研究中国先秦史的学者来说无疑至关重要，正如夏传才《二十世纪诗经学》中所说："《诗经》是重要的历史文献，产生在上古时代的这些篇章，反映当时的社会生活，保存了丰富的社会史料和文化史

[①]《闻一多文集·文学的历史动向》，大众文艺出版社，2007年，第279页。

料，而且具有无可怀疑的真实性，所以它对于研究史前史、西周史和春秋史，都是宝贵的资料，也有助于研究历史地理、宗教学、神话学、社会民俗学、人类学的众多课题；诗篇中记载的各种名物，对于研究农业史、古代博物学、古代天文学，也不可或缺。现在，《诗经》的文献价值，越来越多地被史学界所重视。在 20 世纪的中国，没有一位研究通史和先秦史的历史学家不在论著中利用《诗经》中的史料；我们可以说离开这部文献便写不好先秦史。"[1]

如果就历史内容或史料信息而言，《诗经》中的一些篇目记录了商周早期祖先的创业建国历史事实，它们可以被看成是我国商周时代的"史诗"，如大雅《生民》《緜》《文王》《大明》《灵台》《皇矣》《文王有声》《公刘》与鲁颂《閟宫》、商颂《玄鸟》等篇目。后来司马迁写《史记》时就对《诗经》内容作了吸收。《诗经》中写西周祖先创业建国历史的诗篇特别多，比如《大雅·大明》：

> 明明在下，赫赫在上。天难忱斯，不易维王。天位殷适，使不挟四方。
>
> 挚仲氏任，自彼殷商，来嫁于周，曰嫔于京。乃及王季，维德之行。大任有身，生此文王。
>
> 维此文王，小心翼翼。昭事上帝，聿怀多福。厥德不回，以受方国。
>
> 天监在下，有命既集。文王初载，天作之合。在洽之阳，在渭之涘。文王嘉止，大邦有子。
>
> 大邦有子，俔天之妹。文定厥祥，亲迎于渭。造舟为梁，不显其光。

---

[1] 夏传才：《二十世纪诗经学》，学苑出版社，2005 年，第 4 页。

有命自天，命此文王，于周于京。缵女维莘，长子维行，笃生武王。保右命尔，燮伐大商。

殷商之旅，其会如林。矢于牧野："维予侯兴，上帝临女，无贰尔心。"

牧野洋洋，檀车煌煌，驷騵彭彭。维师尚父，时维鹰扬。凉彼武王，肆伐大商，会朝清明。

这首诗一共有八章。第一章讲的是，皇天很伟大，天命很难测，殷商最终失去了天命的佑护，失去了王位。第二章讲的是，殷商的一位姓任的女子（太任）嫁给了周文王的父亲王季（季历），她和王季一起推行德政。第三章讲的是，太任怀孕生下周文王，周文王的优秀品质，使得他最终继承了王位。第四章讲的是，周文王秉承天命，并在年轻的时候获得了好的姻缘。第五章讲的是，周文王在渭水之滨迎娶来自殷商的一位好姑娘（相传是商纣王的妹妹），婚礼很隆重。第六章讲的是，周文王秉承天命，又迎娶了莘国的一位女子，并生有周武王，上天保佑他"燮伐大商"。第七章讲的是，武王伐商时，尽管殷商的军队很强大，但是武王也对自己充满信心。第八章即最后一章讲的是，牧野之战规模宏大，周武王在尚父姜太公的辅佐下，一举灭商。全诗层次分明，讲的是王季、周文王、周武王三代统治下的西周发展史。

这是一篇具有史诗性质的叙事诗，也是一篇歌颂西周开国祖先的诗篇，这首诗与《大雅》中的《生民》《公刘》《绵》《皇矣》《文王》等篇联合起来，便构成了一组西周开国的历史史诗。这些篇目中，从始祖后稷诞生、经营农业，公刘迁到豳地，太王（古公亶父）迁往岐山，再经过王季、文王的继续发展和积累，最终由周武王率领各股势力一举灭商。《大雅·大明》这篇内容可以看成是西周建国大业历史的最后一部分，全诗虽然内容简洁、时间跨度大，但并没有平铺直叙，而是穿插了周王季、周文王迎娶的事情，语言也非常优美。此外，《周颂》中也有很多关于周代祖先创业的诗篇。正因《大雅》《周颂》宣扬了周代祖先创业的事迹，这对增强周代各级君臣的凝聚力以及巩固西周王朝的稳定，意义非常重大，所以在西周时期《诗经》一直被看成是六经之首。另外，从这篇诗歌中，我们也可以看出，当时天命观念依旧非常强烈，全诗多次提到了天命的重要性，尤其强调周取代殷商是天命所归，这在政治史、思想史上有重要的价值。另外，诗中也有反对迷信天命，强调道德修身的一面，这就说明西周经过商周革命，统治者意识到天命并不是政权稳定的唯一依据，只有修身明德才可以保证自己的江山永固。

另外，《诗经》也记载了先秦时期的社会政治制度，如《小雅·信南山》记载了当时的土地制度，《周颂·臣工》《周颂·噫嘻》《豳风·七月》等记载了当时的耕作制度，《大雅·公刘》《大雅·崧高》等记载了当时的赋税制度，《秦风·黄鸟》记载了当时用活人殉葬的制度，等等。具体来看《秦风·黄鸟》篇：

> 交交黄鸟，止于棘。谁从穆公？子车奄息。维此奄息，百夫之特。临其穴，惴惴其慄。彼苍者天，歼我良人！如可赎兮，人百其身！
>
> 交交黄鸟，止于桑。谁从穆公？子车仲行。维此仲行，百夫之防。临其穴，惴惴其慄。彼苍者天，歼我良人。如可赎兮，人百其身！
>
> 交交黄鸟，止于楚。谁从穆公？子车鍼虎。维此鍼虎，百夫之御。临其穴，惴惴其慄。彼苍者天，歼我良人。如可赎兮，人百其身！

《秦风·黄鸟》全篇内容主要写的是秦穆公去世的时候，用大量的活人殉葬，其中子车氏的三兄弟，即奄息、仲行、鍼虎都被殉葬。全诗表达了作者对三壮士的惋惜与哀伤之情，同时也表达了对当时殉葬制度的不满和愤慨。这篇诗歌所述为真实历史，《左传》文公六年曾这样记载："秦伯任好卒，以子车氏之三子奄息、仲行、鍼虎为殉，皆秦之良也。国人哀之，为之赋《黄鸟》。"全文翻译过来就是说：

> 黄雀叽叽喳喳叫，它们在酸枣树上歇息。谁随穆公去了？子车家的奄息。说起这位奄息，一人能把百人敌。走近他的坟墓，我忍不住浑身哆嗦。苍天啊苍天！我们的好人一个也不留！如果准我们赎他的命，我们宁可用一百人去换他一个。

> 黄雀叽叽喳喳叫，飞来落在桑树上。谁随穆公去了？子车家的仲行。说起这位仲行，一个抵得五十双（即一百人）。走近了他的坟墓，我忍不住浑身哆嗦。苍天啊苍天！我们的好人一个也不留！如果准许我们赎他的命，拿我们一百换他一个也值得。

> 黄雀叽叽喳喳叫，停息在牡荆树上。谁跟穆公去了？子车家的鍼虎。说起这位鍼虎，一人当百不含糊。走近了他的坟墓，我忍不住浑身哆嗦。苍天啊苍天！我们的好人一个不留！如果准我们赎他的命，我们宁愿拿一百人去换他一个人。

总的来说，全文叙述了秦穆公时代以人殉葬的制度，秦作为西部边陲的一个诸侯国，较少受到西周礼乐文化的熏陶，一直保留着残酷的殉葬制度，这篇诗文便是以子车氏三兄弟的具体情况来反映当时的制度文化。

《诗经》是中国上古时期农业文明的产物，其中不但展现了当时人们淳朴的爱情观念、生活习俗，还有很多关于生产、生活的场面，为我们研究西周、春秋时期的风俗人情、社会生活提供了非常丰富的材料，可以说《诗经》是当时社会生活的美丽画卷。就生产劳作而言，《豳风·七月》《召南·采蘩》等都可以说是典型代表，它们记述了当时人们的生产、生活状态，体现了人们的生活态度与内心情感，如《召南·采蘩》：

> 于以采蘩？于沼于沚。于以用之？公侯之事。
> 于以采蘩？于涧之中。于以用之？公侯之宫。
> 被之僮僮，夙夜在公。被之祁祁，薄言还归。

"蘩"是指白蒿，用来祭祀。全诗翻译过来便是：去哪里采白蒿？去那沼泽地。哪里用这些白蒿？公侯的祭祀要用。去哪里采白蒿？去到山涧中。哪里用白蒿？公侯的庙堂。发髻梳理得非常整洁，早晚待在庙堂。等到发髻都松散了，这才能回家。可以看出，当时的女性非常忙碌，为了公家的祭祀，到处忙着采白蒿。这种记载尽管比《豳风·七月》的内容显得单一，但却生动体现出妇女们生活忙碌与内心的酸楚。又如《周颂·丰年》记载了农业丰收后祭祀祖先、社稷的情形，全诗说：

> 丰年多黍多稌，亦有高廪，万亿及秭。为酒为醴，烝畀祖妣。以洽百礼，降福孔皆。

全诗翻译过来便是：丰年黍子稻谷多，高大粮仓一座座，成万成亿堆满坡。酿成清酒和甜酒，进献先祖先祖婆。百般祭礼都齐备，普降幸福无灾祸。看得出来，当时的粮食丰收了，人们都非常高兴，并忙着祭祀祖先。

总之，从以上举例分析来看，《诗经》作为我国先秦时期最重要的经典之一，无疑汇集了当时最重要的歌谣、诗篇。它对夏商周时期社会、政治、生产、生活等多个方面都有所反映，是我们研究先秦尤其是周代社会与文化的最重要的史料。现在的先秦各类史学科目，比如民俗学、伦理学、农学、考古学、经济学、宗教学、哲学、天文学等，一般都要援引《诗经》中的篇章，来探究当时社会历史的真实情况。

四、古代《诗经》学史略

《诗经》作为中国古代的重要经典，历朝历代受到尊崇，从古至今产生了一大批注解与阐发《诗经》的著述。不仅如此，《诗经》学在国外也得到众多学者的关注，成为海外汉学的重要组成部分，为我们理解《诗经》增添了新的视角与方法。这些都说明作为一部重要的经典，《诗经》拥有着无穷的魅力，至今依旧值得我们在前人的基础上继续关注与诠释它。

（一）先秦

就《诗经》发展的历史而言，西周可以说是《诗经》的萌芽、繁荣时代，当时周人通过采诗、献诗、作诗的制度产生了《诗经》的原型。《诗经》除了用来考察民情之外，还被用来教育贵族子弟。另外，还有一部分诗歌在周太师的主导下经过乐官加工，用来在各种场合演奏，以烘托气氛，《诗经》由此成为宫廷礼仪的重要组成部分。比如大雅《生民》《公刘》等是用来祭祀祖先的；周颂《噫嘻》《丰年》等是用来祭祀丰收的；小雅《鹿鸣》等是宴飨时用的。在《诗经》形成的早期，周太师是当时对《诗经》学最有贡献的人，因为他一方面负责组织乐师整理加工各诸侯国送来的《诗经》篇章，另一方面还要编辑一个合适的文本来教育当时的贵族子弟,这个过程本身就是一种研究,就《诗经》文本的发生来说,周太师无疑是最重要的人物①。

《诗经》真正在更广的范围内被接受是在春秋时期,即在"赋诗言志"成为当时贵族大夫们日常社会交往中的重要方式时。随后,孔子对《诗经》的删定、整理与研究,直接开启了后来《诗经》学的新时代。另外,孔子对《诗经》的一些观点成为中国古代《诗经》学史上的重要命题。比如"思无邪"说②、"兴观群怨"说③,"授之以政"说④,等等。孔子之后,其弟子子夏、子思、公孙尼子等人,出于敦化社会风气的目的,也都大力弘扬礼乐文明,极力传扬《诗经》。

战国时期,《诗经》学发展走向衰微,但孟子、荀子等人对《诗经》的宣扬和研究,直接奠定了秦汉以后《诗经》学的发展方向。

就孟子而言,他曾经师从孔子的孙子孔伋(字子思)的门人,传承孔子的学说,史称"亚圣"。由于孔伋、孟子的思想有内在的一致性,所以古代将之合称为"思孟学派"。孟子精通五经,尤长于《诗》《书》⑤。《史记·孟子荀卿列传》说孟子与自己的弟子一起,"序《诗》《书》,述仲尼之意,作《孟子》七篇",由此可见孟子也

---

① 对此,今人袁长江在其《先秦两汉诗经研究论稿》中也说道:"从文学作品的角度看,周太师是《诗经》最初研究者中最重要的,也是有突出成绩的。"(袁长江:《先秦两汉诗经研究论稿》,第19页。)

② 《论语·为政》:"《诗》三百,一言以蔽之,曰:'思无邪'。"

③ 《论语·阳货》:"小子何莫学夫诗?诗,可以兴,可以观,可以群,可以怨。迩之事父,远之事君。多识于鸟兽草木之名。"

④ 《论语·子路》:"诵《诗》三百,授之以政,不达;使于四方,不能专对;虽多,亦奚以为?"

⑤ 《孟子注疏·题辞解》称孟子"通五经,尤长于《诗》《书》"。在今存的《孟子》一书中,涉及《诗经》的地方近四十处。

曾经整理、传承过《诗经》文本。另外,《孟子》一书引用《诗经》近四十处,孟子的仁政、民本、王道理想都与《诗经》有一定的关系。

当然,孟子对《诗经》学的最大贡献莫过于他所提出的一些解释学理论,亦即"自得""知人论世""以意逆志"等理论。其中,"自得"来源于《孟子·离娄下》:"君子深造之以道,欲其自得之也。"意思是说,君子遵循一定的方法来深入学习,是希望自己能够获得真理,提升能力。自得,就是通过思考,对知识深有体悟,从而转化为自己固有的知识体系和价值观念,转化为一种能力,也就是我们常说的知识与能力的关系。

知人论世,意思是要想了解作品,就必须了解其作者和他所处的时代,这样才能客观而准确地把握作品的思想内容。这个观点近代以来很多学者都有强调,比如钱穆在其《中国史学名著导读》一书就反复强调说,要想了解一部史书,就要先了解这部书的作者及其所处的时代。陈寅恪先生也有"同情之了解"等类似的观点。毕竟,中国古人写书的目的就是为了明道、传道、行道,服务于现实社会政治。

以意逆志,就是跳出作品语言文字的束缚,用自己的思想观念去体悟或揣摩作品与作者的思想旨趣。孟子的这些诗学理论,使得孟子《诗经》学在中国历史上具有里程碑的意义。正如今人刘毓庆先生所说:

> 孟子《诗》学的核心是王道政治,其所提出的"王迹熄而《诗》亡""知人论世""以意逆志"等理论,无不是围绕着王道政治而展开的。这种将《诗》作与时代政治相联系,并追求诗人之"志"与解释者之"意"融合的解读理论,对于春秋以来断章取义

的引诗模式,以及高叟之类拘泥于语言文字的解经方式,无疑是一种带根本性的否定,这在《诗》学诠释史上,是带有划时代意义的。其对后世《诗经》诠释学影响之大,也是不言而喻的。①

孟子《诗经》学的这些思想主要是针对当时"断章取义""拘泥于语言文字的解经方式"来说的,这在中国古代《诗经》诠释学史上有深远的影响,同时也对经学有非常重要的影响,也就是要将经学与社会政治现实相结合,发挥经学经世致用的价值与意义。

孟子之后,荀子对《诗经》也作出了不可磨灭的贡献。荀子本是赵国人,他也曾仿效孔子、孟子,周游列国,到处传道。因为他学问很大,曾三次出任齐国稷下学宫的祭酒(如同大学校长)。后来,韩非、李斯都是他的及门弟子。孔子思想的核心范畴是"仁",孟子在此基础上提出了"义",而荀子则提出了"礼""法",作为自己学说的核心范畴。在他看来,人性本恶,所以要强化对人性的规范。在荀子看来,《诗经》蕴含着周代的礼法思想,所以他将《诗经》看成与《尚书》《春秋》《仪礼》等一样,认为都是王道政治理念的载体,希望借《诗经》发挥周代的礼法精神。

不仅如此,根据古代学者的考证,荀子在《诗经》学传承中还具有承上启下非常重要的作用。如《毛诗》的祖师毛亨是荀子的后传弟子,《鲁诗》的祖师申培是荀子的后传弟子,《韩诗外传》中引《荀子》来解读《诗经》多达四十多处,以至于清人认为《韩诗》也是"荀卿子之别子"②,刘师培撰《诗分四家说》,更是认为齐、鲁、

---

① 刘毓庆、郭万金:《从文学到经学——先秦两汉诗经学史论》,华东师范大学出版社,2009年,第140页。
② [清] 汪中:《荀卿子通论》,载 [清] 王先谦《荀子集解·考证下》,中华书局,1988年,第21页。

韩、毛都源于荀子。由此可以看出，荀子是汉代《诗经》学的祖师。其实，荀子不仅传承《诗经》，他对《周易》《仪礼》《春秋》等经典也都有传承之功[1]。

由于《诗经》是儒家学派的核心经典，所以在秦时首先遭到了焚烧，这其实是战国法家学派对儒家学派的继续围剿。因为秦始皇焚烧《诗经》并不是他的发明，在秦孝公商鞅变法时期《诗经》就开始遭到焚烧。《韩非子·和氏篇》说"商君教秦孝公……燔《诗》《书》而明法令"[2]，说明第一个倡导焚烧《诗经》的是秦孝公变法时期的商鞅。商鞅曾把《诗》《书》《礼》《乐》等比作"六虱"。据《商君书·靳令》记载："六虱：曰礼乐、曰《诗》《书》、曰修善、曰孝悌、曰诚信、曰贞廉、曰仁义、曰非兵、曰羞战。"[3] 他认为儒家所宣扬的诗书礼乐、仁义诚信等对于社会政治的治理而言是六种臭虫，所以他要消灭诗书礼乐，提倡以法治国。商鞅的后继者韩非、李斯等人继承了他的观点，继续推行法家学说，于是，秦始皇时期继续焚烧《诗经》《尚书》等儒家经典，以此来消除儒家学说在社会政治中的影响。据《史记·秦始皇本纪》记载，当时采用了非常极端的焚书政策，所谓："天下敢有藏《诗》、《书》、百家语者，悉诣守、尉杂烧之。有敢偶语《诗》《书》者弃市。以古非今者族。吏见知不举者与同罪。"不过，由于先秦时期《诗经》的传承主要是口耳相传，所以基本上没有受到多少影响，汉代建国之后，《诗经》学继

---

[1] 对此，清人有较为详细的考证，如汪中《荀卿子通论》。后胡元仪《郇卿别传》《郇卿别传考异》较汪中更为翔实，载［清］王先谦《荀子集解·考证下》，第21—50页。

[2] ［清］王先慎集解，姜俊俊校点：《韩非子·和氏篇》，上海古籍出版社，2015年，第114页。

[3] 山东大学《商君书》注释组注：《商君书新注·靳令》，山东人民出版社，1976年，第101页。

续传承不绝。

(二) 汉唐之际

汉代是《诗经》学发展的黄金时期。在汉代，主要是齐、鲁、韩、毛四家传《诗》，其中齐、鲁、韩三家出现最早，在西汉一开始就用隶书传承，所以被称为今文三家《诗》，它们在文帝、景帝时期先后被立为官学。

今文三家《诗》中，以《鲁诗》之学在汉代最为兴盛，也最为显赫。首先因为《鲁诗》出现最早，其次便是因为《鲁诗》最为纯正，据《汉书·艺文志》所云：

> 汉兴，鲁申公为《诗》训故，而齐辕固、燕韩生皆为之传。或取《春秋》，采杂说，咸非其本义。与不得已，鲁最为近之。

所谓纯正，就是它不像《齐诗》《韩诗》那样运用阴阳五行来比附政治，牵强附会，同时后二者都采用《春秋》大义解读《诗经》，重点发挥《诗经》的政教作用。尽管它们是对孔子诗学思想的继续和发展，但却都偏离了《诗经》的本义。所以，《鲁诗》比《齐诗》《韩诗》更加接近《诗经》的本义，一直也受到了君臣的重视，在汉代影响非常大。

汉代古文《诗经》主要是《毛诗》，它的创始人为鲁人毛亨（大毛公）、赵人毛苌（小毛公），大毛公为《诗经》作传，即《毛诗故训传》，简称《毛传》。《毛传》依据《诗序》解诗，言简意赅，与当时的今文三家《诗》相比，《毛诗》的解释很少有迷信神学的内容。在西汉王莽及汉平帝时期，《毛诗》一度被立为官学，但随着王莽失败，《毛诗》也失去了官学地位。到了东汉章帝时期，《毛诗》又得到了朝野的重视。

在东汉末年，郑玄兼通今古文经学，他吸收今古文《诗经》学的成果，为《毛传》作笺注，即《毛诗传笺》，此举实现了今古文《诗经》学的合流，《毛传郑笺》成为《诗经》学史上的第一个里程碑。《毛传郑笺》兴起之后，三家《诗》也逐渐衰亡，《齐诗》亡于曹魏，《鲁诗》亡于西晋，《韩诗》大约亡于北宋而仅存《外传》。这一点正如傅斯年《诗经讲义稿》中所言："《毛诗》起于西汉晚年，通达于王莽，盛行于东汉，成就于郑笺，从此三家衰微，毛遂为《诗》学之专宗。"①

魏晋南北朝时期，《毛传郑笺》成为当时最受重视的《诗经》注本。在魏晋时期，古文经学家王肃创立了王学，认为郑玄淆乱今古文之间的区别，于是他力主毛传，并为之作注，排斥三家《诗》，由此形成了《诗经》学史上的郑王之争。需要提及的是，王肃的父亲王朗，因为精通经学，所以官运亨通，曾位列三公。王肃也在其父的指导下，年纪很轻就兼通群经。由于曹魏时期强调"唯才是举"，经学受到影响而衰微。鉴于此，王肃重新为群经作注，加上这一时期司马氏家族当权，而且王肃的女儿于太和五年（231）嫁给了司马昭，于是王肃借助权势，将自己所注的群经立为官学。虽然王学一度依靠政治权势取得胜利，但并没有使郑玄经学消失，毕竟郑玄经学也非常精审、翔实，所以一直也传承不绝。永嘉之乱以后，司马氏家族权势衰微，王学也随之衰微了。在南北朝时期，王学不行于世。当时南北都尊崇《毛传郑笺》，只不过南北学风不同，北学墨守

---

① 傅斯年：《诗经讲义稿》（含《中国古代文学史讲义》），中国人民大学出版社，2004年，第8页。

《毛传郑笺》，缺乏创新，而南学以《毛传郑笺》为本，兼采众长，更具有生机。

到了隋唐时期，隋朝刘焯、刘炫二人为《毛诗》作义疏，即《毛诗述义》（现已亡佚）。唐朝初年，为了统一经说与思想，改变今古文之争、郑学王学之争、南学北学之争而造成的众说纷纭，唐太宗命孔颖达主持编撰了《毛诗正义》。孔颖达以二刘《毛诗述义》为基础，吸收了魏晋南北朝以来的《诗经》学研究成果，为《毛传郑笺》作疏而成《毛诗正义》。孔颖达《毛诗正义》实现了汉学各派的统一，是汉以来《诗经》的集大成之作，它可以说是《诗经》发展史上的第二个里程碑。

中唐时期，啖助、赵匡等人所掀起的"疑经惑传"思潮波及《诗经》学，成伯玙《毛诗指说》率先指出《国风》按照诸侯国的优劣次序排列，并认为子夏惟裁《小序》首句，韩愈也对子夏作《序》提出了怀疑，这些为宋代《诗经》学的发展奠定了重要的基础。

（三）宋元明

宋代中前期，孔颖达《毛诗正义》为科举考试的必读书，经学发展理路依旧株守汉唐余绪。随着宋代庆历之际"疑经惑古"思潮的推动，《诗经》在研究方法和思想上有了新的发展，在这之后，在《诗经》学史上影响较大的有欧阳修、苏辙、王安石、二程等人。对于宋代《诗经》学的传承及著述情形，刘师培《经学教科书》中作了概括，现迻录于下：

> 宋儒治《诗经》者，始于欧阳修《毛诗本义》与郑立异，不主一家。苏辙广其义作《诗经说》，其说专务新奇。而南宋之儒，若王质、郑樵专攻《小序》（程大昌兼攻《大序》），朱子作《诗集传》

亦弃《序》不用，惟杂采毛、郑，亦间取三家《诗》，而《诗》义以淆。陆氏门人若杨简（《慈湖诗传》）、袁燮（《絜斋毛诗经筵讲义》）咸治《诗经》，或排斥传注，惟以义理擅长。若范处义（《诗补传》）、吕祖谦（《吕氏家塾读诗记》）、严粲（《诗缉》）则宗《小序》说《诗》，长于考证。朱子既殁，辅广（《诗童子问》）、朱鉴（《诗传遗说》）咸宗《集传》。①

宋代《诗经》学的发展脉络颇为鲜明。在宋初三朝，《诗经》研究如同其他儒经研究一样，处于汉学范式影响之下，礼学依旧是价值判定的标准与核心范畴。换言之，在北宋前期，《诗经》墨守汉学、唐学，鲜有更张。宋太宗时期，也依旧刊刻并向全国颁行了孔颖达《五经正义》，以作为科举考试的必读书。宋真宗时期，除了校刻《五经正义》之外，还续修其他经义。当时的科举士子与经筵侍讲，多依从汉唐《诗经》注疏之学。可以说，在宋仁宗庆历年之前，整个《诗经》研究的风气基本上没有明显的变化。但也有一些学者如周尧卿等人②，开始尝试突破《毛诗正义》的束缚，以期重新理解《诗经》及其意旨。宋初《诗经》学的范式转变，主要开始于仁宗庆历之际。当然，这只是《诗经》诠释思想与方法的转变期、过渡期，在刘敞、欧阳修、王安石、苏轼、二程、张载等人的推动下，宋朝

---

① ［清］刘师培著，陈居渊注：《经学教科书》，上海古籍出版社，2006年，第100页。
② 周尧卿，《宋史》说他："为学不专于传注，问辨思索，以通为期。长于毛、郑《诗》及《左氏春秋》。其学《诗》，以孔子所谓'《诗》三百，一言以蔽之曰：思无邪'，孟子所谓'说《诗》者以意逆志，是为得之'，考经指归，而见毛、郑之得失。曰：'毛之传欲简，或寡于义理，非一言以蔽之也。郑之笺欲详，或远于性情，非以意逆志也。是可以无去取乎？'"（《宋史》卷四百三十二《儒林二》）通过周尧卿之言可以看出，他认为毛《传》、郑《笺》与孔孟《诗》学思想相悖，由此说明他对毛《传》、郑《笺》所代表的解经体系或思想体系有所不满。

《诗经》学在神宗时代才真正得以建立。

宋代《诗经》学或曰宋学《诗经》学范式的奠定、建立,离不开几个重要的人物,一个是欧阳修,一个是王安石,还有两人是二程。宋代《诗经》学的范式转变,尽管前有刘敞、范仲淹等人的开启之功,但欧阳修则起了重要的推动作用,随后义理之学成为《诗经》诠释的基本模式。欧阳修曾撰《毛诗本义》十六卷,他根据自己的理解重新解释了《毛诗》,对《毛传郑笺》的解释提出了很多质疑与批评,由此欧阳修成为宋代《诗经》学新风气形成的先驱,正如《四库全书总目提要》所言:"自唐以来,说《诗》者莫敢议毛、郑。虽老师宿儒,亦谨守《小序》。至宋而新义日增,旧说俱废。推原所始,实发于(欧阳)修。"[1] 苏辙撰有《诗集传》二十卷,他不相信《诗序》是圣贤所作,并改变了过去根据《诗序》来解读《诗经》的做法,删除了部分《诗序》,由此动摇了《诗序》在《诗经》学史上的崇高地位。之后,很多学者受欧阳修、苏辙的影响,开始怀疑旧有经传注疏的正确性,并极力跳出《诗序》的束缚,重新解读《诗经》篇章。

另外,北宋中期,学者在《诗经》的解释方法上,开始逐渐抛弃汉唐经传注疏之学的传统,借助佛老之学来探究《诗经》中的义理,在这方面王安石的影响非常大。王安石根据时代的需要,在宋神宗的支持下开始变法。为了推动变法的顺利进行,王安石希望借助经学来改变人们的传统观念,于是他主持编撰了《三经新义》(主要注解《诗经》《尚书》《周礼》),特点是"先儒传注,一切废不用"(《宋史·王安石传》),此后《三经新义》颁行天下,在一定程度上

---

[1] 《四库全书总目提要》卷十五《毛诗本义》提要。

动摇了《诗序》解《诗》及汉唐经传注疏之学的历史地位。与此同时，王安石也借助佛老之学发掘《诗经》中的性理思想，这对同时代的《诗经》学注重探讨性理思想产生了直接的影响。

与王安石同时的二程，他们借助佛老之学重建了新的儒学思想体系——理学，他们在《诗经》解读上，也不完全遵守《诗序》，注重以理解读《诗经》，重点阐发《诗经》所表达的道德、仁政等思想，对之后的《诗经》学有极大的影响。

到了南宋时期，怀疑与否定《诗序》的学者形成了废序派，代表人物如郑樵、王质与朱熹等人，与坚持汉唐经注之学的尊序派，如吕祖谦等人展开了论争。废序派的学者，极力批判汉唐注疏的偏执，认为《诗序》只不过是后人杜撰，并非圣人所作。如郑樵在其《诗辨妄》一书中专门批驳毛传郑笺，认为《诗序》是"村野妄人所作"，只不过是假托圣贤之名。王质虽然没有直接诋毁《诗序》，但他花费了三十年的时间撰写成《诗总闻》二十卷，摆脱毛传郑笺的束缚，废弃《诗序》，按照自己的理解来逐次解释《诗经》三百篇的本义。朱熹极力赞同郑樵的说法，曾说：

> 向见郑渔仲有《诗辨妄》，力诋《诗序》，其间言语太甚，以为皆是村野妄人所作。始亦疑之，后来子细看一两篇，因质之《史记》《国语》，然后知《诗序》之果不足信。①

在朱熹看来，郑樵虽然语言比较激烈，但根据《史记》《国语》来考证，他认为郑樵的说法是对的。于是，朱熹在此基础上提出，《诗序》都是后人杜撰的，是多次修订杂凑而成："皆是后人杜撰，

---

① [宋]黎靖德编，王星贤点校：《朱子语类》卷八十《诗一·纲领》，中华书局，1986年，第2076页。

先后增益凑合而成"、"妄诞其说"、"乱诗本意",所以,朱熹以后的学者"但认《诗》,不必信《序》"。

朱熹极力凸显《诗经》本身的文学性,在他看来,《诗经》中的很多被汉唐学者所认为具有政教意义的诗篇,其实就是纯粹的爱情诗。这样一来,朱熹《诗集传》打破了盛行千余年的《诗序》的束缚,注重直接从诗篇本身去探求其原意。在解释方法上,朱熹兼采众家之长,杂采毛、郑,间用齐、鲁、韩三家,以己意为取舍,不拘泥于章句训诂之学。由于朱熹是宋代理学的集大成者,而且他的学说被确立为官学,所以后来研究《诗经》的学者一般都以朱熹及其《诗集传》为准,如辅广《诗童子问》、王柏《诗疑》、朱鉴《诗传遗说》、杨简《慈湖诗传》等都是如此。元明以后科举取士以朱熹《诗集传》为准,废序说诗更是一种学术潮流。可以说,朱熹《诗集传》对后代《诗经》学的发展产生了深远的影响,在《诗经》学史上具有里程碑的意义。

相比宋代废序派的学者而言,吕祖谦《吕氏家塾读诗记》则力主尊序。之后,还有戴溪《续吕氏家塾读诗记》、袁燮《絜斋毛诗经筵讲义》、魏了翁《毛诗要义》、林岊《毛诗讲义》、严粲《诗缉》、刘克《诗说》等都主张尊序,不过他们也或多或少地吸取了废序派的研究成果。

元代《诗经》学的发展基本上遵守程朱理学化《诗经》学,尤其在延祐科举之后,朱熹《诗集传》成为元代《诗经》学的典范,对此如《四库全书总目提要》所言:

> 自北宋以前,说《诗》者无异学。欧阳修、苏辙以后,别解渐生。郑樵、周孚以后,争端大起。绍兴、绍熙之间,左右佩剑,相笑不休。迄宋末年,乃古义黜而新学立。故有元一代之说《诗》

者，无非朱《传》之笺疏。至延祐行科举法，遂定为功令，而明制因之。……然元人笃守师传，有所阐明，皆由心得。①

清末刘师培在其《经学教科书》中也说道：

> 元代之儒，若许谦（《诗集传名物钞》）、刘瑾（《诗传通释》）、梁益（《诗传旁通》）、朱公迁（《诗经疏义》）、梁寅（《诗演义》）引申《集传》，尺步绳趋。而王柏复作《诗疑》，并作《二南相配图》，于《召南》《郑》《卫》之诗斥为淫奔，删削三十余篇，并移易篇次，与古本殊。②

从上文我们可以看出，宋代《诗经》学的发展相对比较多元，出现了欧阳修、苏辙、程颐、郑樵等各家各派的解释。但是元代就比较单一，尤其是在元仁宗延祐推行科举之后，元代《诗经》学比如许谦《诗集传名物钞》、刘瑾《诗传通释》、梁益《诗传旁通》、朱公迁《诗经疏义》、梁寅《诗演义》等基本上都是疏通朱熹《诗集传》，通过对《诗经》的训诂、注解等形式进一步传承、发展了程朱理学。如四库馆臣所言："迄宋末年，乃古义黜而新学立。故有元一代之说《诗》者，无非朱《传》之笺疏。至延祐行科举法，遂定为功令，而明制因之。"

当然，元儒并不是墨守成规，他们在程颐、朱熹等人的基础上还是"有所阐明，皆由心得"的。不仅如此，元儒尊崇宋学尤其是朱熹《诗集传》的时候，也做了很多经学考辨的工作，比如马端临《文献通考·经籍考（五）》中就引经据典对朱熹《诗经》学作了批驳，并提出了很多新的观点，他否定朱熹所言孔子未曾删定《诗经》的说法；另

---

① 《四库全书总目提要》卷十六《诗经大全》提要。
② [清]刘师培著，陈居渊注：《经学教科书》，第100页。

外，针对朱熹废《诗序》的说法，马端临认为读《诗》不可无《序》。

明代《诗经》学主要分为两个大类：一类是以《诗经大全》为主导，对朱熹《诗集传》进行注解、传述，另一类是儒者们兼采汉宋之长，对《诗经》进行注解、考辨。对于明代《诗经》学的基本情况，刘师培在其《经学教科书》中作了梳理，他说：

> 自明代辑《大全》（胡广等选）以《私记》之书，则杂采汉宋之说。惟何楷《诗经世本古义》、王夫之《诗经稗传》（又有《诗广义》亦多新义）详于名物训诂，以朱谋㙔《诗故》为最精。虽间伤穿凿，然折衷汉诂，与游谈无根者不同。若夫蔡卞《毛诗名物解》、王应麟《诗地理考》博采古籍，为宋代徵实之书。应麟复作《诗考》，于三家《诗》之遗说，采掇成篇（惟未注原文所从出，且遗漏之说甚多。近儒丁晏作《诗考补传》，而诗考之书咸可观矣），存古之功，岂可没乎！此宋、元、明三朝之《诗经》学也。（以上用《四库全书提要》、《经义考》、陈氏《毛诗稽古编》诸书。）[1]

从刘师培的总结，我们可以看出，明代《诗经大全》很少有大的创见，主要是受到《诗经大全》的束缚，学者们多注重对《诗经》的名物进行训诂、注解。在很多学者眼中，明代《诗经》学乏善可陈，比如皮锡瑞《经学历史》提及明代《诗经》学时就曾用"季本、郝敬多凭臆说""丰坊造《子贡诗传》《申培诗说》以行世而世莫能辨"[2] 两句话作一评价，将明代《诗经》学的贡献及成就说得一无是处。对于明代《诗经》的基本情况，近人胡朴安《诗经学》作了较为客观、细致的分析总结：

---

[1] [清] 刘师培著，陈居渊注：《经学教科书》，第100—101页。
[2] [清] 皮锡瑞：《皮锡瑞集》，岳麓书社，2012年，第1195页。

明儒说《诗》，略分两派：一派演《集传》之余，如胡广奉敕撰《诗经大全》，悉以刘瑾之书为主，颁为功令，学者翕然从之。一派杂采汉宋之说，如季本之《诗解颐》，李先芳之《读诗私记》，何楷之《诗经世本古义》，朱谋㙔之《诗故》是。大概明人之学，在义理一方面言，不如宋人之精；在考证一方面言，不及汉唐之密。名物训诂之考证，惟朱谋㙔之《诗故》略善。当日《诗经大全》盛行之日，朱氏独能研究遗文，发挥古义，亦不可多得也。此明代之《诗经》学也。①

胡朴安认为，明代《诗经》学一方面注重传承刘瑾的《诗经》学，也就是程朱理学化的《诗经》学，实则是传承朱熹《诗经》学；另一方面则主要是兼采汉宋之学，注重考证，代表性的就是李先芳《读诗私记》、何楷《诗经世本古义》、朱谋㙔《诗故》等几部书。可以说，明代《诗经》学并非一无是处，相反明代《诗经》学传承、发展了宋元《诗经》学，尤其是在《诗经》的名物训诂、考证、考据等方面作出了卓越的贡献。比如有林兆珂《毛诗多识编》、冯复京《六家诗名物疏》、吴雨《毛诗鸟兽草木考》、沈万钶《诗经类考》、黄文焕《诗经考》、毛晋《毛诗陆疏广要》、林世升《诗经人物考》、陈子龙《诗经人物备考》等多种，这些都为清代《诗经》考据学的继续发展奠定了重要的学术基础。

另外，需要注意的是，明代心学非常发达，该学对人心、人性更加重视。所以，当时很多儒者都突破了《诗经》教化的传统观念，注重从文学角度考察《诗经》，刘毓庆研究认为，"从万历开始，到明亡国时约七十年间，《诗经》专著就产生了约四百余种，而其中几

---

① 胡朴安：《诗经学》，岳麓书社，2010年，第83页。

乎半数以上是与文学的研究相关的。它们从各个不同的角度，对《诗经》的艺术作了探讨"①。明儒对《诗经》文学艺术方面的重视，实则是对人本身的重视，故跳出了传统《诗经》学的政治色彩，由此进一步推动了《诗经》学的传承与发展。

可以说，在明代前期，朱熹《诗集传》依旧非常兴盛，如明人王祎所言"朱子之《传》行，而毛、郑之说废矣"②。但明代中后期，《诗经》学的发展呈现新的形式，除了有心学化《诗经》学之外，《诗经》学在文字、音韵方面也表现出新的进展，如陈第《毛诗古音考》便是代表。

（四）清代

在清代前期，一些学者对宋明理学进行批判，认为它空疏、没用，于是力主汉代《诗经》之学，这也是重要的学术潮流，代表人物如清初研究《诗经》的阎若璩、毛奇龄、陈启源等人。其中陈启源的《毛诗稽古编》三十卷是《诗经》学史上比较重要的一部著述。此书以毛传郑笺为基础，兼采汉唐之际的《诗经》学成就，注重文字、名物的考证，成为《诗经》汉学的代表之作。

不过，清代中前期，《诗经》学的发展基本上是汉学、宋学兼通。如清初的顾炎武、王夫之、黄宗羲都注重汉宋兼通，注重考证。另外，康熙年间，《诗经》学的发展值得关注。在康熙初年，纳兰成德③刊行

---

① 刘毓庆：《论明代诗经学的历史贡献》，载《先秦两汉文学论集》，学苑出版社，2004年，第73页。
② ［明］王祎：《青岩丛录》，《中华大典·文献目录典·经总部》第2册，广西师范大学出版社，2015年，第698页。
③ 纳兰成德（1655—1685），也叫纳兰性德，满洲正黄旗人，为清初满族最显贵的八大姓之一，即后世所称的"叶赫那拉氏"。纳兰成德擅长填词，为清初第一词人，一生淡泊，整日惆怅，风格似南唐后主李煜，独成一派，人称"纳兰词"。

《通志堂经解》共1890多卷，这实则是对宋代经学解释的集大成之作。但由于宋代学者的很多经说比较空疏和错谬，所以康熙皇帝亲自主持，召集了大批学者，以宋代经说为基础，对此加以考订、补充，就《诗经》学方面形成了《诗经传说汇编》二十卷。该书是以朱熹《诗集传》为基础，兼采汉唐注解而成。后来，乾隆也以汉宋兼采为思想指导，御纂《诗义折中》二十卷。可以说，《诗经传说汇编》与《诗义折中》都是以皇帝的名义而编撰的汉宋兼采的重要《诗经》学著作，这对当时汉宋并行的经学风气的形成产生了极大的影响。

在乾嘉时期，考据学非常兴盛，直接影响到了《诗经》学，这一时期的《诗经》学注重文字、音韵、训诂，治学注重考证。其中重要代表便是吴派与皖派。如吴派尊崇汉学，注重考据，鲜有义理阐发，其主要代表有惠栋《毛诗古义》一卷（考证文字），洪亮吉《毛诗天文考》一卷（考证天文），焦循《毛诗地理释》（考证地理），又《毛诗陆玑疏考证》一卷（考证鸟兽草木虫鱼），徐鼎《毛诗名物图说》九卷（考证名物），等等。相比较而言，皖派则注重将考证与义理相结合，其主要代表有戴震《毛郑诗考证》四卷、《毛诗补传》二卷，便是将文字考证与义理阐释相结合。另外，段玉裁、王念孙、王引之等人也对《诗经》学作出了突出贡献。总体而言，乾嘉时期的学者对《诗经》汉学作出了很多贡献，他们对《诗经》中的文字、音韵、训诂、名物、典章制度等方面作了大量的考证，为我们继续研读《诗经》打下了扎实而详赡的文献基础，这对于《诗经》宋学而言，无疑是个重要的补充。

道咸以降，相当于清代晚期，随着今文经学的兴起，《诗经》的研究开始由文字、音韵、训诂、名物、典制的考证转向思想义理的探究。其中过渡性的人物如马瑞辰、胡承珙、陈奂等人，他们深受乾嘉学者与考据学的影响，在《诗经》研究上大体上还是注重考证。马瑞辰（1782—1853）有《毛诗传笺通释》三十卷，它是以郑玄《毛诗传笺》为基础，吸收汉代三家《诗》与乾嘉考据学的研究成果，然后对《诗经》各篇进行疏解，对郑玄《毛传郑笺》、孔颖达《毛诗正义》中的很多错谬予以勘正。胡承珙（1776—1823）有《毛诗后笺》三十卷，此书力主毛诗，兼采宋代《诗经》学的成就，罗列了郑笺大量的错误，以此反对郑玄对《诗经》的错误笺注。陈奂（1786—1863）有《诗毛氏传疏》三十卷，它推崇古文毛诗，不但反对郑玄兼采三家《诗》，也反对宋学，是清代研究毛诗的集大成之作。

清代晚期的今文学者在研究《诗经》学时，一般都仿效汉三家《诗》学，发挥《诗经》微言大义，以为现实社会政治服务，代表性的著述有魏源（1794—1857）《诗古微》二十卷。该书是以研究三家《诗》为主的经典，对齐、鲁、韩、毛四家《诗》的传授源流、历代研究人物与著述作了梳理，还论述了四家《诗》的异同，并对各篇诗义作了解释。不过在《诗古微》中，也宣传了托古改制的思想，提倡民生。另外，需要关注的是，这一时期还有方玉润（1811—1883）的《诗经原始》，他兼采汉今古文学、宋学以及清代注解《诗经》的成就，从《诗经》本身出发探讨各篇的本来意义。此外，王先谦（1842—1917）的《三家义集疏》二十八卷，是搜集三家《诗》遗说的集大成之作。

以上就是中国历代《诗经》学发展的历史，如果就长时段的历史来看，影响比较大的在先秦时期主要是孔子，整理、研究《诗经》，并形成了影响后世的诗学理论。然后就是著名儒家弟子孟子、荀子分别发展了孔子仁和礼的思想，其中荀子将礼法思想融入今文三家《诗》中，对汉唐之际的《诗经》学影响非常大。汉唐之际的《诗经》学，主要是《毛传郑笺》，即毛亨的《毛诗故训传》和郑玄的《毛诗笺》，尤其是郑玄《诗经》学一直影响了魏晋南北朝隋唐时期。唐太宗时期，敕令孔颖达以《毛传郑笺》为基础，编撰了《诗经正义》，主要是统一了汉唐之际今古文、训诂义理的多种注解，以统一经学的方式来统一思想。宋元明清，影响最大的就是朱熹《诗集传》，尤其是元明两代，朱熹诗学影响尤大。清代主要是对汉代以后的《诗经》学进行总结，在理论体系上没有大的突破。

参考文献

（一）基础文献

［汉］毛亨、毛苌撰，［唐］陆德明释文：《毛诗》，上海：商务印书馆，1922年四部丛刊影印铁琴铜剑楼藏宋巾箱本。

［汉］王充撰，黄晖校释：《论衡校释》，北京：中华书局，1990年版。

［汉］赵岐注，［宋］孙奭疏：《孟子注疏》，《十三经注疏》本，杭州：浙江古籍出版社，1998年版。

［汉］毛亨传、郑玄笺，［唐］孔颖达疏：《毛诗正义》，北京：北京大学出版社，1999年版。

［唐］陆德明：《经典释文》，上海：上海古籍出版社，2013年版。

［宋］朱熹：《诗集传》，上海：上海古籍出版社，1980年版。

［宋］朱熹撰，朱杰人、严佐之、刘永翔主编：《朱子全书》，上海：上海古籍出版社，合肥：安徽教育出版社，2010年版。

［宋］黎靖德编，王星贤点校：《朱子语类》，北京：中华书局，1986年版。

［元］脱脱等撰：《宋史》（全四十册），北京：中华书局，1977年版。

［清］方玉润撰，李先耕点校：《诗经原始》，北京：中华书局，1986年版。

［清］马瑞辰撰，陈金生点校：《毛诗传笺通释》，北京：中华书局，1989年版。

［清］胡承珙撰，郭全芝校点：《毛诗后笺》，合肥：黄山书社，1999年版。

［清］陈奂：《诗毛氏传疏》，北京：中国书店，1984年影印咸丰元年漱芳斋版。

［清］王先谦撰，沈啸寰、王星贤点校：《荀子集解》，北京：中华书局，1988年版。

［清］王先慎集解，姜俊俊校：《韩非子》，上海：上海古籍出版社，2015年版。

［清］皮锡瑞：《皮锡瑞集》，长沙：岳麓书社，2012年版。

［清］刘师培著，陈居渊注：《经学教科书》，上海：上海古籍出版社，2006年版。

山东大学《商君书》注释组：《商君书新注》，济南：山东人民出版社，1976年版。

（二）研究论著

陈致著，吴仰湘、黄梓勇、许景昭译：《从礼仪化到世俗化：〈诗经〉的形成》，上海：上海古籍出版社，2009年版。

戴维：《〈诗经〉研究史》，长沙：湖南教育出版社，2001年版。

傅斯年：《诗经讲义稿》（含《中国古代文学史讲义》），北京：中国人民大学出版社，2004年版。

傅斯年：《诗无邪：〈诗经〉鉴赏、评析与考证》，北京：中国华侨出版社，2013年版。

韩高年：《〈诗经〉分类辨体》，上海：上海古籍出版社，2011年版。

郝桂敏：《中古〈诗经〉文献研究》，北京：中国社会科学出版社，2012年版。

洪湛侯：《诗经学史》，北京：中华书局，2002年版。

胡朴安：《诗经学》，长沙：岳麓书社，2010年版。

刘冬颖：《诗经"变风变雅"考论》，北京：中国社会科学出版社，2005年版。

蘭丁：《诗心雕龙——十五国风论笺》，北京：人民出版社，2011年版。

夏传才：《诗经讲座》，桂林：广西师范大学出版社，2007年版。

夏传才：《诗经研究史概要》（增注本），北京：清华大学出版社，2007年版。

夏传才：《思无邪斋诗经论稿》，北京：学苑出版社，2000年版。

叶舒宪：《诗经的文化阐释》，西安：陕西人民出版社，2004年版。

殷光熹：《诗经论丛》，北京：线装书局，2008年版。

李凯：《儒家元典与中国诗学》，北京：中国社会科学出版社，2002年版。

徐元诰撰，王树民、沈长云点校：《国语集解》，北京：中华书局，2002年版。

于新：《诗经研究概论》，北京：中国社会出版社，2010年版。

俞艳庭：《两汉三家〈诗〉学史纲》，济南：齐鲁书社，2009年版。

袁长江：《先秦两汉诗经研究论稿》，北京：学苑出版社，1999年版。

章太炎等著，郭万金选编：《诗经二十讲》，北京：华夏出版社，2009年版。

［法］葛兰言（Marcel Granet）著，赵丙祥、张宏明译：《古代中国的节庆与歌谣》，桂林：广西师范大学出版社，2005年版。

尚 书

《尚书》是中国现存最早的一部历史书,也是现存最古老的官府文献。它记载了上起尧、舜、禹(《尧典》),下到春秋时期秦穆公(《秦誓》),横跨整个先秦近三千年的历史。可以说,《尚书》是尧、舜及夏、商、周三代历史与文化的荟萃,是我们了解尧、舜及夏、商、周三代最重要的文献。《尚书》内容涉及政治、宗教、哲学、伦理、道德、法律等多个方面,它所宣扬的政治哲学、文化伦理对我国古代社会政治秩序的稳固、传统文化的形成具有非常深远的影响。正如顾颉刚所说:"《尚书》一书可说牵涉到全部中国古代史,以至影响全部中国史。"[①]

总之,《尚书》是中国古代史书的典范,它的史学思想、政治思想一直被人们所关注和重视。尤其是它所宣扬的以民为本、以德治国、大一统等政治理念与天命观、阴阳五行学说等对中国秦汉以后的社会政治、思想文化影响非常大,历朝历代的帝王都将它作为政治教科书和治国宝典,官僚士大夫也将它作为修身治国的"大经大法",它也是古代科举士子们考试的必读书。

一、《尚书》的产生及其传承

(一)《尚书》的产生

"尚书"这个名称最早见于《墨子·明鬼下》:"故尚书夏书,其

[①] 参见刘起釪《古史续辨》,中国社会科学出版社,1991年,第382页。

次商周之书，语数鬼神之有也，重有重之。"① 不过，先秦时期一般都称呼它为《书》，很少有"尚书"连称的。《尚书》这个名称流行是在西汉后期，《书经》一词也开始于汉代。《诗经》也是如此。

为什么叫《尚书》？一般都认为"尚"是"上古"的意思，加上《尚书》内容主要讲的就是夏商周三代的事情，所以一般都将它理解为有关上古帝王的书，或者上古时期的历史档案。比如东汉王充、唐代孔颖达、今人刘起釪等都这样认为②。简单一点讲，《尚书》就是上古时期的官府档案，这个观点成为自古以来最主流的观点。

真的是这样吗？有学者就产生了疑问，并提出了新的观点。比如现代学者何新就认为，《尚书》不是普通的官府档案，它是当时宗庙祭祀的宝典：

> 愚意以为，《尚书》者，乃"太尚"（宗社）所藏华夏先祖之史传政典文献也。尚，古堂字。太堂，即"太尚"，亦即明堂太室，是上古国家宗社之所在。③

何新认为，"尚书"的"尚"，不是"上古"的意思，而是通古代的"堂"字，"尚书"即"堂书"。"堂"是什么呢？"堂"不是大堂的堂，而是"太堂"的简称，是夏商周时期的"明堂太室"，这个地方是当时王室进行宗庙祭祀、会见诸侯、进行重大政治活动的地

---

① [清]毕沅校注，吴旭民校点：《墨子》，上海古籍出版社，2014年，第131页。
② 东汉王充《论衡·正说》中就说："《尚书》者，以为上古帝王之书；或以为上所为，下所书，授事相实而为名。"（[汉]王充：《论衡》，上海人民出版社，1974年，第430页）唐代孔颖达《尚书正义》中也说，"尚书"就是"上代以来之书"。刘起釪在其《尚书学史》中说道："'尚'只是上古的意思。用今天语言来说，《尚书》就是'上古的史书'。实际是古代原保存在官府档案中的文献史料，经后人加以编汇的。"（刘起釪：《尚书学史》，中华书局，1989年，第8页。）
③ 何新：《尚书新解：大政宪典》，时事出版社，2007年，第2页。

方。这个地方所藏的文献就肯定是神圣、尊贵的文献。这个地方的文献不仅包括《尚书》,还有关于宗教祭祀的《诗经》(其中《大雅》《颂》就是祭祀天地、祖先的歌词)、礼制的文书,等等。

的确,从现存《尚书》的内容来看,这些文献不是关于祭祀天地鬼神、祖先的,就是尧、舜和夏、商、周的天子们的诰命文书、战争誓词等。之所以神圣重要,那是因为在古代,任何天子做事情都要有个宗教祭祀程序,比如先祭拜完天地、祖先,然后发布这些命令文书,这就是向臣民表示,天子的任何诏令、誓词都是天意,天子说的话、做的事情都是替天行道。所以,中国古代皇帝所发布的圣旨都会提到"奉天承运",就是说这是天意。由此可以看出,《尚书》的确与上古宗庙祭祀有一定的关系,它是国家宗庙所藏的史书政典,而不是简单的宫廷档案了。何新的观点很有新意,值得我们参考。

《尚书》究竟是怎么来的呢?中国古代一般都认同孔子第十一代孙汉代学者孔安国[①]的说法。孔安国在《尚书·序》中认为《尚书》可以追溯到传说中的三皇五帝,后来经过夏商周的发展,产生了三千多篇古书,后来孔子将这些古书删减到一百篇左右。《尚书·序》说:

> 古者伏牺氏之王天下也,始画八卦,造书契,以代结绳之政,由是文籍生焉。伏牺、神农、黄帝之书,谓之《三坟》,言大道也;少昊、颛顼、高辛、唐、虞之书,谓之《五典》,言常道也。至于

[①] 孔安国是孔子的十一代孙,他曾向当时的伏生学习,伏生是汉代今文《尚书》的开山祖师。孔安国学识非常渊博,精通经学。相传汉景帝之子鲁恭王拆除孔子旧宅的时候,在墙壁中出土了古文《尚书》,它比汉代通行的今文《尚书》多出十六篇。于是,孔安国将古文改写为当时通行的隶书,并为之作"传",成为"尚书古文学"的开创者。今传《尚书孔氏传》,一称《孔安国尚书传》,相传就是孔安国所作。但明清以来,学者将之视为后人假托之作。

> 夏、商、周之书，虽设教不伦，雅诰奥义，其归一揆，是故历代宝之，以为大训。……先君孔子生于周末，睹史籍之烦文，惧览者之不一，遂乃定礼乐，明旧章……讨论《坟》《典》，断自唐虞以下，讫于周。芟夷烦乱，翦截浮辞，举其宏纲，撮其机要，足以垂世立教。典、谟、训、诰、誓、命之文，凡百篇，所以恢弘至道，示人主以轨范也。帝王之制，坦然明白，可举而行，三千之徒并受其义。

孔安国认为，伏羲不仅创造了八卦，也创造了文字，取代了结绳记事，从此以后书籍就产生了。在这之后，伏羲、神农、黄帝的三皇时代所产生的书籍，叫《三坟》，《三坟》讲的都是天地间的大道。少昊、颛顼、高辛、唐尧、虞舜的五帝时代所产生的书籍，叫《五典》，五典讲的是人间之平常道理。到了夏、商、周时期，产生了更多的政治典籍，大约有三千多篇，这些篇目又多又繁杂。到了春秋时代，孔子删繁就简，保留了一百篇，用这个作为教科书，来教育他的弟子们。这就是孔子《尚书》的产生过程，在中国古代，学者都认同这个观点。

尽管孔安国的说法不一定正确，但《尚书》的确产生很早，是上古三代最重要的史书。我们来看一下《汉书·艺文志》的记载：

> 古之王者世有史官，君举必书，所以慎言行，昭法式也。左史记言，右史记事，事为《春秋》，言为《尚书》，帝王靡不同之。

班固的《汉书》认为古代的王都有史官，大王、天子的一举一动、一言一行都由这些史官记载。到了周代，这个史官制度就非常完善了。当时的史官分工也很细，比如在宫廷的史官就分为左史、右史、大史、小史、外史、御史、女史等等。其中左史负责记载说话，右史负责记载事情。史官所记载的话编辑成书就是《尚书》，所记载的事情编辑成书就是《春秋》。当时在宫廷的老师，就从那些《尚书》中选择一些篇章来教育贵族子弟，如《礼记·王制》就记载说：

> 乐正崇四术，立四教，顺先王《诗》《书》《礼》《乐》以造士。春秋教以《礼》《乐》，冬夏教以《诗》《书》。

从这段话我们可以看出，当时周王室的官员，利用精选出来的《尚书》篇目来教育王子和贵族子弟，以便将他们培养成未来的政治接班人。不过，到了春秋时期，礼坏乐崩，《尚书》也流散到了各个诸侯国，孔子就对这些《尚书》进行重新编排，形成孔子版的一百篇《尚书》文本，并用它来教育弟子们。

关于孔子删《尚书》的事情，司马迁《史记·孔子世家》[①]、班固《汉书·艺文志》[②]、魏徵《隋书·经籍志》[③] 等都有记载，他们都强调说，孔子为了传承周代礼乐文化，曾经整理、删定过《尚书》。不仅如此，他们还都认为《尚书》中每一篇文章前面的小序也是孔子所作，这些小序主要是为了说明每一篇创作的原因和背景。比如说《尚书·牧誓》的小序就说："武王戎车三百两，虎贲三百人，与受战于牧野，作《牧誓》。"《尚书·洪范》的小序就说："武王胜殷，杀受立武庚，以箕子归，作《洪范》。"等等。总之，在中国古代，学者都认为，后世所传的《尚书》是孔子所删定的，其中各篇前面的小序也是孔子所作。

[①] 《史记·孔子世家》："孔子之时，周室微而礼乐废，《诗》《书》缺。追迹三代之礼，序《书传》，上纪唐虞之际，下至秦缪（穆），编次其事。……故《书传》《礼记》自孔氏。"

[②] 《汉书·艺文志》："《书》之所起远矣，至孔子纂焉，上断于尧，下讫（迄）于秦，凡百篇，而为之序，言其作意。"

[③] 《隋书·经籍志》："《书》之所兴，盖与文字俱起。孔子观《书》周室，得虞、夏、商、周四代之典，删其善者，上自虞，下至周，为百篇，编而序之。"

《尚书》具体是什么时候编纂的，一直是个学术争论的焦点。即使是西周王官之学所用的《书》也并非一次性形成。作为王官之学的《书》一直到战国时期包括秦所流行的《书》的称谓，这期间更是经历了漫长的演变过程，正如有的学者所总结的：

> 《尚书》何时得以编纂的问题一直是《尚书》学研究中的难点。从文献佐证角度而言，那种认为《尚书》一次编纂而成的观点是站不住脚的，我们认为《尚书》有着很长的流传、书写、编纂、改动、增删、附益历程，虽然其编纂资料的起源很早，但由单篇的产生到以类相随的存在，再到与《诗》一类资料的并称，到最终编纂定型并专称为《尚书》，其间经历了漫长的演变历程，甚至可以说，这一演变历程贯穿于整个周秦时期。①

的确如此，在春秋时期，很多文献在称引《书》的时候，作为《书》的一部分的《周书》《夏书》等名依然被广泛使用，这就说明当时统一的《书》并没有形成，也没有得到普遍的认可，而是以部分篇章集成的形式在流传。这也说明，《尚书》此时并没有像《诗经》那样先形成文本。何况，先秦典籍所引的《尚书》具体提到的几十篇，绝大部分不见于今天所存的五十八篇本《尚书》，这也说明《尚书》定本虽然形成于先秦，但具体在何时形成，当时有多少篇章，也都很难考定了。正如有学者对此也总结说道：

> 《尚书》大约在先秦就已经有了定本。先秦的书籍经常引述《尚书》。陈梦家先生统计，《论语》《孟子》《左传》《国语》《墨子》《礼记》《荀子》《韩非子》《吕氏春秋》九种书引《书》就有一百六

---

① 马士远：《周秦〈尚书〉学研究》，中华书局，2008年，第8页。

十八条（见《尚书通论·先秦引书篇》）。汉代的《纬书》说《尚书》原来有三千二百四十篇，孔子删为一百二十篇，其中十八篇为《中候》，一百零二篇为《尚书》。《汉书·艺文志》说《尚书》有一百篇。先秦书籍引《书》具体提到篇名的约有四十多篇，其中有三十多篇不见于今存《尚书》，可知先秦《尚书》的篇目超过了五十八篇。《尚书》的最早定本究竟有多少篇目，现在已经难以考定了。《史记·秦始皇本纪》记载秦始皇三十六年丞相李斯奏请"非博士官所职，天下敢有藏《诗》、《书》、百家语者，悉诣守、尉杂烧之"。《尚书》经过秦始皇焚书和秦末的战火，散失了不少篇什。①

虽然《尚书》各篇得到诸子书籍的引述，但是所引述的《尚书》只是其中的各篇章，而这些篇章大多不见于今本五十八篇《尚书》，这也说明了至少在秦始皇时期统一的《尚书》文本并没有出现。最有可能的情况是孔子先进行了编辑，形成了一百篇《尚书》文本，随后，这个文本在社会上流传。秦始皇对这些文本进行了一次禁毁，但这也只是限于民间，博士官不受此影响。后来既然伏生传播了二十八篇本的今文《尚书》，且又在孔子家墙壁中发现了五十八篇本的古文《尚书》，这就表明孔子之后，《尚书》又形成了多个版本，不论是一百篇，还是五十八篇，还是二十八篇，都只不过是春秋以后《尚书》在传承过程中出现的不同版本而已。

（二）两汉今古文《尚书》学

今文《尚书》指的主要是汉代用通行文字隶书所编辑、整理的文本。而古文《尚书》指的是在战国时代流传，用东方六国的文字

---

① 江灏、钱宗武：《今古文尚书全译》，贵州人民出版社，1992年，前言。

所书写的文本。为什么会产生今古文《尚书》的差异呢?《尚书》分为今古文,与秦始皇焚书坑儒有直接的关系。

我们先看今文《尚书》的由来。孔子所编订的《尚书》这个百篇文本,在他去世以后,他的弟子继续进行传承、完善。由于到了战国时期,儒家学说成了显学,影响很大,孔子版《尚书》《诗经》就成了儒家学说的代表性经典。与此同时,孔子没有删定的、那些散落在民间的《尚书》文本以及《诗经》也在流传,所以我们今天看到《墨子》所引的《尚书》《诗经》中的内容与今本《尚书》《诗经》中很多都不相同[①]。孔子删定的这个文本,在孔子去世之后,被他的弟子们传承、完善,一直到了秦。

众所周知,秦始皇统一全国,将法家学说立为官学,而在李斯等人的建议下,压制儒学,于是发生了"焚书坑儒"。在当时,民间流传的《尚书》遭到了焚毁和禁止。当然,秦朝不仅没有焚烧宫廷博士官所职掌的《尚书》,而且还让博士官们尤其是《尚书》学专家们对孔子《尚书》文本做了一定的编辑整理工作。之所以认为秦代整理编辑了《尚书》,一个重要的原因就是《尚书》的最后一篇为《秦誓》。因为前面都是尧、舜、禹、文、武、周公,将秦代放在最后,有衔接正统的意味在内。这个肯定是秦国儒生所为,目的就是为了证明秦国政权的合法性和合理性。

[①] 《〈诗经〉和〈尚书〉的编辑真相》一文称:"我们查考《墨子》书中引《书》二十九则,连篇名、文字都不见于今本《尚书》的有十四则之多,篇名、文字和今本《尚书》不同的一则,文字不见今本《尚书》的六则,引《泰誓》而不见今本的二则,与今本有出入者二则。说明墨家所读的《尚书》和儒家大不相同。""我们查考《墨子》书中引《诗》十则,不见于今本《诗经》的有四则之多,和今本次序不同的有三则,字句不同的有二则,大致相同的只有一则,可知当时墨家所读的《诗》不有同于今本《诗经》,今本《诗经》当出于儒家整理编辑。"(http://www.xinfajia.net/540.html)

秦始皇焚书坑儒，《尚书》由于是儒家学派的代表作，所以也免不了遭到焚烧和禁毁，这在《尚书》流传史上无疑是个灾难。当然，这并没有从根本上消除《尚书》在社会上的流传，而且我们对秦始皇焚书所造成的影响有夸大的成分。首先，焚书仅限于民间所藏、所流传的，而朝廷博士官所收藏的不烧；其次，在当时交通、消息闭塞的情况下，政令的执行要打折扣；还有，传承儒学的人主要在齐鲁大地，远离秦的首都咸阳，所以齐鲁一带儒学的传承并没有中断，等等。

其实秦汉时期，对《尚书》影响最大的莫过于"焚书坑儒"之后的一些历史事件。首先是项羽打到咸阳后，焚烧了秦朝的宫廷藏书。其次，在汉代初年，统治者对老庄学说、法家、阴阳家非常重视，使得儒家学说备受冷落，以至于研究《尚书》的学者也凤毛麟角。此外，汉朝受到秦"挟书律"的影响，民间学者都不敢私自藏书，以至于《尚书》在民间不再流行，很多藏在民间的竹简《尚书》也慢慢朽坏。到了汉武帝时期，才开始重视儒学（前134），这距秦始皇焚书都快一百年了。

实际上，汉文帝的时候，在首都长安能够传授《尚书》的学者就绝迹了。只有当时的齐鲁大地还有很多学者研究《尚书》，其中伏生就是他们的祖师爷。对于伏生传授《尚书》这件事，《史记》[①]

[①] 《史记》卷一百一《袁盎晁错列传》："孝文帝时，天下无治《尚书》者，独闻济南伏生故秦博士，治《尚书》，年九十余，老不可征，乃诏太常使人往受之。太常遣错受《尚书》伏生所。"卷一百二十一《儒林列传》："伏生者，济南人也。故为秦博士。孝文帝时，欲求能治《尚书》者，天下无有，乃闻伏生能治，欲召之。是时伏生年九十余，老，不能行，于是乃诏太常使掌故朝（晁）错往受之。秦时焚书，伏生壁藏之。其后兵大起，流亡，汉定，伏生求其书，亡数十篇，独得二十九篇，即以教于齐鲁之间。学者由是颇能言《尚书》，诸山东大师无不涉《尚书》以教矣。"

《汉书》[①] 都有记载。伏生,是秦朝的博士,在秦始皇焚书坑儒的时候,他冒着生命危险,偷偷将《尚书》百篇本藏在自己家的墙壁中,这样就避免了《尚书》被焚烧的灾难。汉朝建立后,他就从墙壁中拿出《尚书》来,发现有几十篇都朽坏了,只剩下二十九篇,他就用这二十九篇来教育弟子,传授学问。到了汉文帝时期,他已经九十多岁了,朝廷想让他在长安传授《尚书》学,但是伏生已经不能到长安了。于是,朝廷就命令当时的太常掌故晁错,到伏生家里,以便听他当面传授。但是伏生已经不能正常说话了,他说的话只有他的女儿羲娥能听懂,于是伏生传给羲娥,羲娥再传给晁错。最终晁错将伏生所传授的《尚书》二十九篇,记录下来并带到长安进行传授。由于这二十九篇《尚书》是晁错用当时汉代流行的隶书写的,因此这部分就被称为今文《尚书》。它在内容上和今天流行的二十八篇《尚书》大体相同。可以说,伏生就是汉代今文《尚书》学的祖师,也是中国古代《尚书》学的祖师。

伏生所传的《尚书》,被列为官学,随后在全国流行起来。到了汉武帝时期,朝廷实行"罢黜百家,独尊儒术"的政策,将儒学作为官方意识形态,并设立五经博士。其中《尚书》学就是伏生所传的三家,即欧阳生(名和伯)、夏侯胜和他的侄子夏侯建,简称欧阳和大小夏侯。这三家的学问传承脉络是:

一、欧阳氏《尚书》学的传承系统:欧阳和伯(伏生弟子)→倪宽→孔安国。此后倪宽→欧阳世(欧阳和伯之子)→欧阳高(欧阳和伯曾孙)。

[①] 《汉书·艺文志》:"秦燔书禁学,济南伏生独壁藏之。汉兴亡失,求得二十九篇,以教齐鲁之间。"

二、大夏侯《尚书》学的传承系统：张生（伏生弟子）→夏侯都尉→夏侯始昌（夏侯都尉族子）→夏侯胜（夏侯始昌族子）。

三、小夏侯《尚书》学的传承系统：夏侯建既传其叔夏侯胜的学问，又问学于欧阳高，并兼采五经诸儒之学，自成一家，由此也被立为博士，是为小夏侯之学。

这三家中，欧阳《尚书》学是在汉武帝时期立为博士，大、小夏侯是在汉宣帝时期立为博士，他们是汉代今文《尚书》学的代表。伏生所传的三家《尚书》学，门生、弟子遍及天下，很多人都在朝廷位居高官，比如倪宽在汉武帝时期官至御史大夫（副宰相），夏侯建官至太子太傅等等，其他弟子位居三公、九卿、郡守之类的官员更是比比皆是。

就在今文《尚书》被立为博士，在社会上大行其道的时候，人们又从各地陆续发现了先秦古文字书写的《尚书》，其中也包括孔子的百篇《尚书》文本[①]。它们与今文《尚书》相比，无论是在书写字体（六国文字、隶书）、篇章文字（编次、卷数、内容），还是在解读方式上（传承大义与附会政治），都有很大不同，被称为古文《尚书》。其实，这种差别不仅仅局限于今古文《尚书》之间，在《春

[①] 王充《论衡·正说》云："说《尚书》者，或以为本百两篇，后遭秦燔《诗》《书》，遗在者二十九篇。夫言秦燔《诗》《书》，是也；言本百两篇者，妄也。盖《尚书》本百篇，孔子以授也。遭秦用李斯之议，燔烧五经。济南伏生，抱百篇藏于山中，孝景皇帝时，始存《尚书》，伏生已出山中，景帝遣晁错往受《尚书》二十余篇。伏生老死，书残不竟。……至孝景皇帝时，鲁共王坏孔子教书堂以为殿，得百篇《尚书》于墙壁中。武帝使使者取视，莫能读者，遂密于中，外不得见。"西晋的臣瓒也说："当时学者，谓《尚书》唯有二十八篇，不知本有百篇也。"（《汉书》卷三十六《楚元王传附刘歆传》颜师古注）《隋书·经籍志》也如此说："《书》之所兴，盖与文字俱起。孔子观《书》周室，得虞夏商周四代之典，删其善者，上自虞，下至周，为百篇，编而序之。遭秦灭学，至汉，唯济南伏生口传二十八篇。又河内女子得《泰誓》一篇，献之。"

秋》《诗经》等经学上也都有体现。

不论如何,在两汉时期今文《尚书》被立为官学,而且一直是主导,而古文《尚书》主要在民间传承。当时很多精通今文《尚书》的学者,获得了高官厚禄。比如西汉弘农大族杨宝,靠传授《尚书》成为经学世家,进而累世公卿。杨宝的儿子杨震在东汉时官至太尉,杨震的儿子杨秉也官至太尉,杨秉儿子杨赐位至司徒司空,小儿子杨彪也位至司空、司徒、太尉,录尚书事,可以说四代人中有多人位居三公。这些基于经学形成的世家大族,为了维护自己的名利,也不断地传承、研究《尚书》学,这自然造成了两汉时期《尚书》学的烦琐,比如《尧典》开篇的第一句话"曰若稽古",就有学者阐发了两三万句,《尧典》一篇解释完就达到了数十万字。尽管如此,由于名利的因素,依然没有阻挡人们研究《尚书》以及其他经书的热情。所以,在两汉时期流行着一句话,叫"遗子黄金满籝,不如教子一经",体现了经学的重要性。两汉时期经学的烦琐,导致了今文经学的衰落。东汉后期,古文《尚书》因为简略而得到了人们的重视。

(三)《伪古文尚书》的产生及流传

实际上,从东晋以后,流传使用的一直是伪古文尚书。因为今古文《尚书》在魏晋战乱时期,尤其是在西晋永嘉之乱中都全部散失了。《隋书·经籍志》就记载说:"晋世秘府所存有古文《尚书》经文,今无有传者。及永嘉之乱,欧阳、大小夏侯《尚书》并亡。"

到了东晋,朝廷开始复兴文化,但是没有《尚书》了,于是在这个时候,东晋豫章内史梅赜向朝廷献上据说是孔子十一世孙孔安国所传的古文《尚书》五十八篇。这部书其实是梅赜自己伪造的一部书，只不过假托为孔安国所传的古文《尚书》，因为孔安国为孔子嫡传，代表正统。

梅赜所上的五十八篇《尚书》，经过宋元明清时期的学者考证是一部伪书。这部伪书是怎么作伪的呢？它主要是将伏生所传的今文《尚书》二十八篇进行拆散，形成了三十三篇（在篇目内容上与伏生所传今文《尚书》、郑玄所注的古文《尚书》相同），然后又从一些先秦古籍中搜集了很多关于《尚书》的语句，增加了二十五篇（后人称之为"晚书"），凑齐了孔安国古文《尚书》五十八篇这个数目。也就是说，梅赜所上的伪古文《尚书》总共五十八篇，较今文《尚书》二十八篇多出来三十篇，其中八篇是原来三篇分割而成（《尧典》《皋陶谟》《顾命》，亦即从《尧典》中分出《舜典》，从《皋陶谟》中分出《益稷》，将《盘庚》一分为三，又从《顾命》篇中分出《康王之诰》，这样伏生所传《尚书》二十八篇变成了三十三篇），所以实际上多出来的只有二十五篇。

实际上，梅赜所献的这部孔安国所传的《古文尚书》并不是凭空而来。对于这部书，《史记》《汉书》都曾有记载：

> 孔氏有古文《尚书》，而安国以今文读之，因以起其家。逸《书》得十余篇，盖《尚书》滋多于是矣。（《史记·儒林列传》）

> 及鲁恭王坏孔子宅，欲以为宫，而得古文于坏壁之中，《逸礼》有三十九，《书》十六篇。天汉之后，孔安国献之，遭巫蛊仓卒之难，未及施行。（《汉书·楚元王传附刘歆传》）

> 《古文尚书》者，出孔子壁中。武帝末，鲁共王坏孔子宅，欲以广其宫，而得《古文尚书》及《礼记》《论语》《孝经》凡数十篇，皆古字也。……孔安国者，孔子后也，悉得其书，以考二十九篇，得多十六篇。安国献之。遭巫蛊事，未列于学官。（《汉书·艺

文志》）

在汉代的文献中，都记载了孔安国曾经获得了鲁恭王刘余所发掘的孔壁书，这个孔壁书其实就是孔安国所传的《尚书》文本。只不过，与伏生所传二十九篇今文《尚书》本相比，多出了十六篇，为四十五篇。只不过，这四十五篇并没有被立为官学，反而秘藏于宫廷图书馆之中。

后来刘向、刘歆整理宫廷藏书的时候，发现了这部书。这部书是否就是孔安国所献并不确定。在东汉，孔安国被尊为古文经学的大师，实际上他是今文学博士，他的弟子倪宽，后代孔霸、孔光，也都是今文经学家。当然，这并不影响孔安国对古文经学的传承，司马迁就师从孔安国学习过古文《尚书》，对此《汉书·儒林传》有载：

> 孔氏有古文《尚书》，孔安国以今文字读之，因以起其家逸《书》，得十余篇，盖《尚书》兹多于是矣。遭巫蛊，未立于学官。安国为谏大夫，授都尉朝，而司马迁亦从安国问故。迁书载《尧典》《禹贡》《洪范》《微子》《金縢》诸篇，多古文说。都尉朝授胶东庸生。庸生授清河胡常少子，以明《穀梁春秋》为博士、部刺史，又传《左氏》。常授虢徐敖。敖为右扶风掾，又传《毛诗》，授王璜、平陵涂恽子真。子真授河南桑钦君长。王莽时，诸学皆立。刘歆为国师，璜、恽等皆贵显。世所传《百两篇》者，出东莱张霸，分析合二十九篇以为数十，又采《左氏传》《书叙》为作首尾，凡百二篇。篇或数简，文意浅陋。成帝时求其古文者，霸以能为《百两》征，以中书校之，非是。霸辞受父，父有弟子尉氏樊并。时太中大夫平当、侍御史周敞劝上存之。后樊并谋反，乃黜其书。

从这里我们可以看出来，孔安国曾经传承过古文《尚书》，这部书并未立于官学，反而被秘藏于宫中。司马迁曾经师从孔安国学习《尚书》，并得到了古文《尚书》诸篇，比如《尧典》《禹贡》《洪范》《微子》《金縢》等，司马迁后来也将这些转化为其《史记》的素材。孔安国所献的古文《尚书》，后来还成为辨别张霸所伪造的百二篇《尚书》的标准文本，亦即"中书"。所以，孔安国后来被视为古文经学的宗师，如孔颖达《尧典正义》引述郑玄《书赞》所言："我先师棘子下生安国，亦好此学。卫、贾、马二三君子之业，则雅才好博，既宣之矣。"也就是说，郑玄认为自己与贾逵、卫宏等人的古文经学皆来自孔安国。

由于在东晋时期，梅赜所献的孔安国《古文尚书》，很多人对此并不了解，研究者又几乎没有，所以很难识别梅赜所献的古文《尚书》五十八篇是否是真的。不过，这部书在当时很快得到重视，南朝梁也将《古文尚书》立为官学，梅赜所献的伪古文《尚书》就开始在南北朝流行起来，并逐渐取代了郑玄古文《尚书》注本。后来，北朝大经学家刘炫、刘焯还为它作义疏，隋唐经学大家陆德明《经典释文》还为它作《音义》，唐代经学家孔颖达作《尚书正义》也采用梅赜《古文尚书》本，不仅如此，对于豫章内史梅赜的师承关系以及他所献的孔传《古文尚书》的一些情况，孔颖达《尚书正义·尧典》做了清晰的解释：

> 三家之学，传孔业者。《汉书·儒林传》云：安国传都尉朝子俊，俊传胶东庸生，生传清河胡常，常传徐敖，敖传王璜及涂恽，恽传河南桑钦。至后汉初，卫、贾、马亦传孔学，故《书赞》云："自世祖兴后汉，卫、贾、马二三君子之业是也。所得传者三十三篇，古经亦无其五十八篇，及传说绝无传者。"至晋世王肃注

《书》，始似窃见孔传，故注"乱其纪纲"为夏太康时。又《晋书·皇甫谧传》云："姑子外弟梁柳边得《古文尚书》，故作《帝王世纪》，往往载孔传五十八篇之书。"《晋书》又云："晋太保公郑冲，以古文授扶风苏愉，愉字休预。预授天水梁柳，字洪季，即谧之外弟也。季授城阳臧曹，字彦始。始授郡守子汝南梅颐（赜），字仲真，又为豫章内史。遂于前晋奏上其书，而施行焉。"时已亡失《舜典》一篇。晋末范宁为解时，已不得焉。至齐萧鸾建武四年，姚方兴于大航头得而献之，议者以为孔安国之所注也。值方兴有罪，事亦随寝。至隋开皇二年，购募遗典，乃得其篇焉。然孔注之后，历及后汉之末，无人传说，至晋之初犹得存者，虽不列学官，散在民间，事虽久远，故得犹存。

孔颖达对孔传《古文尚书》作了较为详细的考证，认为孔安国的《古文尚书》曾经传给了卫宏、马融、郑玄等大儒。后来，王肃所传也是孔传《古文尚书》。晋人皇甫谧的表弟梁柳曾经得到过《古文尚书》，此书后来传授给了臧曹，臧曹又传给了梅赜。梅赜后来便将这部书献给了朝廷。只是，此时已经丢失了《舜典》一篇，后来东晋范宁也未能获得这篇。陆德明认为这篇采自王肃本。但孔颖达认为这篇为南朝齐的姚方兴从民间所购，并在隋代并于梅赜所献的《古文尚书》中。

唐代孔安国的《尚书正义》采用这个版本，直接影响了唐宋四百年左右的经学界。到了宋代，朱熹的弟子蔡沈《书集传》也采用这个底本。元明清科举考试，蔡沈《书集传》因为代表程朱理学思想，所以一直被作为科举考试必读书。

这部书在流传的过程中，一直受到学者的怀疑，比如陆德明、刘知幾、郑樵、朱熹、吴澄等人。真正被朝廷重视，并确定梅赜

《尚书》是伪书的，是清初阎若璩《尚书古文疏证》这部书。阎若璩以毕生精力，得论据一百二十八条，从八个方面论证了梅赜《尚书》是一部伪书，由此成功地推翻了伪古文《尚书》之经典地位。四库馆臣称赞其书："反复厘剔，以祛千古之大疑，考证之学则固未之或先矣。"① 意思是说，阎若璩经过了多年的努力，最终解决了千年以来的学术疑案，成为经学考据学史上的典范。

二、《尚书》的内容及特点

关于《尚书》的记载最早见于《史记》，它也叫《书》或《书经》，是我国现存最古老的官府文献，它记载了上起尧、舜、禹（《尧典》等），下到春秋时期秦穆公（《秦誓》）的历史，横跨了整个先秦时期，对这一时期重要的历史传说、历史人物、历史事件，比如尧舜禹禅让、大禹治水、盘庚迁殷、武王伐纣、周公摄政、周公制礼作乐等等，都有记载。全书内容丰富、语言生动、结构紧凑、有声有色，并非如后世所言仅仅是佶屈聱牙、艰涩难懂的公文。有人将它看成是中国文学史上的第一部散文集，为后代的散文创作提供了丰富的营养。当然，它也是我国最早的一部历史书。

如果按照时代分的话，今天流传的《尚书》文本内容结构一般分为四个部分，即《虞书》《夏书》《商书》《周书》，一共二十八篇。(1)《虞书》，共两篇：《尧典》《皋陶谟》。(2)《夏书》，共两篇：《禹贡》《甘誓》。(3)《商书》，共五篇：《汤誓》《盘庚》《高宗肜日》《西伯戡黎》《微子》。(4)《周书》，共十九篇：《牧誓》《洪范》《金

---

① 《四库全书总目提要》卷十二《古文尚书疏证》提要。

滕》《大诰》《康诰》《酒诰》《梓材》《召诰》《洛诰》《多士》《无逸》《君奭》《多方》《立政》《顾命》《吕刑》《文侯之命》《费誓》《秦誓》。这种分法和汉代所传今文《尚书》基本一致，只不过伏生今文《尚书》中的《顾命》和《康王之诰》两篇被后人合为一篇，即《顾命》。

如果按照文章体裁划分的话，唐代孔颖达曾将《尚书》篇目分为十类[1]，后代人一般将之分为六类，即典、谟、训、诰、誓、命。(1) 典：如《尧典》，"典"是个会意字，甲骨文的字形是，上面是"册"，下面是"大"，本义是重要的典籍、文献。《尔雅·释言》解释说："典，经也。"说明"典"的内容非常重要，堪称经典。后人也常用"典"，比如法典、宝典、元典等。《尧典》所记载便是尧、舜两位圣人的言行事迹，可见这里用"典"的深意所在。(2) 谟：是个形声字，本义是计谋、谋略。在这里表示君臣谋划大事。《尚书·皋陶谟》讲就是尧、大禹、皋陶等君臣在探讨军国大事。(3) 训：《说文》解释说："训，说教也。"本义是教育、教导。《尚书·伊训》记载的便是殷商贤臣伊尹教导太甲的语录，不过原文已经散佚，现存的《伊训》属于伪古文《尚书》。(4) 诰：通"告"，本义是上告下。作为文章体裁，在这里表示统治者向臣民发号施令，进行政策指示之类。这类文章在《尚书》中占有约一半的比重，如《大诰》《康诰》《召诰》《洛诰》《酒诰》，另外像《盘庚》《梓材》《多士》《多方》等篇目，虽然没有用"诰"，但也属于这种体裁。(5) 誓：《说文》解释说："誓，以言约束也。"本义是发誓、立誓。如《尚书》中的《甘誓》《汤誓》《牧誓》《费誓》等，这类誓词主要是战争

---

[1] 唐代孔颖达依据《尚书》每一篇名的后缀字进行归类，将之分为十种：即"典""谟""贡""歌""誓""诰""训""命""征""范"。(《尚书注疏·原目》)但实际上，有些是以人物、事件为篇名的，并非属于体裁。

誓词。(6) 命：发布命令的意思，多指君王奖赏臣子的命令，如《文侯之命》。

《尚书》的内容既是很客观的历史记载，更是传承了上古以来以德配天的价值体系，如《尚书·牧誓》就记载了周武王伐商的史实。牧，是商朝都城朝歌郊外一处地名。《牧誓》是周武王姬发讨伐商纣王时所作的一篇战争誓词。誓词中周武王列举了商纣王的三大罪状：只听女人的话、不祭祀祖先、不用亲人用远方罪人，周武王号令大家替天行道，一起灭掉殷商。《牧誓》开篇所交代的"甲子昧爽"，即公元前1046年。根据1976年陕西临潼出土的青铜器《利簋》上的铭文，进一步证明了《牧誓》所记载的武王伐商或说"牧野之战"时间的确凿性。《牧誓》首次在中国战争史上提出了在战争中争取敌军归降的策略，也就是周武王所说的"弗迓克奔，以役西土"（不要阻止那些前来投奔我们的殷商将士，让他们来帮助我们建设自己的国家）。

《尚书》的内容非常丰富，尤其是涉及西周的，很多也是周公的诰命，宣扬以德治国、以德配天的理念。当然，在伪《古文尚书》中，除了数十篇文章之外，还有个《序》，是为《书序》，包括全书总序的"大序"与每一篇文章前面的"小序"。这些《书序》相传是孔子在删定《尚书》时候所作，目的是为了说明选取这些篇目的缘由或者解释这些篇目的含义。这些"序"在中国古代《尚书》学史上有重要的价值。

三、《尚书》与中华传统文化

《尚书》作为中国古代最重要的经典之一，对中国历代社会政治、思想文化都产生了深远的影响。

(一)《尚书》与中华五千年文明

我们一直自称拥有五千年的文明,在这文明起源及传承谱系上,《尚书》就是非常重要的文献依据,《史记·五帝本纪》也基本上依据这部书。《尚书》中提到了尧、舜、禹、汤、文、武等圣王的事迹,构建了一个系统而完整的上古历史传承谱系,也正是这个历史谱系,对中国古代的历史观、民族观都有深远的影响。所以,自古以来,我们一直坚信中华民族至少有五千年的历史,这五千年的历史,很大程度上就是由《尚书》《史记》《周易》等经典中所记载的三皇五帝的历史来奠定的。

不过,近代以来,学术界受到海外学者及观点的影响,认为中国文明起源于商代。原因就是,西方学者注重实物资料,他们认为文明的标志就是需要有文字、青铜器、城市遗址等。由于这些条件只有商朝具备,而商朝起始于公元前1600年左右,距今三千五百年左右,这样得出的结论就是,中国在四大文明古国中出现得最晚,中华文明也由此从五千年变成了三千五百年,这也使得我们一直引以为傲的五千年悠久历史,少了一千多年。不仅如此,20世纪的中前期,受到国内疑古学派如胡适、郭沫若、顾颉刚等人对上古三皇五帝、夏商周古代历史的怀疑,人们更加缺乏民族自信心,以致我们在西方文明面前始终信心不足,甚至是言必称希腊罗马,这也导致了西方中心主义的盛行。

20世纪90年代以后,人们对中华文明和文化又有了新的认识,从以往的批判和否定,转向了全面的肯定和赞扬,从更加客观的角度来看待中华文化、中华文明,希望重建新的历史谱系及文化体系。

比如李学勤先生《走出疑古时代》，通过考古、古文字研究的形式来说明上古历史的真实性。另外，还有很多学者通过考古与出土遗物等来研究中华文明的起源，并将文明起源时间上推到了更早，比如旧石器时代、新石器时代、青铜时代等，基于此，还提出了各种文化类型，比如仰韶文化、河姆渡文化、龙山文化、二里头文化等等。而1996年立项的夏商周断代工程，在一定程度上也通过确凿的考古发现、古文字、文献的研究，证明夏、商、周是客观存在的。

实际上，在中国古代两三千年的历史中，《尚书》始终是了解上古历史的经典之作，如《礼记·经解》就说："疏通知远，《书》教也。……疏通知远而不诬，则深于《书》者也。"《史记》也认为《尚书》"记先王之事，故长于政"，司马迁在撰写上古历史的时候，《尚书》成为最基本的史料。总之，以往的研究尽管有这样那样的成就来证明中国文明与文化的悠久，但是总的来说依旧离不开《尚书》《史记》《左传》《竹书纪年》等传世文献的证明，其中《尚书》中所记载的帝王世系，即尧、舜、禹、汤、文、武、周公等，直接构成了中国上古历史的主干系统，对我们的历史观念、民族凝聚力的形成有重要的意义。

（二）《尚书》与史鉴意识

中华民族非常注重历史记载与历史经验教训，《尚书》是目前可见的中国最早的官方史籍，它对中国古代史学产生了深远的影响，而且很多史学观念直到今天依然值得借鉴与重视，比如以史为鉴意识、忧患意识、会通思想等等。

以史为鉴是《尚书》最重要的历史观念，其出发点就是要传承、弘扬古圣贤王的政治思想。对此，孔安国在《尚书序》中就对孔子编纂《尚书》的目的说得很清楚：

> 先君孔子，生于周末。睹史籍之烦文，惧览之者不一，遂乃定《礼》《乐》，明旧章，删《诗》为三百篇，约史记而修《春秋》，赞《易》道以黜"八索"，述职方以除"九丘"。讨论坟、典，断自唐、虞以下，讫于周。芟夷烦乱，剪截浮辞，举其宏纲，撮其机要，足以垂世立教，典、谟、训、诰、誓、命之文，凡百篇。所以恢弘至道，示人主以轨范也。帝王之制，坦然明白，可举而行。三千之徒，并受其义。

孔安国认为，孔子编纂《尚书》主要是基于以往的经典，包括三坟五典，内容主要涉及圣王治国理政的成功经验，举其大要，纲举目张，并分类编排，目的就是要传承、弘扬上古以来的圣王政治，希望建立类似尧、舜、禹、汤、文、武那样的王道政治。

《尚书》非常注重历史，注重历史借鉴，孔子在编纂《尚书》的时候，注重选择那些有关治乱兴衰的史实，希望后人能从历史中发现治乱兴衰、修身明德的经验教训，从而为现实社会政治服务，比如《皋陶谟》中，皋陶就反复强调修身明德、兢兢业业为政治国：

> 无教逸欲有邦，兢兢业业，一日二日万几。无旷庶官，天工人其代之。天叙有典，敕我五典五惇哉！天秩有礼，自我五礼有庸哉！同寅协恭和衷哉！天命有德，五服五章哉！天讨有罪，五刑五用哉！政事懋哉懋哉！天聪明，自我民聪明。天明畏，自我民明威。达于上下，敬哉！有土。

在这个地方，皋陶虽然没有指出这些修身明德、以民为本的治国理念的由来，但是也是对上古先民的生活以及改朝换代历史的经验总结。他认为只有兢兢业业治国，以德配天，才能获得民众的认可，获得上天的护佑，才能实现国家的长治久安。

《尚书》的这种以史为鉴的意识和忧患意识不仅体现在夏商周君王日常的治国理政之中，更充分体现在西周刚刚建国后不久，周人对夏商覆亡的历史总结中，如《周书·召诰》：

> 我不可不监于有夏，亦不可不监于有殷。我不敢知曰有夏服天命，惟有历年；我不敢知曰不其延，惟不敬厥德，乃早坠厥命。我不敢知曰有殷受天命，惟有历年；我不敢知曰不其延，惟不敬厥德，乃早坠厥命。今王嗣受厥命，我亦惟兹二国命，嗣若功。王乃初服。呜呼！若生子，罔不在厥初生，自贻哲命。今天其命哲、命吉凶、命历年，知今我初服，宅新邑，肆惟王其疾敬德。王其德之用，祈天永命。

在这里，周公反复告诫年幼的周成王，一定要吸取夏、商灭亡的历史经验教训，认为正是由于夏、商的统治者迷信天命而不重视修德，以至于上天放弃了他们。相反，周的统治者们始终注重修身明德，从而取代了殷商，享有了天命。所以，在周公看来，要想"祈天永命"，就一定要敬德修身，以民为本。

不仅如此，周初统治者对一些具体的历史现象也进行了深刻反思，并注重以史为鉴。比如周公在《无逸》篇中就殷商时期的兴衰历史进行了总结，希望周成王能够汲取殷商衰亡的历史经验教训：

> 周公曰："呜呼！我闻曰，昔在殷王中宗，严恭寅，畏天命，自度。治民祗惧，不敢荒宁。肆中宗之享国，七十有五年。其在高宗，时旧劳于外，爰暨小人。作其即位，乃或亮阴，三年不言。其惟不言，言乃雍，不敢荒宁。嘉靖殷邦，至于小大，无时或怨。肆高宗之享国，五十有九年。其在祖甲，不义惟王，旧为小人。作其

即位，爰知小人之依。能保惠于庶民，不敢侮鳏寡。肆祖甲之享国，三十有三年。自时厥后立王，生则逸。生则逸，不知稼穑之艰难，不闻小人之劳，惟耽乐之从。自时厥后，亦罔或克寿。或十年，或七八年，或五六年，或四三年。"

周公从正反两个方面总结了殷商诸王在位时期为政的情形，他认为在殷中宗、高宗、祖甲时期，诸王都励精图治，兢兢业业，以民为本，以至于都享国数十年。但是此后，诸王都信赖小人，生活安逸，不重视民生，以至于政治颓废，享国就非常短，或者七八年，或者三四年。总之，这种对历史经验的总结，强调为政要励精图治、兢兢业业，实际上也是一种忧患意识，一种以史为鉴的观念的展现。不仅是在此篇，在别的篇章中也是如此，可以说《尚书》通过亦经亦史的展现，充分体现了它的经典性。

又比如殷商时期，酗酒之风盛行，周朝建立之后，为了改变风气，维护统治，周人反对酗酒之风，谨防重蹈殷商覆辙。在《酒诰》中，周公就代替周成王发布了戒酒令，他说：

> 我闻亦惟曰：在今后嗣王酗身，厥命罔显于民，祗保越怨，不易。诞惟厥纵淫泆于非彝，用燕丧威仪，民罔不蠢伤心。惟荒腆于酒，不惟自息乃逸。厥心疾很，不克畏死。辜在商邑，越殷国灭无罹。弗惟德馨香祀登闻于天，诞惟民怨。庶群自酒，腥闻在上，故天降丧于殷，罔爱于殷，惟逸。天非虐，惟民自速辜。
>
> 王："封，予不惟若兹多诰。古人有言曰：'人无于水监，当于民监。'今惟殷坠厥命，我其可不大监，抚于时？予惟曰：汝劼毖殷献臣，侯、甸、男、卫，矧太史友、内史友？越献臣百宗工，矧惟尔事，服休服采？矧惟若畴圻父，薄违农夫？若保宏父定辟，矧汝刚制于酒？"

在这里，周公认为殷商因酗酒加速了其灭亡，所以他告诫臣民一定要以史为鉴，不要沉溺于酗酒之中，而是要以民为本，节制饮酒。可以说，《尚书》重视历史经验的总结，充满了忧患意识，尤其是在《周书》部分更是如此。周朝的统治者经常提到"殷鉴不远"、以史为鉴的告诫，那是因为周公等人经历了殷商灭亡的历史，甚至如果不吸取殷商失败的教训，周王室的统治也会不稳定。何况，周公、召公等人作为王朝兴衰的经历者，更能理解其中的内涵。故他们都非常重视经验教训，重视以史为鉴的传统，如《尚书·无逸》载周公曰："古之人，犹胥训告、胥保惠、胥教诲。"就是说，在周公之前的古人就非常重视历史，强调互相告诫，互相爱护，互相教育，民众没有欺瞒诓骗的。这其实是在强调历史经验本身的重要性，而对周人来说，殷鉴不远的近代史则是具体而直观的存在，更值得人们参考与反思。

总之，《尚书》充满了忧患意识，强调"殷鉴不远"的观念，充满了对历史的敬重与反思，正如朱熹所说："《尚书》如何看？曰：须要考历代之变。"[①] 可以说，《尚书》的忧患意识被后世所继承，成为后来史书编纂的基本宗旨。如司马迁作《史记》就说，"究天人之际，通古今之变，成一家之言"。司马光作《资治通鉴》也是如此，旨在"鉴于往事，有资于治道"。古人也常说以史为鉴，如唐太宗曾说"以铜为镜，可以正衣冠；以古为镜，可以知兴替"等等，都表达了对历史经验的重视与总结，而这些也都是当时史官职责的一种体现，正如有学者所言："就史官《尚书》学存在范畴而言，史官以《尚书》赞治活动是建立在西周初期以周公旦为核心的君臣忧患鉴戒

[①] 《朱子语类》卷七十八《尚书一·纲领》，第1983页。

意识传统基础之上的，是最高统治者自觉、自省的主动要求，史官只是被动地执行职责而已。"[1]

《尚书》所强调的以史为鉴的观念充满忧患意识，是一种历史观念，也是中华民族的基本民族精神之一。与《尚书》成书同时代的《周易》《诗经》也都是如此，如《易传·系辞下》云："安而不忘危，存而不忘亡，治而不忘乱。"可以说，《尚书》的观念具有普遍性、历史性，对后世产生了深远的影响。如《左传》襄公十一年，就记载了晋国大夫魏绛曾引用《尚书》的话表达了居安思危、有备无患的思想："《书》曰：'居安思危。'思则有备，有备无患。"宋代范仲淹更是在《岳阳楼记》中充分表达了这种忧患意识："居庙堂之高，则忧其民；处江湖之远，则忧其君。是进亦忧，退亦忧。然则何时而乐耶？其必曰'先天下之忧而忧，后天下之乐而乐'欤！"忧患意识是一种历史思维，也是一种现实关照，本质上是基于对历史的反思，进而实现对现实问题的解决。也正是因为如此，中华文明始终在忧患中前进，在忧患中而有备无患，不断传承。

(三)《尚书》与古代以德治国

《尚书》作为一部有关政治经验积累的经典，产生于上古时期，它比较全面地记载了上古时期治国理政的经验，其中也传达着古人的世界观和价值观。所以，自古及今，治国理政始终将《尚书》作为指导。

上古时期，中华民族基于农业文明而兴起，对上天及自然充满了敬畏之情。所以，《尚书》中也充分体现了上古先民对上天的崇

---

[1] 马士远：《两汉〈尚书〉学研究》，中国社会科学出版社，2014年，第49页。

敬，在他们看来，上天是宇宙万物的起源，也是社会制度、伦理道德的根源，所以当时的人们尤其是夏、商、周君臣对上天非常敬畏。比如尧把王位传给舜之后，舜做的第一件事情便是选择一个良辰吉日，祭祀天地、四方、名山大川以及各种神祇。《舜典》中说：

> 正月上日，受终于文祖。在璇玑玉衡，以齐七政，肆类于上帝，禋于六宗，望于山川，遍于群神。辑五瑞，既月，乃日觐四岳、群牧，班瑞于群后。

意思是说，在正月上旬的一个吉日，舜在太庙里接受了尧的禅让。舜观察北斗七星，测定日月与金木水火土五星的运行规律，然后举行祭天仪式，祭祀涉及天地四方、名山大川之神以及各种神祇。聚集四方首领的信符圭玉，选择良辰吉日，接受四方诸侯的朝见，然后把圭玉送还颁发给他们。从舜的行为可以看出，他对上天非常敬畏，与此同时，他也通过祭祀的形式来向四方诸侯和臣民表明自己的权力来自上天，自己只不过是在替天行道。

不仅是舜这样敬畏上天，夏、商、周的很多君臣也都对上天非常敬畏，《尚书》所记载的很多历史事实，比如夏启伐有扈氏、商汤伐夏桀、周武王灭商、盘庚迁殷、周公教育周成王与康叔等等，都提到了上天。另外，在当时的君王看来，上天是宇宙万物的创造者，同时也是人类社会的创造者，作为社会的主体——人民，他们的意志就是上天的意志，即所谓的"民意就是天意"，如《皋陶谟》中所说：

> 天聪明，自我民聪明。天明畏，自我民明威。达于上下，敬哉！有土。

《尚书·泰誓中》也说：

天视自我民视，天听自我民听。百姓有过，在予一人。

这些都说明人民的意志就是上天意志的体现，所以作为君王，尽管也是上天派来（天子）管理人民的，但是既然上天和人民是一体的，那么让人民满意其实就是让上天满意。正是出于对上天的敬畏，所以夏商周君臣都非常强调修德，这个"德"在《尚书》中有很多描述，比如首先就体现在敬畏天命，凡事都不可以胡作非为、违背天命；其次便是爱民，教化百姓、除暴安良；再次就是修身，提升自己的道德境界，包括要行善、对人宽容、讲求孝悌；还有便是用贤良，远小人，等等。其中最重要的体现就是要以民为本，以德治国。只有这样，才可以享受到人民的爱戴，得到上天的佑护。

实际上，《尚书》所宣扬的这种敬天、爱民、尚德的治国理念，除了起到约束、限制王权的作用之外，也对王权的神圣性、合法性提供了重要的解释，这对王权在社会政治中发挥作用，即推行政令、管理百姓无疑有重要的积极意义。换句话说，这种天命观、德治思想对百姓也有一定的约束作用，因为天的地位至高无上，天下的每个人遵循上天所制定的典章制度、道德规范也是必需的。而天子既然是上天派来管理天下的，那么百姓对天命敬畏，进而服从天命，在现实中就转变为对天子的敬畏与对政令的服从。可以说敬畏天命、注重修德、服从王权也是民间信仰、价值的重要取向之一。

总的来说，《尚书》整个书中贯穿了这种敬天、尚德、爱民的观念，这种以民为本、以德治国的理念在中国政治思想史中一直居于主导地位，内圣外王之道也由此成为历朝历代政治治理的基本模式，这对于中国古代两千多年王权社会的超稳定性起到了直接的作用。后来孔孟也吸收了《尚书》中民本、德治的思想，孔子的仁学、孟子的仁政在一定程度上源自《尚书》，后来儒家学说被确立为官方学说，被汉唐、宋明诸儒不断地解释、重建，形成了经学、理学等不同形态和思想体系，从而对中国社会政治、思想文化各个领域和层面都产生了深远的影响。

(四)《尚书》的其他影响

《尚书》作为一部综合性很强的经典，其中蕴含着各种思想，这对中国古代的史学、法学、哲学、地理、文学等都有一定的影响。

就史学而言，《尚书》作为一部历史书，而且是一部标准的中国上古史纲，它在近代疑古思潮兴起来之前，一直被古代人当作信史看待，这对中华民族意识的确立、上古历史观念的形成有重要的影响。与此同时，《尚书》作为一种史学体裁，对后世撰写史书也有深远的影响，比如《洪范》《禹贡》等都对古代史学的编纂体例产生了深远的影响。《洪范》记载了五行与灾异，对皇权的维护与稳定有重要的思想价值，故在二十五史中，有十七部史书都以《天官书》《五行志》《符瑞志》《灾异志》等专篇的形式记载五行与灾异。《禹贡》也对后世的史学编纂体例有直接的影响，在二十五史中，也有十七部史书以《地理志》《郡国志》《州郡志》等形式记载历史地理。

就法学而言，《尚书》中的很多篇目都讲到了刑罚，比如《吕刑》《甘誓》《汤誓》《牧誓》《大诰》《康诰》《酒诰》《费誓》等。这些篇目中对刑罚的原则都有一个共同的观念，即"刑罚适中""明德慎罚"，认为刑罚是第二位的，道德教化才是第一位的。这种"德主刑辅"的刑罚原则成为中国古代刑罚的基本准则，而这个思想源头就是《尚书》。另外，根据《尚书·吕刑》的记载，如果有人质疑法官对他定的罪行不公，就可以从轻处置；即使真的犯罪了，也可以缴纳罚金来免除刑罚，比如犯有五刑，可以按照罪行轻重，分别缴纳一百锾（古代的重量单位，合六两）、两百锾、五百锾、六百锾、一千锾。这在某种程度上，其实让一些权贵阶层通过金钱逃避惩罚，就如古人所说的"刑不上大夫，礼不下庶人"。

就哲学而言，主要体现在《尚书》阴阳五行学说对战国、汉、唐时期思想的影响，尤其是汉代吸收了阴阳五行学说，并用它来解读五经，建构了天人感应的思想体系，这在汉、唐时期乃至在整个中国古代都有深远的影响。另外，《尚书》按照时间顺序先后提到了尧、舜、禹、汤、文、武、周公，这对古代儒家道统观念的形成有重要的影响。

就军事而言，《尚书》中有五篇是关于战争的誓词，《甘誓》《汤誓》《牧誓》《费誓》与《秦誓》，这些誓词反映了古代战争的政治动员、战前谋划、形势分析、战场纪律、战术运用以及兵役制度等等，其中还体现了上古时期的军事思想、军事制度与战略战术方法，《牧誓》中还强调不要杀死投奔我们的俘虏，这也说明商周之际农业文明的发达，可以养活更多的人，或者需要更多的人从事农业。

四、古代《尚书》学史略

《尚书》作为现存最早的官方档案，是由史官记载的帝王言行录，开始在贵族子弟教育中发挥着巨大的作用。后来到了春秋战国时期，经过孔子等人的删定、编纂，形成了后代最常用的《尚书》文本。在先秦时期《尚书》学的发展史上，孔子无疑是最重要的一位学者，他对《尚书》的删定直接奠定了《尚书》的基本框架。可以说，没有孔子，就没有《尚书》，没有《尚书》，中国历史与政治的发展将是另外一种模式。另外，孔子为《尚书》所作的《序》，尽管后来研究认为不是孔子所作，但是在中国两千多年的时间里，绝大部分学者依旧将它视为孔子的思想，并以此为指导来解读《尚书》，这在《尚书》学史上有重要的价值和意义。

（一）先秦

春秋时期，人们对《尚书》非常重视，《左传》中大量记载对《尚书》的解释与思考，说明当时《尚书》广泛流传，成为人们价值判断与政治哲学的经典之作。比如《左传》僖公二十七年（前633）记载城濮之战前夕，晋国任命三军元帅一事，当时大臣赵衰推荐了懂《尚书》的郤縠：

> 于是乎蒐于被庐，作三军，谋元帅。赵衰曰："郤縠可。臣亟闻其言矣，说礼、乐而敦《诗》《书》。《诗》《书》，义之府也；礼、乐，德之则也；德、义，利之本也。《夏书》曰：'赋纳以言，明试以功，车服以庸。'君其试之！"乃使郤縠将中军，郤溱佐之。

在城濮之战前夕，晋国就三军元帅的任命发生了分歧，当时朝中的重臣赵衰推荐郤縠，认为他喜欢并精通《尚书》，可以做三军元帅。原因就在于，《尚书》是道德仁义的府库，只有讲道义的人方可以做统帅。这就说明，精通《尚书》之人被视为道德仁义之人。

孔子作为春秋时期重要的学者，对《尚书》也非常重视，根据史书记载，他曾经删三千篇为《尚书》，同时为形成的百篇《尚书》文本作序，序有大序、小序。对此，《史记》《汉书》等都有记载，如《史记·孔子世家》云：

> 孔子之时，周室微而礼乐废，《诗》《书》缺。追迹三代之礼，序《书传》，上纪唐虞之际，下至秦缪，编次其事。……故《书传》

《礼记》自孔氏。

东汉班固《汉书·艺文志》也继承了司马迁的说法，他说：

> 《书》之所起远矣，至孔子纂焉，上断于尧，下讫（迄）于秦，凡百篇，而为之序，言其作意。

唐代魏徵等主持编撰的《隋书·经籍志》也继承了《史记》《汉书》的观点，他说：

> 《书》之所兴，盖与文字俱起。孔子观《书》周室，得虞、夏、商、周四代之典，删其善者，上自虞，下至周，为百篇，编而序之。

《史记》《汉书》《隋书》及孔颖达《尚书正义》等传世经典都说孔子为了传承周代礼乐文化，曾经整理、删定过《尚书》，而且班固与魏徵等人都认为孔子编订的《尚书》为一百篇。不仅如此，他们都认为《尚书》中每一篇文章前面的《小序》也是孔子所作，这些《小序》主要是为了说明每一篇文章创作的原因和背景。可以说，汉唐时期的学者一致认为，孔子根据夏商周时期的官方文献，删定形成了原始文本《尚书》，另外《尚书》中的《序》也是孔子所作。这个观点在中国古代一直占有主导地位，成为《尚书》成书最基本的观点。

孔子不仅删定《尚书》，而且很重视《尚书》，《论语·述而》记载说："子所雅言，《诗》、《书》、执礼，皆雅言也。"孔子也对《尚书》发表了自己的看法，对尧舜之道多有称赞，并以上古三代政治理想为目标，建构了以仁为核心的政治学说。

孟子作为孔子的私淑弟子，他的很多思想便是基于对《诗经》《尚书》的诠释，以此建构了自己的王道政治理念，比如民本思想、仁政理想等。孟子重视《尚书》,也精通《尚书》,他在周游列国、推销自己的学说失败后,就回到故乡,借助整理、诠释《尚书》《诗经》建构了自己的思想体系,完成了《孟子》这部书。对此《史记·孟子荀卿列传》中说得很清楚:

> 孟轲,驺(邹)人也。受业子思之门人。道既通,游事齐宣王,宣王不能用。适梁,梁惠王不果所言,则见以为迂远而阔于事情。当是之时,秦用商君,富国强兵;楚、魏用吴起,战胜弱敌;齐威王、宣王用孙子、田忌之徒,而诸侯东面朝齐。天下方务于合从(纵)连衡(横),以攻伐为贤,而孟轲乃述唐、虞、三代之德,是以所如者不合。退而与万章之徒序《诗》《书》,述仲尼之意,作《孟子》七篇。

大体意思是说,孟子到处游说各国的诸侯,向他们宣扬唐尧、虞舜以及上古三代的王道理想,但是孟子所处的时代崇尚武力、实力,如当时秦国用商鞅,实现了富国强兵;楚国、魏国用吴起,打了很多的胜仗;齐威王、齐宣王用孙膑、田忌等人,也在东方称霸一时。不仅如此,孟子所处的时代,墨家(代表人物墨子,主张兼爱非攻,即天下相互友爱、不要战争)、纵横家(苏秦、张仪、公孙衍,宣扬合纵连横之术)、杨朱学派(代表人物杨朱,主张为我,孟子说他"拔一毛而利天下,不为也")以及法家(如李悝、商鞅等人,主张耕战、刑法)等各学派,纷纷迎合当时诸侯国眼前的需要,宣扬自己的学说,在当时非常受欢迎,这对孟子宣扬仁政王道学说无疑造成极大的冲击。

正是以上社会政治、思想文化方面的原因,孟子的学说最终没有在当时真正推行。于是,孟子在晚年回到自己的故乡,总结反思自己的思想，并与万章、公孙丑等弟子整理《诗》《书》等儒家经典，传承孔子思想，并作《孟子》七篇。以上这些，可以看成是《孟子》成书以及孟子思想形成的历史背景。

在《孟子》一书中，孟子曾引用《尚书》二十多次，主要是宣扬自己的民本思想、仁政理念，比如《孟子·梁惠王下》记载：

> 齐人伐燕，取之。诸侯将谋救燕。宣王曰："诸侯多谋伐寡人者，何以待之？"孟子对曰："臣闻七十里为政于天下者，汤是也。未闻以千里畏人者也。《书》曰：'汤一征，自葛始。'天下信之。'东面而征，西夷怨；南面而征，北狄怨。曰，奚为后我？'民望之，若大旱之望云霓也。归市者不止，耕者不变。诛其君而吊其民，若时雨降，民大悦。《书》曰：'徯我后，后来其苏。'今燕虐其民，王往而征之。民以为将拯己于水火之中也，箪食壶浆，以迎王师。若杀其兄父，系累其子弟，毁其宗庙，迁其重器，如之何其可也？天下固畏齐之强也。今又倍地而不行仁政，是动天下之兵也。王速出令，反其旄倪，止其重器，谋于燕众，置君而后去之，则犹可及止也。"

齐宣王讨伐燕国，其他诸侯国就谋划着攻打齐国，齐宣王就咨询孟子该怎么办，孟子告诉他凡事以民为本，自然会得到民众的拥护。同时，孟子还借助《尚书》中商汤征伐夏朝的史实，来说明民众对贤明君王的渴望，借此向梁惠王表明，为君者一定要以民为本，只有这样民众才会期待他来拯救。

总之，孟子对《尚书》非常重视，他的目的就是重建上古三代的理想政治，并由此建构了以"性本善"为基础的仁政学说。正因如此，孟子在唐宋时期得到了理学家们的关注，而且他的学说视为儒家学说的正宗嫡传。理学家们还借助思孟学派的思想建构了系统的理学思想体系，从而影响了中国近世数百年的历史。

荀子也很重视对《尚书》学的阐释和发挥，《荀子》曾多次援引《尚书》中的章句，如引《康诰》六处，《洪范》《吕刑》各两处，《泰誓》一处等。荀子推崇《尚书》，并对《尚书》所宣扬的王道政治理念予以继承与发展，从而提出了自己的政治思想。

荀子极力强调《尚书》的价值，认为《尚书》是圣王安邦治国的宝典，作为学者一定要研习《诗》《书》等六经之学，如其所言：

圣人也者，道之管也。天下之道管是矣，百王之道一是矣，故《诗》、《书》、礼、乐之归是矣。《诗》言是其志也，《书》言是其事也，礼言是其行也，乐言是其和也，《春秋》言是其微也。……天下之道毕是矣。乡是者臧，倍是者亡。乡是如不臧，倍是如不亡者，自古及今，未尝有也。（《荀子·儒效篇》）

学恶乎始，恶乎终？曰：其数则始乎诵经，终乎读礼；其义则始乎为士，终乎为圣人。真积力久则入，学至乎没而后止也。故学数有终，若其义则不可须臾舍也。为之，人也；舍之，禽兽也。故《书》者，政事之纪也；《诗》者，中声之所止也；礼者，法之大分，类之纲纪也，故学至乎礼而止矣。夫是之谓道德之极。礼之敬文也，乐之中和也，《诗》《书》之博也，《春秋》之微也，在天地之间者毕矣。（《荀子·劝学篇》）

在荀子看来，《尚书》等六经有不同的价值和功能，借助六经不仅可以治国安邦，还可以改变个体的道德品行，"其义则始乎为士，终乎为圣人"。可以说，荀子极力强调六经的作用，其实是对孔子、子夏、孟子等儒学大师经学思想体系的肯定与继承。不仅如此，他还将《尚书》等六经视为圣人之道的载体：《诗》是圣人之志的表达，《书》是圣人政事的记载，《礼》是圣人行为的记录，《乐》是圣人情怀的表述,《春秋》是圣人微言大义的体现。总之,人们只要深刻体悟六经,就可以明白天地之间的所有道理了。

在荀子看来,《尚书》等六经所承载的都是先王之礼法,所以只有对礼法有了清晰的认知,反过来也才能更深刻地领悟六经之义,所谓:

> 故曰学莫便乎近其人。学之经莫速乎好其人,隆礼次之。上不能好其人,下不能隆礼,安特将学杂识志,顺《诗》《书》而已耳,则末世穷年,不免为陋儒而已。将原先王,本仁义,则礼正其经纬蹊径也。若挈裘领,诎五指而顿之,顺者不可胜数也。不道礼宪,以《诗》《书》为之,譬之犹以指测河也,以戈舂黍也,以锥飡(飧)壶也,不可以得之矣。故隆礼,虽未明,法士也;不隆礼,虽察辨,散儒也。(《荀子·劝学篇》)

荀子认为研习六经,最好的办法就是接触贤人。如若没有,那么就要重视礼法,如果不能领悟六经所强调的礼法思想,那么就是一个"陋儒"。另外,学者如果学习了六经,还不能改变自己,遵守礼法,那么就是一个"散儒"。总之,在荀子看来,礼法乃是六经之本根。不仅如此,"礼"还是荀子思想体系的核心所在,礼其实就是象征着社会法度、规范与政治秩序。

战国时期,除了孟子、荀子等大儒对《尚书》有自己的认知与理解之外,还有很多儒家后学弟子对《尚书》有所关注并加以诠释,如《礼记·经解》已经将《尚书》与其他五经一并视为儒家的专有经典:

> 孔子曰:"入其国,其教可知也。其为人也,温柔敦厚,《诗》教也;疏通知远,《书》教也;广博易良,《乐》教也;絜(洁)静

精微，《易》教也；恭俭庄敬，《礼》教也；属辞比事，《春秋》教也。故《诗》之失愚，《书》之失诬，《乐》之失奢，《易》之失贼，《礼》之失烦，《春秋》之失乱。其为人也，温柔敦厚而不愚，则深于《诗》者也；疏通知远而不诬，则深于《书》者也；广博易良而不奢，则深于《乐》者也；絜静精微而不贼，则深于《易》者也；恭俭庄敬而不烦，则深于《礼》者也；属辞比事而不乱，则深于《春秋》者也。"

从这里我们可以看出，《尚书》已经被视为与其他五经相并立的经典，并为孔子儒家学者所研习、传承。实际上，战国时期的很多典籍比如《庄子》等，对此都多有记载，所谓"其在于《诗》《书》《礼》《乐》者，邹鲁之士、搢绅先生多能明之"（《庄子·天下》），就是将《尚书》等六经视为儒家所专有。

除了儒家之外，战国时期的墨家也非常重视《尚书》，墨子学养深厚，对六经之学颇为精通，故在《墨子》一书中大量援引了六经中的章句，以服务于其学说。比如墨子对《尚书》语句的援引：

> 故先民以时生财，固本而用财，则财足。故虽上世之圣王，岂能使五谷常收而旱水不至哉？然而无冻饿之民者，何也？其力时急而自养俭也。故《夏书》曰"禹七年水"，《殷书》曰"汤五年旱"，此其离凶饿甚矣，然而民不冻饿者，何也？其生财密，其用之节也。故仓无备粟，不可以待凶饥；库无备兵，虽有义不能征无义；城郭不备全，不可以自守；心无备虑，不可以应卒。……且夫食者，圣人之所宝也。故《周书》曰："国无三年之食者，国非其国也；家无三年之食者，子非其子也。"此之谓国备。（《墨子·七患》）

在这里，墨子引用《尚书》中《夏书》《殷书》中的部分章句，认为大禹时期遭遇了七年的水灾，商汤时期遭遇了五年的旱灾，但那时都没有饿死的人，原因就在于禹、汤使用财富都很节俭，而且有忧患意识，平时储备财物。所以，墨子以此来告诫人们，一定要有储备，以防万一，战略物资的储备，尤其是粮食储备，尤为重要。他还引用《尚书·周书》中的语句来证实自己的思想，希望人们一定要有忧患意识，这种思想实际上也是对《尚书》忧患意识的继承和发展。墨子还引用《尚书》中语句、史实来证明"尚贤"的重要性，如其所言："且以尚贤为政之本者，亦岂独子墨子之言哉？此圣王之道，先王之书，距年之言也。《传》曰：'求圣君哲人，以裨辅而身。'《汤誓》曰：'聿求元圣，与之勠力同心，以治天下。'则此言圣之不失以尚贤使能为政也。"（《墨子·尚贤中》）这里墨子引用《汤誓》①中的语句来强调尚贤的重要性。

当然，并不是诸子百家都重视《尚书》，很多学派对《尚书》并不重视，甚至是排斥之，如法家便是如此。法家代表人物商鞅就认为《诗》《书》《礼》《乐》等六经之学不仅对国家发展无益，而且还会削弱国力，使人民贫困，如其所言：

> 国有礼、有乐、有《诗》、有《书》、有善、有修、有孝、有弟（悌）、有廉、有辩，国有十者，上无使战，必削至亡；国无十者，上有使战，必兴至王。国以善民治奸民者，必乱至削；国以奸民治善民者，必治至强。国用《诗》、《书》、礼、乐、孝、弟（悌）、善、修治者，敌至必削国，不至必贫国。不用八者治，敌不敢至，虽至必却。兴兵而伐，必取，取必能有之；按兵而不攻，必富。（《商君书·去强》）

---

① 这里的语句并非出自今本《尚书·汤誓》，伪古文《尚书》将其列入《汤诰》篇中。

在商鞅看来，《诗》《书》《礼》《乐》等六经儒家之学不但不能治国，反而还会导致国力削弱，甚至是亡国。相反，朝廷如果不推行六经儒家之学，就会兴盛强国，"国有十者，上无使战，必削至亡；国无十者，上有使战，必兴至王"。不仅如此，商鞅甚至把《诗》《书》《礼》《乐》及儒家之道比喻成祸国殃民的"虱害"，如其所言：

> 六虱：曰礼乐，曰《诗》《书》，曰修善，曰孝弟（悌），曰诚信，曰贞廉，曰仁义，曰非兵，曰羞战。国有十二者，上无使农战，必贫至削。十二者成群，此谓君之治不胜其臣，官之治不胜其民，此谓六虱胜其政也。十二者成朴，必削。是故兴国不用十二者，故其国多力而天下莫能犯也。（《商君书·靳令》）

商鞅认为，《诗》《书》《礼》《乐》及儒家之道就是导致国家危困的根源，所以他认为摒弃这些经典，国家自然强大。总之，商鞅以非常功利的态度看待六经儒家之学，尤其是将儒家之学所宣扬的礼乐文明看成是富国强兵的阻碍，并极力批判之。

正是由于法家等学者的批判，且随着秦统一六国，法家学说成为官方之学，以至于儒学及《尚书》等经典遭到了摒弃，甚至发生了"焚书坑儒"的祸患，最终导致汉代《尚书》的残缺，并出现了今古文《尚书》的纷争，这也为后来伪古文《尚书》的出现埋下了伏笔。

（二）汉唐之际

1. 两汉

《尚书》发展的重要时期便是汉代，汉代《尚书》学开始于伏生所传的今文《尚书》。后来随着汉武帝将儒学作为官方意识形态,并立五经博士,伏生的后传弟子欧阳生、夏侯胜、夏侯建等人相继被立为博士,即形成了三大派:欧阳、大小夏侯《尚书》学,可以说伏生今文《尚书》学在整个汉代一直居于主导地位。

实际上,在伏生《尚书》学出现之前,《尚书》也有一定的传播,比如在汉高祖刘邦时期,当时的儒生陆贾时常在皇帝面前宣传《尚书》,虽然遭到了漠视,但其学说的确对《尚书》学做了很多的继承与发展,对此《史记·陆贾列传》有载:

> 高祖大悦,拜贾为太中大夫。陆生时时前说称《诗》《书》,高帝骂之曰:"乃公居马上而得之,安事《诗》《书》!"陆生曰:"居马上得之,宁可以马上治之乎?且汤武逆取而以顺守之,文武并用,长久之术也。昔者吴王夫差、智伯极武而亡;秦任刑法不变,卒灭赵氏。乡使秦已并天下,行仁义,法先圣,陛下安得而有之?"高帝不怿而有惭色,乃谓陆生曰:"试为我著秦所以失天下,吾所以得之者何,及古成败之国。"陆生乃粗述存亡之征,凡著十二篇。每奏一篇,高帝未尝不称善,左右呼万岁,号其书曰"新语"。

刘邦重视陆贾,陆贾便宣传《尚书》,强调民本、仁义等思想,这些思想虽然遭到了刘邦的反驳,但陆贾还是将其思想也就是《尚书》学在汉初进行传播,由此还基于诠释《尚书》而形成《新语》一书。从今本《新语》我们可以看出,陆贾的很多思想比如践行仁义、弘扬王道等主张,都是对《尚书》中思想观念的继承与发展[①]。

伏生所传的今文《尚书》学,在经学研究方法上,注重用章句

---

① 李志鹏:《陆贾〈新语〉引〈诗〉〈书〉及〈诗〉〈书〉观考论》,曲阜师范大学硕士学位论文,2015年未刊本。

训诂的形式来解读经典，由于当时学者考虑到名利之争、门户之见，多刻意墨守师法、家法，以至于代代相传，层层叠加，发展到最后，解说就越来越烦琐。如东汉桓谭《新论》中就曾记载说：

> 秦近君能说《尧典》，篇目两字之谊，至十余万言；但说"曰若稽古"，三万言。①

这里的"近君"，在《汉书·儒林传》中写作"延君"。他曾师从夏侯建研习小夏侯《尚书》学，他以章句训诂的形式，过度阐发《尚书》中的微言大义，以附会社会政治，来迎合当时朝廷的需要，加上他还要继承师说，从而形成了非常烦琐的解说。于是，他解释《尧典》一篇就写了十多万言，解释《尧典》中的第一句话"曰若稽古"，就用了三万余言，可见当时《尚书》学的烦琐。

其实在当时，不只《尚书》学是这样，其他各家各派的今文经学也都是如此。如班固在《汉书·儒林传》赞中就曾总结说：

> 自武帝立《五经》博士，开弟子员，设科射策，劝以官禄，迄于元始，百有余年，传业者寖盛，支叶蕃滋，一经说至百余万言，大师众至千余人，盖禄利之路然也。

从班固的观点来看，当时的今文经学在名利的诱导下，除了对经书有了深入细致的研究之外，还在解读形式上过于强调阐发经典所蕴含的微言大义，加上师法、家法的束缚，所以导致解说非常烦琐，以至于"一经说至百余万言"。

汉代今文《尚书》学的另外一个特点，便是借用阴阳五行说来解读《尚书》，讲天人感应、阴阳灾异等，以此来为朝廷皇权服务。

---

① ［汉］桓谭：《新论·正经》，上海人民出版社，1977年，第35页。

与此相同，当时易学、《诗经》学等也都用阴阳五行学说进行解读。到了两汉之际，天人感应的思想学说最终导致了谶纬之学的泛滥，《尚书》也因此变成了讲怪、力、乱、神的经典依据，比如很多学者借助《洪范》五行说来预言和论断自然灾害、时事政治的演变。另外，还有学者神化《尚书》中的历史以附会现实政治，导致各种解说穿凿附会、荒诞不经。表面上看，他们的《尚书》学服务于社会政治，事实上他们对《尚书》的解读已经偏离了文本的本意。

两汉之际，随着刘歆、王莽等人的努力，古文《尚书》一度被立为官学。不过，随着王莽新朝的覆亡，古文《尚书》的官学地位也很快被取消。

到了东汉，随着谶纬之学的盛行，《尚书》等儒家经典被神圣化，它们所承载的道也无所不在，如《汉书》《白虎通》等都有如此表述：

> 天地设位，悬日月，布星辰，分阴阳，定四时，列五行，以视圣人，名之曰道。圣人见道，然后知王治之象，故画州土，建君臣，立律历，陈成败，以视贤者，名之曰经。贤者见经，然后知人道之务，则《诗》《书》《易》《春秋》《礼》《乐》是也。（《汉书·翼奉传》）

> 经所以有五何？经，常也。有五常之道，故曰《五经》。《乐》仁，《书》义，《礼》礼，《易》智，《诗》信也。人情有五性，怀五常，不能自成，是以圣人象天五常之道而明之，以教人成其德也。①

---

① [清]陈立撰，吴则虞点校：《白虎通疏证》卷九《五经》，中华书局，1994年，第447页。

班固是东汉前期人，他所撰写的《汉书》《白虎通》都充满了以阴阳五行学说解释五经的情况，并将《尚书》等五经视为天道的载体，而圣人则是替天明道，借助《尚书》等五经来彰明天道、劝人行善明德的。在一定意义上说，《尚书》等五经之学已经被谶纬化、迷信化了，严重影响了人们对经典的认知与理解。可以说，正是由于今文《尚书》学烦琐的章句训诂之学和荒诞不经的谶纬迷信，使得朝廷开始倾向于简洁的古文《尚书》。

实际上，基于对既得利益及名利的维护，今文《尚书》博士、经学世家、累世公卿对古文《尚书》学极力反对，以至于古文《尚书》并没有被立为官学，人们依旧墨守今文《尚书》。但在民间，古文《尚书》尤其是郑玄所注解的古文《尚书》（《尚书注》），因为打破了师法、家法的门户之见，吸收各家之长，择善而取，非常简洁，故在东汉后期盛行于世。在汉代末年、三国时期，随着今文《尚书》学衰微，郑玄所代表的古文《尚书》学最为流行。

值得一提的是，在东汉末年，朝廷把今文学派所研习的经典都刊刻在石碑上作为范本，供天下学子学习，这就是有名的"汉石经"。由于该石经是在汉灵帝熹平四年（175）开工刊刻，故也被称作"熹平石经"。另外，由于该石经是用汉代隶书一种字体刊写，又被称为"一体石经"。

2. 魏晋南北朝

曹魏时期，古文《尚书》非常流行。魏文帝曹丕时期，还把郑玄古文《尚书》学立为官学。魏正始年间，又将古文《尚书》刻为石经，即"魏石经"，或"正始石经"。由于它是用先秦古文字、秦小篆、隶书三种字体刊刻，故也被称为"三体石经"。

在魏晋《尚书》学史上，能够与郑学相提并论的当属王肃《尚书》学。王肃《尚书》学也曾被立为官学，《三国志·魏书·王肃传》就记载云："初，肃善贾、马之学，而不好郑氏，采会同异，为《尚书》《诗》《论语》《三礼》《左氏》解，及撰定父朗所作《易传》，皆列于学官。"王肃曾经为《尚书》作过注解，是为《尚书注》。

《尚书注》，《隋书·经籍志》著录为十一卷，《旧唐书·经籍志》《新唐书·艺文志》则均著录为十卷。这部书在隋唐后就亡佚了。清人马国翰有辑本。《玉函山房辑佚书》有辑本王肃《古文尚书注》二百二十二条，共两卷。王仁俊《玉函山房辑佚书续编三种》中也有辑本，为一卷。实际上，这两个辑本多有重复。

魏晋之际，郑、王之争是经学史上的一大公案。王肃《尚书》学作为与郑玄之学论争的一部分，既有与之相同的解释，也有很多不同的注解。比如同样解释《舜典》"纳于大麓，烈风雷雨弗迷"一句中的"麓"字时，郑玄的注解是："麓，山足也。"而王肃的解释是："尧纳舜于尊显之官，使大录万机之政也。"（《宋书·百官志上》）王肃将"麓"解释为重要岗位及事务。实际上，有关"麓"的解释，在汉代就已经是众说纷纭，当时同为今文经学家的欧阳氏解释为"山麓"，而夏侯氏解释为"大录"，即总领。《史记》也训释为"山麓"，所谓"尧使舜入山林川泽，暴风雷雨，舜行不迷。尧以为圣"（《史记·五帝本纪》）。古文经学家马融、郑玄也都理解为"山麓"。桓谭《新论》则解释为"大录"、总领之意，所谓"昔尧试舜于大麓，乃领录天下之事，如今之尚书官矣"（《新论·求辅》），这种解释与王肃的解释一致。究竟是"山麓"，还是"大录"，至今没有定论。由此可见郑、王之不同。

郑、王之间的不同，乃是经学解释上的不同。一直以来，学者都认为王肃喜好贾、马古文经学，不过由于郑玄兼通今古经学，混淆了今古之学的界限，同时还大量援引谶纬之学来解经，这就使得王肃利用贾、马的古文经学来批驳郑玄之学，由此形成了郑、王之争。当然，这只是一个方面的原因而已，另外还有曹氏与司马氏背后分别推崇郑、王之学的政治因素。由于王肃受到司马氏家族的支持（王肃是西晋开国之君司马炎的外祖父，加上王肃之父王朗是汉代传承欧阳《尚书》学的杨氏家族之门人），所以王肃古文《尚书》学被立为官学。在西晋时期，郑学和王学并行于世。事实上，朝廷更注重王肃之学。随着西晋永嘉之乱的爆发，今古文《尚书》一起散佚。

东晋元帝时期，梅赜向朝廷献上汉代孔安国的《孔传古文尚书》，共四十六卷，计五十八篇。这就是后世所说的伪古文《尚书》。由于当时没人能识别这是一部伪书，于是这部书在东晋被立为官学。

南北朝时期，南方主要流行的是伪古文《尚书》，而北方主要流行的是郑玄古文《尚书》。具体情况如《隋书·经籍志》所云：

> 梁、陈所讲，有孔、郑二家，齐代唯传郑义。至隋，孔、郑并行，而郑氏甚微。自余所存，无复师说。又有《尚书逸篇》，出于齐、梁之间，考其篇目，似孔壁中书之残缺者。

从这里可以看出，南朝的梁、陈所传有孔安国、郑玄两家。这里的"孔"，实际上就是梅赜所上的孔安国所传《古文尚书》本。在研究方法上，南方伪古文《尚书》注重思想义理，非常简洁；北方郑玄古文《尚书》，注重训诂，比较烦琐。[1]

---

[1] ［唐］李延寿：《北史》卷八十一《儒林传》载："江左，《周易》则王辅嗣，《尚书》则孔安国，《左传》则杜元凯。河洛，《左传》则服子慎，《尚书》《周易》则郑康成，《诗》则并主于毛公，《礼》则同遵于郑氏。南人约简，得其英华；北学深芜，穷其枝叶。"

3. 隋唐

在隋代，当时的大儒有刘焯、刘炫二人，他们学通南北，博极古今。他们曾将南朝费甝《尚书义疏》引入北朝，会通南北之学，当时学者多宗之。另外，隋代陆德明鉴于汉魏以来儒家经典注音混乱的情形，对经典本文、注文进行统一注音，并对其中的文字、内容进行校勘和训诂，从而形成了《古文尚书》两卷，是书存于《经典释文》之中。

在唐代，唐太宗鉴于儒家经典在传播中出现了文字谬误的情况，就命令当时的中书侍郎颜师古考定五经，从而形成了《五经定本》。与此同时，唐太宗又诏命国子祭酒孔颖达与诸儒撰写《五经义疏》，以此来统一南北儒学多门、经解不一的情况，是为《五经正义》。《五经正义》的编纂改变了当时经学南北分立、章句繁杂、思想不一的弊端，它的出现促使汉魏以来《尚书》学的解释统一化。至此，《尚书》学结束了"南孔北郑"的分立局面，使得经书版本、注解实现了大一统。关于隋唐时期《尚书》学的传习情况，刘师培《经学教科书》做了总结：

> 隋刘炫得南朝费甝疏，并崇信姚方兴之书，复增益《舜典》十六字，而北方之士，始治古文黜今文。唐孔颖达本崇郑注，及为《尚书》作义疏，一以《孔传》为宗，排斥郑注而郑义遂亡，惟刘子玄稍疑《孔传》。玄宗之时，复用卫包之义，改《尚书》古本之文，使之悉从今字，而《尚书》古文复亡。此三国、六朝、隋、唐之《尚书》学也。（以上用《三国志》《南史》《北史》各列传、《经典释文》、阎氏《古文尚书疏证》、惠氏《古文尚书考》、王氏《尚书后案》及《蛾术编》。）[1]

---

[1] ［清］刘师培著，陈居渊注：《经学教科书》，上海古籍出版社，2006年，第65页。

大体来看，隋唐时期，陆德明《经典释文》、颜师古《五经定本》、孔颖达等《五经正义》都是《尚书》学史上最有影响的著作。其中，孔颖达等撰写《尚书正义》所用底本便是在南方流行的伪古文《尚书》，书成后被颁行天下。由此伪古文《尚书》盛行于天下，一直到清末。从这点可以说，伪古文《尚书》是继伏生今文《尚书》、郑注古文《尚书》之后流传最为广泛的《尚书》文本。

孔颖达《尚书正义》共二十卷。旧题汉代孔安国传，唐孔颖达等正义。据《尚书正义序》中所言，此书的编撰人员除了孔颖达之外，还有王德韶、李子云等人，后他们又与朱长才、苏德融、随（隋）德素、王士雄、赵弘智等人复审。在孔颖达主持的《五经正义》中，《尚书正义》参与编纂的人数最多，《新唐书·艺文志》对此有记载：

> 国子祭酒孔颖达、太学博士王德韶、四门助教李子云等奉诏撰。四门博士朱长才、苏德融、太学助教隋德素、四门助教王士雄、赵弘智覆审。太尉扬州都督长孙无忌、司空李勣、左仆射于志宁、右仆射张行成、吏部尚书侍中高季辅、吏部尚书褚遂良、中书令柳奭、弘文馆学士谷那律、刘伯庄、太学博士贾公彦、范义頵、齐威、太常博士柳士宣、孔志约、四门博士赵君赞、右内率府长史弘文馆直学士薛伯珍、国子助教史士弘、太学助教郑祖玄、周玄达、四门助教李玄植、王真儒与王德韶、隋德素等刊定。

这样看来，参与《尚书正义》编撰者有三十人左右。当然，人多并不意味着《尚书正义》非常精审。毕竟，孔颖达等人编纂《尚书正义》乃是删削以往旧的经学注疏而成，对此编撰者已经在《尚书正义序》中做了明确说明："今奉明敕，考定是非；谨罄庸愚，竭所闻见，览古人之传记，质近代之异同；存其是而去其非，削其烦而增其简。此亦非敢臆说，必据旧闻。"正是由于《尚书正义》为删削众书而成，缺乏系统性、创建性，所以水准较差，对此朱熹有评价，他说："《五经》中，《周礼疏》最好，《诗》与《礼记》次之，《书》《易》疏乱道。《易》疏只是将王辅嗣《注》来虚说一片。"①

孔颖达《尚书正义》所用的底本是东晋梅赜所上的孔安国《古文尚书》，主要参考了刘焯、刘炫的注本进行注解，实际上这算是对北朝《尚书》学系统的继承。南北朝时期，《尚书》孔安国传被北齐的"二刘"所重视，并以此为基础进行注解。孔颖达编纂《尚书正义》便是以当时最好的"二刘"注本进行。毕竟，二刘在当时是《尚书》学的名家，对此《尚书正义序》称："近至隋初，始流河朔。其为正义者，蔡大宝、巢猗、费甝、顾彪、刘焯、刘炫等。其诸公旨趣多或因循，帖释注文，义皆浅略，惟刘焯、刘炫，最为详雅。"

《尚书正义》作为《五经正义》的一部分，是汉代以后《尚书》学发展史上又一个具有里程碑意义的总结性著述，由此梅赜所献的伪古文《尚书》也以官方学说的形式确定下来，对后世产生了深远的影响。从此之后，孔颖达《尚书正义》大行于世，而"马、郑之《注》与汉魏六朝经师遗说皆亡"②。《尚书正义》从唐代到北宋一直是单独刊行，到了南宋淳熙年间（1174—1189），两浙东路茶盐司把孔颖达的注疏与《尚书》原文、伪孔传合编成一本进行刊刻，成为之后最为通行的《尚书》文本。

总之，在隋唐时期，由于朝廷希望通过统一《五经》注解的形式来统一思想，南方流传的伪古文《尚书》由于受当时玄学、佛学

---

① 《朱子语类》卷八十六《礼三·周礼·总论》，第2206页。
② 江竹虚：《五经源流变迁考·孔子事迹考》，上海古籍出版社，2008年，第62页。

的影响，在经学解释上不局限于文字训诂、章句注疏之学，而是注重经书思想义理的发挥，这样就容易将经学注解和现实需要结合起来，所以得到了统治阶层的认同与支持。孔颖达《五经正义》用的便是在南方流行的伪古文《尚书》，之后作为官学流行于世。虽然一直被怀疑，但直到清末，伪古文《尚书》始终得到了普遍的重视，而郑玄古文《尚书》则在隋唐时期渐渐衰微。

（三）宋元

《尚书》在中国古代扮演着非常重要的角色，它是治国安邦之重要典籍，自孔子以下，历代无不重之。整个宋代《尚书》学发展也呈现出了一派繁荣景象，这一点正如《尚书》学专家刘起釪先生所言："（宋代）出现了《尚书》著作的繁荣局面，宋学各派的《尚书》著述蔚为大观，见于著录的逾二百部以上，短短二百几十年间的著作，为汉迄唐一千多年有关《尚书》著作（约共七十余种）的数倍。而宋末成申之有《四百家〈尚书〉集解》，虽不全是宋人著作，但可概见宋代《尚书》著作至少将近于四百种。其后自元迄明遵行宋学，其所撰作的宋学《尚书》著作亦复继继绳绳。这是宋学对《尚书》学的极巨大的贡献。"①

宋代《尚书》学的传承与发展，充分体现了它的阶段性。大体而言，可以分为三个重要发展阶段。

第一阶段主要是宋初三朝时期，这一时期的《尚书》学基本上沿袭孔颖达《尚书正义》所奠定的经传注疏之学的传统。根据史书记载，当时出现了胡旦《尚书演圣论》、杨绘《书九意》、吴孜《尚

---

① 刘起釪：《尚书学史》，中华书局，1989年，第218页。

书大义》等书。这一时期的经学解释特征,主要为章句注疏之学,基本上延续了隋唐以来《尚书》学的传统。

第二阶段主要是从宋仁宗庆历年间到宋神宗熙宁、元丰之际,这一时期的《尚书》学开始注重思想义理之学,并出现了胡瑗、欧阳修、苏轼、王安石等人对《尚书》义理的阐发。其中,王安石《尚书》学作为官学的一部分,对北宋中后期的《尚书》学发展影响最大。吕祖谦曾说:"当是时,内外校官非《三经义》《字说》不登几案,他书虽世通行者,或不能举其篇秩。"[1] 围绕着王安石《尚书》学也产生一批著述,比如蔡卞《尚书解》、陆佃《二典义》、张纲《尚书讲义》等,就是辅翼王安石新学的著述。另外,也出现了苏轼《东坡书传》、文彦博《尚书解》、吕大临《书传》、孙觉《尚书解》、杨时《三经义辨》等反对王学的《尚书》学著述。

王安石曾作《尚书新义》,它和《诗经新义》《周礼新义》一起被称作《三经新义》。由于王安石在经学方面有独到的见解,尤其是能够吸收汉唐以来经学的成果,并发挥《尚书》中的思想义理来服务于当时的变法维新,于是被朝廷立为官学。之后,王安石新学在两宋之际盛行六十多年,所以王安石《尚书》学在当时影响很大。由于王安石变法最后失败,作为其变法理论根据的《三经新义》及其所宣扬的思想也受到了很多学者和官僚的批判、否定,代表人物就是二程。

第三阶段主要是程颐理学化《尚书》学范式的确立。二程作为宋代理学的奠基人,他们吸收了佛教、道家的思想,建构了以理为核心的新儒学思想体系——理学。他们在解释《尚书》的时候,注

---

[1] 《吕祖谦全集》第一册《王居正行状》,浙江古籍出版社,2008年,第139页。

重探究《尚书》中的性理之学，他们将其理学、《四书》学融入其中，为实现王道政治而宣扬圣人政治，强调君主的道德修身在实现政治理想中的价值和意义。经由二程的努力，最终形成了理学化《尚书》学思想体系。可以说，二程改变了《尚书》学解经范式，注重以《四书》学、理学来解读《尚书》，开启了新的经学发展模式，并极力宣扬《尚书》中以德治国的思想理念。由于南宋时期的几大学派，如湖湘学派、朱熹闽学、浙东学派、陆九渊心学派都与二程有一定的思想渊源，所以二程《尚书》学的思想和方法基本上得到了他们的认同和继承，以至于在南宋时期，以《四书》、理学解读《尚书》成为主流方法。

二程之后，《尚书》学的理学化成为一种基本的诠释理路。随后，理学化《尚书》学得到了杨时等人的传承、宣扬，日渐成为一种学术风气，对此正如《宋史·杨时传》所言："暨渡江，东南学者推时为程氏正宗。……凡绍兴初崇尚元祐学术，而朱熹、张栻之学得程氏之正，其源委脉络皆出于时。"这一时期也产生了与理学相关的《尚书》学，比如陈鹏飞《书解》、黄度《尚书说》、陈经《尚书详解》等等。

二程《尚书》学在宋代具有典范的意义，后来理学集大成的朱熹，嘱托弟子蔡沈以程朱《尚书》学的思想为指导，重新为《尚书》作注，产生了《书集传》。这部书虽然是蔡沈所作，但它后来被看成朱熹《尚书》学的代表之作。到了南宋末年，程朱理学被宋理宗确立为官方学说，而蔡沈《书集传》代表了程朱的经学和理学思想，所以被确定为科举考试必修书。元明清三代依旧如此。

蔡沈（一作蔡沉，1167—1230），字仲默，号九峰，学者称九峰先生，南宋建州建阳（今属福建）人。他与其父蔡元定都师从朱熹，一生精研经学、理学，成为朱熹门中最重要的弟子之一。主要著述有《书经集传》(也称《书集传》)、《洪范皇极内篇》、《洪范九畴数解》、《九峰诗集》等，《宋史》有传。蔡沈对《尚书》颇有研究，朱熹晚年想注解《尚书》，"未及为，遂以属沈"(《宋史·蔡沈传》)。蔡沈在朱熹的指导下，最终撰成《书集传》。《书集传》"参考众说，融会贯通"①，基本反映的是朱熹理学思想体系，由此成为理学派《尚书》学的代表性著作。后来《书集传》与朱熹《周易本义》《诗集传》等一并作为元明清时期科举考试的必读书，对中国古代后期《尚书》学、经学的发展影响颇为深远。②

《书集传》在编撰的过程中，虽然为蔡沈亲自执笔，但对于注解《尚书》原则，朱熹已经为之作了明确规定，在《答蔡仲默》一文中朱熹就曾指出：

> 因思向日喻及《尚书》文义通贯犹是第二义，直须见得二帝三王之心，而通其所可通，毋强通其所难通，即此数语，便已参到七八分。千万便拨置此来，议定纲领，早与下手为佳。诸说此间亦有之，但苏氏伤于简，林氏伤于繁，王氏伤于凿，吕氏伤于巧。然其间尽有好处，如制度之属，只以疏文为本。若其间有未稳处，更与挑剔令分明耳。③

朱熹在给蔡沈的书信中，表明了自己对注解《尚书》的关切和编纂思想，他认为注解《尚书》最主要的是要传承"二帝三王之

---

① [宋] 蔡沈：《书集传序》，《书集传》，凤凰出版社，2010年。
② 游君晶：《蔡沈〈书集传〉研究》，台北花木兰文化出版社，2010年，第40页；蔡安定：《蔡沈〈书集传〉及其版本》，载《武夷文化研究——武夷文化学术研讨会论文集》，2002年。
③ 顾宏义：《朱熹师友门人往还书札汇编》，上海古籍出版社，2017年，第12页。

心",此"心"其实就是道学家尤其是朱熹所说的"道心",即伪古文《尚书·大禹谟》中所说:"人心惟危,道心惟微,惟精惟一,允执厥中。"在朱熹看来,这十六字心传是孔孟之学的精髓所在,《尚书》作为圣人之道的载体,这十六字便是《尚书》对圣人之道的明确阐释,故要以此注解明此理。其次,为《尚书》作注解一定要"通贯",这种通贯不仅仅是指文从字顺,还指不同篇章、前后文思想义理的通贯。这一点无疑需要蔡沈对《尚书》有深刻的体悟与透彻的理解,方可以做到。另外,朱熹还通过一些宋儒注解《尚书》的实例来说明需要注意的事项,比如苏轼《书传》过于简洁,林之奇《尚书全解》过于烦琐,王安石《尚书义》过于穿凿,吕祖谦《书说》过于虚美,等等,这些都是叮嘱蔡沈在注解《尚书》时所应该注意避免的。总之,对于如何注解《尚书》,朱熹有自己的理解和安排,日后蔡沈注解也基本上遵照朱说,通过"沉潜其义,参考众说,融会贯通,乃敢折衷"而成《书集传》。《书集传》中夹杂了朱熹的很多修改意见和思想,这就表明《书集传》的编撰虽然主撰为蔡沈,但实为蔡沈与朱熹二人通力合作完成。朱熹去世之后,蔡沈用了近十年的工夫完成了《书集传》的写作,直到嘉定二年(1209),《书集传》才成书,如其序中所言:"又十年,始克成编,总若干万言。"

《书集传》是理学派《尚书》学的重要代表之作,此书的编纂颇有特点。首先,它广泛吸收了汉唐注疏之家的成果与宋人义理之学的观点,兼收并蓄,融会贯通,注重《尚书》字义、章句的疏通,以求简洁明白、深入确凿。在对《尚书》中诸多字词、语句的解读上,蔡沈并不追求汉唐注疏之学的烦琐训诂与考据,而是吸收汉唐以来具有代表性的解释,通过简洁的语句,完成对经文的疏通、义理的阐发，所以整个经书中对汉唐注疏之学的成就沿袭甚多。蔡沈还援引了汉、宋诸儒的《书》说成果，如伏生、马融、郑玄、刘焯、陆德明、孔颖达、刘敞、欧阳修、苏轼、程颐、晁说之、杨时、胡宏、林之奇、吕祖谦、吴仁杰、朱熹等等，蔡沈此举就是想尽可能地吸收汉学、宋学诸儒的注解成就，从而保证在注解上摒弃门户之见，汉宋兼采，训诂义理兼备，使对《尚书》本义的解读更为客观确凿。其次，蔡沈注解《尚书》，在内容上尤其是在涉及名物掌故、典章制度、历史事实的解释上，对汉唐诸儒的解读多持保留态度，并对之进行考辨；而在思想内涵的疏通上，他更多基于现实与理学建构的需要，对各家观点进行剪裁、决断。蔡沈对汉、唐诸儒对经文解释的否定态度，主要是为了进一步规范《尚书》经文的解释。就名物掌故而言，蔡沈在《书集传》中多次对汉唐诸儒的注解持否定态度，如对《禹贡》中"包匦菁茅"，他解释说："孔氏（颖达）谓菁以为菹者，非是。今辰州麻阳县苞茅山出苞茅，有刺而三脊。"[1]这里蔡沈的观点是正确的，后代的《禹贡》注解也证明了这一点。最后，蔡沈注重以《尚书》注解来明理、传道，以"理"解读《尚书》，更为主要的是以此为契机来传播他的数理逻辑理论，由此也进一步丰富、完善了理学体系，从而为《尚书》学、理学的发展作出了突出贡献。

蔡沈《书集传》以其精审、翔实地诠释了《尚书》经义与程朱理学，成为《尚书》学史上的经典之作，正如宋末黄震所言："经解惟《书》最多，至蔡九峰参合诸儒要说，尝经朱文公订正，其释文义既视汉唐为精，其发指趣又视诸家为的，《书经》至是而大明，如

---

[1] [宋]蔡沈：《书集传》卷二《禹贡》。

揭日月矣。"① 黄震极力表彰蔡沈《书集传》，将之看成是汉唐以来《尚书》学史上最重要的注解之作，《尚书》之义借此而得到大兴，正如日月复明一般。到了元代，科举考试尽用程朱经学、理学，其中《尚书》采用蔡沈《书集传》，这一时期很多学者为此书作注解、辨正。如陈栎曾作《尚书集传纂疏》便是"发明蔡义"②。邹季友作《尚书音释》，为《书集传》注音、释义。陈师凯作《书蔡氏传旁通》，也是解释《书集传》字句，以补充其不足，四库馆臣说它："于名物度数蔡《传》所称引而未详者，一一博引繁称，析其端委。"③

在明清时期，程朱经学、理学依旧被视为官学。其中《书集传》继续被作为科举考试必读书，得到了朝野上下的高度重视和评价。如明永乐年间明成祖朱棣命胡广、杨荣等人纂修《五经》《四书》大全，其中《书传大全》便是以蔡沈《书集传》为底本，并以此为基础收录宋元诸儒的注解，这对于当时《尚书》的研究和发展无疑具有重要的参考价值。到了清代，尽管汉学兴发，但是蔡沈《书集传》依旧是非常重要的著述。对此，清儒陈澧曾说："近儒说《尚书》，考索古籍，罕有道及蔡仲默《集传》者矣。然伪孔传不通处，蔡传易之，甚有精当者。"④ 在陈澧看来，蔡沈《书集传》以其精当的注解与义理阐发，无疑是汉唐注疏之学以后，理学派《尚书》学的代表之作。根据《经义考》《四库全书》的著录，元明清三代有关《书

---

① [清]黄宗羲原著，全祖望补修，陈金生、梁运华点校：《宋元学案》卷六十七引《黄氏日抄》，中华书局，1986年，第2211页。
② 《四库全书总目提要》卷十二《书传会选》提要。
③ 《四库全书总目提要》卷十二《书蔡氏传旁通》提要。
④ [清]陈澧：《东塾读书记》卷五《尚书》，上海古籍出版社，2012年，第88页。

集传》的著述非常多，比如还有吴澄《书纂言》、董鼎《书蔡氏传辑录纂注》、朱右《书集传发挥》、朱升《书传补正辑注》、袁仁《尚书砭蔡编》、王夫之《尚书稗疏》、方宗诚《诗书集传补义》、丁晏《书传附释》等等。

《尚书》学在元代得到了长足的发展，尤其是随着程朱之学被官学化之后，有关程朱理学派《尚书》学得到了应有的重视，并成为当时《尚书》学发展的主导，由此一来也产生了众多与程朱理学派相关的《尚书》学著述。对于元代《尚书》学的发展情况，刘师培在其《经学教科书》中做了梳理，他说道：

> 元代之儒，若金履祥（《尚书表注》）、陈栎（《尚书集传纂疏》）、董鼎（《尚书集录纂注》）、陈师凯（《蔡传旁通》）、朱祖义（《尚书句注》）说《书》，咸宗蔡《传》，亦间有出入，然不复考求古义。……又朱子、吴澄（作《书纂言》）、梅鷟（明人，作《尚书考异》）渐疑古文之伪，而张鼐则并疑今文。宋人王柏复作《书疑》，妄疑《大诰》《洛诰》不足信，移易本经，牵合附会，而明人陈第（作《尚书疏衍》）则又笃信伪古文，咸师心自用。若夫毛晃（《禹贡指南》）、程大昌（《禹贡论》）之说《禹贡》，胡瑗（《洪范口义》）、黄道周（《洪范明义》）之说《洪范》，虽疏于考古，亦足为参考之资。此宋、元、明三朝之《尚书》学也。（惟疑古文《尚书》一事，启清儒阎、惠、孙、江之先。）①

刘师培认为元代《尚书》学有其自身的特色：（1）一般都尊崇蔡沈《书集传》，并为这部书进行解释或考辨；（2）对古文《尚书》

---

① [清]刘师培著，陈居渊注：《经学教科书》，上海古籍出版社，2006年，第95—96页。

学继续辨伪，代表人物是吴澄、梅鹭等。当然，我们从元代《尚书》学的整体来看，注重经传注疏之学与考据、考辨也是元代《尚书》学重要特色。元代《尚书》学的发展也涌现出了一些名家名作，比如金履祥《尚书表注》、陈栎《尚书集传纂疏》、董鼎《尚书辑录纂注》、吴澄《书纂言》等。

吴澄的《易纂言》被收录到《四库全书》中，他的《书纂言》也被收录其中。《书纂言》算是元代《尚书》学史上的代表作。不过，这部书主要是对孔安国的伪古文《尚书》进行质疑，并专门对今文《尚书》进行解释。对此，《四库全书总目提要》卷十二《书纂言》提要做了较为系统的梳理与评价：

> 《古文尚书》自贞观敕作《正义》以后，终唐世无异说。宋吴棫作《书裨传》，始稍稍掊击。《朱子语录》亦疑其伪，然言性、言心、言学之语，宋人据以立教者，其端皆发自古文，故亦无肯轻议者。其考定今文、古文，自陈振孙《尚书说》始。其分编今文、古文，自赵孟頫《书古今文集注》始。其专释今文，则自澄此书始。《自序》谓："晋世晚出之书，别见于后。"然此四卷以外，实未释古文一篇。朱彝尊《经义考》以为权词，其说是也。考汉代治《尚书》者伏生今文，传为大小夏侯、欧阳三家。孔安国古文，别传都尉朝、庸生、胡常，自为一派。是今文、古文本各为师说。澄专释今文，尚为有合于古义，非王柏《诗疑》举历代相传之古经，肆意刊削者比。惟其颠倒错简，皆以意自为，且不明言所以改窜之故，与所作《易纂言》体例迥殊。是则不可以为训。读者取所长而无效所短，可矣。①

---

① 《四库全书总目提要》卷十二《书纂言》提要。

四库馆臣认为，从唐代开始，《伪古文尚书》一直被作为官方文本进行研习，而没有人怀疑。到了宋代，吴棫《书裨传》对其有所怀疑。随后，朱熹也对孔安国《伪古文尚书》有所怀疑，不过有宋一代大部分学者依旧借助《伪古文尚书》探讨天道性命之学。另外，陈振孙《尚书说》、赵孟𫖯《书古今文集注》开始将今文、古文《尚书》分开编写。而吴澄《书纂言》则干脆专门解释今文《尚书》，而不再解释伪古文《尚书》部分。吴澄此举，可以说进一步推动了学者对《尚书》的辨伪。

（四）明清

1. 明代

明代《尚书》学在宋元的基础上进一步发展，主要是传承、发展了宋元理学化经学思想。有学者统计，明代《尚书》学著述达到1336种[①]，这些著述分为传说、单篇、文字音义等类型。

在明代，《尚书》学的发展在中前期主要受到《五经大全》及《书传大全》的影响，注重对蔡沈《书集传》的疏通，从而实现对程朱理学的传承与发展。比如徐善述《书经直指》便是杂取诸家之说，疏通蔡沈《书集传》；彭勖《书传通释》基于《书传大全》，删繁就简，节录大要而成此书。明仁宗、明宣宗时期，社会安定、政治清明，诸儒依旧尊崇蔡沈《书集传》、胡广等《书传大全》，而鲜有创见。

到了明代中期，受到心学的影响，儒者们开始注重思想义理的阐发，尤其是对性命道德之学的传承，如王阳明《五经臆说》、蔡汝楠《说经札记》等都是如此。另外，这一时期出现了考辨、考证的

---

① 李霞：《明代尚书学文献研究》，山东大学硕士学位论文，2013年。

《尚书》著述，也是为了进一步丰富完善蔡沈《书集传》、胡广等《书传大全》。如杨慎《升庵经说》就注重音韵训诂之学，此书旁征博引，以此来修正蔡沈、胡广等人著述的谬误之处。陈耀文《经典稽疑》则博采汉唐经学注疏之学的成果，以弥补蔡沈《书集传》之不足。这一时期还出现了反对蔡沈《书集传》的著述，比如袁仁《尚书砭蔡编》、马明衡《尚书疑义》、陈泰交《尚书注考》等。

到了明代后期，尤其是明神宗万历以后，一直到明亡之际的几十年里，出现了数百部《尚书》学著述。这一时期的《尚书》学无论是从体例上，还是从内容上，都较以往更加多元。当然，思想空疏的著述也层出不穷。如茅瑞征《禹贡汇疏》一书甚至引述《山海经》等书籍，其《附录》一卷更是几为野史、志怪之说。当然，针对这一时期的空疏学风，也有一些学者注重从实证、考据的角度出发来研治《尚书》，如顾宪成、黄宗羲、顾炎武、王夫之等人皆是如此。

此外，明代流行对《尚书》单篇的注解与诠释，尤其是对《禹贡》《洪范》的诠释。《禹贡》一般都将之作为地理学的著述，希望借助《禹贡》注解来探究明代的地理、国家形势，以求经世致用。如夏允彝《禹贡古今合注》一书就在注解之中，探讨了有关水利、屯田、边防、漕运、盐法、贡赋等多项内容，以求有益于现实社会。

纵观来看，明代《尚书》学文献，较以往有了新的发展。清人朱彝尊《经义考》曾著录明代《尚书》类文献多达二百三十多篇部，对于它们的作者、卷数、存佚、序跋、后人评价等都有记载。刘起釪《尚书学史》对明代《尚书》学文献的基本情况做了梳理。许锬辉编《十三经著述考·尚书著述考》共著录明代《尚书》类著述二百四十多种。李霞《明代尚书学文献研究》对明代《尚书》学文献卷次、序跋、版本、存佚等情况做了梳理。整体来看，明朝《尚书》学基本上尊崇朱学。在元代，皇庆二年（1313），仁宗下诏，科举考试，《尚书》以蔡沈《书集传》为主，可以兼用古代注疏。明代继承了元代的这一政策，不过在明初洪武年间科举考试中，《尚书》学兼用夏僎《尚书详解》与蔡沈《书集传》。永乐时期，《书经大全》编成以后，朝廷则规定专用蔡沈《书集传》。总之，元明时期，主要流行的是蔡沈《书集传》。有关《尚书》学的著述大多都是羽翼蔡沈《书集传》。

需要关注的是，明朝学者们继续怀疑伪古文《尚书》，其中最著名的当属梅鷟。梅鷟对《尚书》的辨伪是对元代吴澄《尚书》辨伪学的继续与发展。吴澄曾撰有《书纂言》，指出今文《尚书》为真，孔传为伪书，并不注解古文，只注解今文。同时，也不言朱熹"十六字心法"，因为它出自伪古文《尚书》。梅鷟则系统地对伪古文《尚书》进行考辨，并撰有《尚书谱》《尚书考异》两书，坚决认为伪古文《尚书》中的二十五篇为伪作，并提出了很多的证据。

2. 清代

在清代，《尚书》学的发展既有别于汉学，也有别于宋学，而是独成一体的清学。具体来说，就是朝廷依旧尊崇蔡沈《书集传》，并将之作为科举考试的必修书，并以此为根据，清代出现了一大批有关注解蔡沈著作的《尚书》学文献。与此同时，民间兴起了考据学，对《尚书》的内容包括伪古文《尚书》进行考辨，从而产生了思想上尊崇理学，而形式上则注重考证、考据，也就是独具特色的清学模式。另外，需要关注的是，《四库全书》的编纂及《总目》的撰写标志着清学范式的形成，对伪古文《尚书》的考辨越来越多，其中最有名的当属阎若璩的《尚书古文疏证》，提出了一百二十八条证据，以证明孔传为伪书。此外，学者们对《禹贡》《洪范》阐释发挥更为繁多。有学者统计，清儒共撰有二百部左右有关《禹贡》的著作，四十部左右有关《洪范》的著述。

关于清代对《尚书》的研习情况，刘师培《经学教科书》作了大体的概述，现将之迻录于下：

> 自吴澄、梅鷟攻伪古文，太原阎若璩作《古文尚书疏证》，灼见古文《孔传》之伪，惟体例未纯，不足当疏证之目。弟子宋鉴广其义，别作《尚书考辨》。其后，惠栋作《古文尚书考》，江声从栋受业，作《尚书集注音疏》，江南学者皆遵之。王鸣盛作《尚书后案》，孙星衍作《尚书今古文注疏》，咸崇今文黜伪孔，以马、郑传注为宗。段玉裁作《古文尚书传异》，亦详于考核。惟毛奇龄崇信伪古文，作《古文尚书冤词》（朱鹤龄亦信伪古文）。其后，庄存与诸人亦信伪《尚书》不可废。存与作《尚书既见》，以宣究微言。其甥刘逢禄亦作《书序述闻》，并作《尚书古今文集解》。及魏源作《书古微》，以马、郑之学出于杜林漆书，并疑杜林漆书为伪作，乃排黜马、郑，上溯西汉今文家言，虽武断穿凿，亦间有善言。龚自珍治《尚书》，亦作《太誓答问》，以今文《太誓》为伪书，常州学派多从之。若李光地《尚书解义》、张英《书经衷论》，据理臆测，至不足观。若夫释《尚书》天文者，有盛百二《尚书释天》，而胡渭《洪范正论》并辟灾异、五行之说（虽不守汉儒家法，然辨惑之功则甚大）。释《尚书》地理者，有蒋廷锡《尚书地理今释》，而胡渭《禹贡锥指》辨证尤详。后起之儒，有朱鹤龄（《禹贡长笺》）、徐文靖（《禹贡会笺》）、焦循（《禹贡郑注释》）、程瑶田（《禹贡三江考》）、成蓉镜（《禹贡班义述》）诠释《禹贡》，咸有专书。此近儒之《尚书》学也。[1]

---

[1] ［清］刘师培著，陈居渊注：《经学教科书》，上海古籍出版社，2006年，第123—124页。

清代《尚书》学值得关注的要点有：（1）对伪古文《尚书》的辨伪。虽然从宋代朱熹、元代吴澄、明代梅鷟等人对此就有所辨析，但真正系统辨伪则开始于清代初年。代表人物则是阎若璩，撰成《古文尚书疏证》一书，最终确定了孔传《尚书》为伪书。（2）清代乾嘉时期，《尚书》学得到大力发展。有影响的有江声《尚书集注音疏》、王鸣盛《尚书后案》、孙星衍《尚书今古文注疏》三家，此三家都是汇集汉儒旧注为之作疏，一味地墨守汉学。

阎若璩（1636—1704），字百诗，号潜邱，早年随其祖父客居江苏淮安。康熙元年（1662），返太原。十八年（1679），入京应博学鸿词科试，落第。二十九年，受徐乾学聘，南下江苏洞庭山参与修纂《大清一统志》。晚年仍居淮安，专意著述。在康熙四十三年（1704），为皇四子胤禛（雍正帝）召见，抱病赴京，卒于京邸。阎若璩精通经学，长于考证，曾撰有《古文尚书疏证》《四书释地》《毛诗朱说》《日知录补正》《潜邱劄记》等多种。

《尚书古文疏证》是阎若璩著作中最重要的一种，被视为清代考据学的经典之作。阎若璩撰写这部著述大概开始于其二十岁时，如阎咏《先府君行述》中说道："作《尚书古文疏证》盖自二十岁始。"阎若璩二十岁开始研读《尚书》，并对《古文尚书》产生了怀疑，于是花了三十年时间进行考证，终于写成了著名的《尚书古文疏证》八卷，断定东晋梅赜所献的《古文尚书》，其中二十五篇都是魏晋年间的伪作，从而成为刘知幾、吴棫、朱熹、吴澄、梅鷟等人之后疑辨《尚书》学的集大成者。对此，正如《四库全书总目提要》所言：

> 古文《尚书》较今文多十六篇，晋、魏以来绝无师说。故左氏所引，杜预皆注曰逸《书》。东晋之初，其书始出，乃增多二十五

篇。初犹与今文并立，自陆德明据以作《释文》，孔颖达据以作《正义》，遂与伏生二十九篇混合为一。唐以来虽疑经惑古如刘知幾之流，亦以《尚书》一家列之《史通》，未言古文之伪。自吴棫始有异议。朱子亦稍稍疑之。吴澄诸人本朱子之说，相继抉摘，其伪益彰。然亦未能条分缕析，以抉其罅漏。明梅鷟始参考诸书，证其剽剟，而见闻较狭，蒐采未周。至若璩乃引经据古，一一陈其矛盾之故，古文之伪乃大明。所列一百二十八条，毛奇龄作《古文尚书冤词》，百计相轧，终不能以强词夺正理。则有据之言，先立于不可败也。①

《尚书古文疏证》是唐代以来《尚书》辨伪学史上的经典集大成之作。阎若璩利用归纳法进行辨伪，在唐宋以来诸儒的基础上条分缕析、归纳分类，从伪古文《尚书》与古籍不合、与史例不合、与古史不合、与古代典礼不合、与古代历法不合、与古代地理不合、与训诂不合、与义理不合等八个方面出发，条分缕析，收集资料，以毕生精力，得论据一百二十八条，成功地推翻了伪古文《尚书》经典之地位。黄宗羲看过《疏证》这部书之后，也大加赞赏说："一生疑团，见此尽破矣！"并亲自为此书写序。四库馆臣也称赞说其书："反复厘剔，以祛千古之大疑，考证之学则固未之或先矣。"②

阎若璩之后，又有姚际恒《古今伪书考》、惠栋《古文尚书考》、王鸣盛《尚书后案》、崔述《尚书辨伪》、程廷祚《晚书订疑》等，在阎氏的基础上，进一步加以考证，使《尚书》辨伪的工作更加细密与完善，从而最终确定孔传古文《尚书》为伪作。《四库全书总目

---

① 《四库全书总目提要》卷十二《古文尚书疏证》提要。
② 《四库全书总目提要》卷十二《古文尚书疏证》提要。

提要》对阎若璩在考据学上的贡献给予很高评价:"百年以来,自顾炎武以外,罕能与之抗衡者。"[1] 江藩《汉学师承记》将阎若璩推为清代汉学家第一。近代学者梁启超在《中国近三百年学术史》中评述说:"百诗的《尚书古文疏证》,不能不认为近三百年学术解放之第一功臣。"[2] 阎氏在世时,此书仅有抄本流传,后由其孙阎学林刊刻(乾隆十年眷西堂刻本)。此外还有内府藏本(当即四库本)、吴氏天津刻本、偃师武亿刻本、杭州局本、《续经解》本、同治汪氏振绮堂重修本等。今传《古文尚书疏证》只有九十九条,其余"有目无文"者十二条,"目文全缺"者十七条。

阎若璩虽然通过详细的考证,认为孔安国《古文尚书》为伪书,在清代及民国以来引起了极大的认同,但是,也有很多学者对此结论表示质疑,尤其是改革开放之后,随着人们从多个维度来审视、考察孔安国《古文尚书》的时候,越来越多的学者对阎若璩的辨伪提出了很多质疑。比如今人张岩就说:

>阎若璩的研究远远不足以支撑起结论。不仅如此,阎氏书中还包含许多刻意捏造的伪证。如果中国学术中这一绝大问题的"定案"实际上是一个错误结论,那么能否以及何时解决这个问题就是对当代中国历史学界学术水平的一次检验。[3]

张岩先生明确指出,阎若璩的考辨结论并非确论,何况其研究的过程及内容存在着太多的问题,甚至是"许多刻意捏造的伪证"。毕竟,阎若璩所处的时代,质疑宋代理学及其经学是一种思潮,不

---

[1] 《四库全书总目提要》卷三十六《四书释地》提要。
[2] 梁启超:《中国近三百年学术史》,天津古籍出版社,2003年,第79页。
[3] 张岩:《审核古文〈尚书〉案》,中华书局,2006年,序言。

仅阎若璩如此，当时的胡渭、毛奇龄也多是如此。阎若璩是否客观真切，依然还要等待时间的检验。

在清代，除了阎若璩等人对《尚书》进行辨伪之外，还有江声、王鸣盛、孙星衍、魏源等人对《尚书》做了新的诠释。其中，惠栋的弟子江声（1721—1799）所撰写的《尚书集注音疏》颇值得关注。《尚书集注音疏》共十二卷，分为集注和音注两部分。这部书吸纳了阎若璩、惠栋等人的成果，只注解今文《尚书》二十九篇。在这部书中，江声对梅赜《伪古文尚书》进行了考辨，这是对阎若璩、惠栋考辨的继承与发展。另外，江声在注解《尚书》的时候，还根据《史记》《说文解字》等经典对《尚书》进行改易、增补，希望恢复旧本《尚书》。此外，在《尚书》注解上，江声兼采今古文之学。

总之，江声通过精详的考辨、分析与注解，使《尚书集注音疏》一书成为清代中期《尚书》学的经典之作。江声《尚书集注音疏》成书后，也得到了后学的肯定，如皮锡瑞《经学通论》就说道："江声《尚书集注音疏》疏解全经，在国朝为最先，有筚路蓝缕之功，惟今文搜辑未全，立说亦有未定（如解'曰若稽古'两歧，孙星衍已辨之），又承东吴惠氏之学，好以古字改经，颇信宋人所传之古《尚书》，此其未尽善者。"[1]《清儒学案》则认为这部书是阎若璩、惠栋之后《尚书》学的重要著述，"清代自阎百诗《古文尚书疏证》、惠定宇《古文尚书考》出，乃于其作伪之迹、剿窃之原，发明无遗。艮庭受学于惠氏，又为之刊正经文，疏明古注，论者谓其足补阎、惠所未及"[2]。

---

[1] 《皮锡瑞集》，岳麓书社，2012年，第1329页。
[2] 徐世昌等编，沈芝盈、梁运华点校：《清儒学案》卷七十六《艮庭学案》，中华书局，2008年，第2923页。

另外，从清代初年开始，掀起了对宋明诸儒所推崇河图、洛书、无极太极等的考辨。这种风气也促使很多学者继续在唐宋诸儒的基础上，对《伪古文尚书》进行考辨。阎若璩的《古文尚书疏证》更是确定了梅赜《古文尚书》是伪书。乾隆年间，江声《尚书集注音疏》、王鸣盛《尚书后案》、段玉裁《古文尚书撰异》等著述相继撰写完成，它们都摒弃了伪古文《尚书》，专门解释今文《尚书》。当然，这几部书各有特色，江声《音疏》主要是疏通马融、郑玄的注解，王鸣盛《后案》独尊郑玄之学，段玉裁《撰异》则注重今古文《尚书》的文字辨析。在孙星衍看来，江声、王鸣盛、段玉裁所撰写的这几本书各有优劣，他在《尚书今古文注疏序》中就说道：

> 王光禄用郑注，兼存伪《传》，不载《史记》《大传》异说。江氏篆写经文，又依《说文》改字，所注《禹贡》，仅有古地名，不便学者循诵。段氏《撰异》一书，亦仅分别今古文字。①

孙星衍认为，王鸣盛的《尚书》学采用郑玄注解，但是忽略《史记》等的记载；江声的注解根据《说文》改《尚书》文字，所注解的《尚书》不全；段玉裁的注解则只是分辨《尚书》今古文的文字。总之，这三家都有不足。于是，孙星衍在这三家的基础上，兼采汉魏以来众家之说，兼及今古文之学，重新注解《尚书》，耗时二十二年，终于撰成《尚书今古文注疏》一书。

魏源（1794—1857）作为清代中期的思想家，对《尚书》学也多有研究，他所撰写的《书古微》多有心得。魏源所处的时代，清王朝开始面临着各种危机。在咸、同之际，社会政治危机日益加剧，

---

① [清]孙星衍：《尚书今古文注疏》，中华书局，1986年。

各地起义更是接连不断，同时鸦片战争导致了外患之加剧，清朝遭受到了前所未有的"内忧外患"。在诸多因素的促使下，传统的"为考证而考证"的乾嘉汉学开始衰微，而"经世致用"之思潮、今文经学开始大兴。作为今文经学的代表——常州学派最为引人关注。常州学派是以庄存与、刘逢禄为先驱，随后龚自珍（1792—1841）、魏源光大之。其中，龚自珍尤以《公羊》学批评朝政，发表议论，希望人们能够积极应对西方势力及其思想文化的入侵，这在当时影响甚大，正如梁启超所言："晚清思想之解放，自珍确与有功焉。光绪间所谓新学家者，大率人人皆经过崇拜龚氏之一时期。""今文学派之开拓，实自龚氏。"[1] 魏源与龚自珍不同，他经历了鸦片战争，他倡导"通经致用"，"以经术谓治术"，以期改革弊政。所以，他除了撰写《海国图志》《瀛寰志略》《四裔年表》等书，强调立足自我、学习西方之外，他的经学著述如《书古微》《诗古微》等也都渗透着他对现实的关注。

《书古微》共十二卷，约十六万字，这是魏源最后完成的一部经学著述。这部书在清代《尚书》学史上占有重要的地位，对近代经学也有深远的影响。对于这部书的编纂旨趣，魏源在《序》中作了说明："《书古微》何为而作也？所以发明西汉《尚书》今古文之微言大谊，而辟东汉马、郑古文之凿空无师传也。"[2] 可以看出，魏源目的就是为了改变马融、郑玄那种注重训诂考证的古文经学的做法，注重发挥《尚书》的微言大义，以求经世致用。

《书古微》尽管从各个方面发挥《尚书》的微言大义，但是也

---

[1] 梁启超撰，朱维铮导读：《清代学术概论》，上海古籍出版社，1998年，第75页。
[2] ［清］魏源：《书古微序》，魏源全集编辑委员会编校：《魏源全集》第二册，岳麓书社，2004年。

对《尚书》的篇名、经文内容做了考证。当然,由于这部书重在阐发思想,以至于多有主观臆测之处,正如皮锡瑞《经学通论》所说的:

> 魏源尊信刘逢禄,其作《书古微》,痛斥马、郑,以扶今文,实本庄、刘,更参臆说。补《汤誓》本庄氏,补《舜典》《汤诰》《牧誓》《武成》,则庄氏所无。《周诰分年集证》将《大诰》至《洛诰》之文尽窜易其次序,与王柏《书疑》无以异。以管叔为嗜酒亡国,则虽宋儒亦未敢为此无据之言。[①]

皮锡瑞认为,魏源尊崇今文经学诸家如庄存与、刘逢禄等人的观点,不仅篡改《尚书》经文及其顺序,更在思想阐发上偏离了《尚书》本意。总之,在皮锡瑞看来,《书古微》多有武断之处。当然,我们不能否认,魏源《尚书》学在经学史上有开启新风气的价值。

总的来看,清代《尚书》学进入了新阶段,一大批学者如王夫之、阎若璩、毛奇龄、惠栋、江声、戴震、王引之、孙星衍、王鸣盛、段玉裁、王先谦、王闿运、皮锡瑞等都曾深入研究过《尚书》并产生了相应的著述,尤其是在《尚书》辨伪学史上产生了阎若璩《古文尚书疏证》这样的名作,具有划时代的意义。不过,整体上来看,清代《尚书》学注重训诂、考据之学,在思想体系的建构上发明甚少,对晚清思想观念的转向来说贡献也不多。当然,注重文献学的研究方法也是清代尤其是乾嘉经学的整体特色,《尚书》学只不过是冰山的一角而已。

---

① 《皮锡瑞集》,岳麓书社,2012年,第1323页。

参考文献

（一）基础文献

［汉］孔安国传，［唐］孔颖达疏：《尚书正义》，《十三经注疏》本，杭州：浙江古籍出版社，1998年版。

［汉］桓谭：《新论》，上海：上海人民出版社，1977年版。

［晋］杜预注，［唐］孔颖达疏：《春秋左传正义》，《十三经注疏》本，杭州：浙江古籍出版社，1998年版。

［南朝梁］沈约撰：《宋书》（全八册），北京：中华书局，1974年版。

［唐］李延寿撰：《北史》（全十册），北京：中华书局，1974年版。

［宋］朱熹：《晦庵集续集》，载顾宏义《朱熹师友门人往还书札汇编》，上海：上海古籍出版社，2017年版。

［宋］欧阳修等撰：《新唐书》（全二十册），北京：中华书局，1975年版。

［宋］蔡沈注，钱宗武、钱忠弼整理：《书集传》，南京：凤凰出版社，2010年版。

［宋］吕祖谦：《吕祖谦全集》，杭州：浙江古籍出版社，2008年版。

［明］梅鷟撰，姜广辉点校：《尚书考异·尚书谱》，上海：上海古籍出版社，2014年版。

［清］皮锡瑞撰，盛冬铃、陈抗点校：《今文尚书考证》，北京：中华书局，1989年版。

［清］毕沅校注，吴旭民校点：《墨子》，上海：上海古籍出版社，2014年版。

［清］陈立撰，吴则虞点校：《白虎通疏证》，北京：中华书局，1994年版。

［清］黄宗羲原著，全祖望补修，陈金生、梁运华点校：《宋元学案》，北京：中华书局，1986年版。

［清］陈澧：《东塾读书记》，上海：上海古籍出版社，2012年版。

[清] 孙星衍：《尚书今古文注疏》，北京：中华书局，1986年版。

[清] 魏源：《书古微序》，见《魏源全集》第二册，长沙：岳麓书社，2004年版。

[清] 郭庆藩撰：《庄子集释》，北京：中华书局，1961年版。

（二）研究论著

陈梦家：《尚书通论》，北京：中华书局，1985年版。

何新：《尚书新解：大政宪典》，北京：时事出版社，2007年版。

胡鸣、郗积意：《尚书开讲》，上海：华东师范大学出版社，2011年版。

姜建设：《政事纲纪：〈尚书〉与中国文化》，开封：河南大学出版社，2001年版。

江灏、钱宗武：《今古文尚书全译》，贵阳：贵州人民出版社，1992年版。

江竹虚：《五经源流变迁考·孔子事迹考》，上海：上海古籍出版社，2008年版。

李民、王健：《尚书译注》，上海：上海古籍出版社，2000年版。

梁启超撰，朱维铮导读：《清代学术概论》，上海：上海古籍出版社，1998年版。

梁启超：《中国近三百年学术史》，天津：天津古籍出版社，2003年版。

林志强：《古本〈尚书〉文字研究》，广州：中山大学出版社，2009年版。

刘起釪：《尚书学史》，北京：中华书局，1989年版。

刘起釪：《尚书研究要论》，济南：齐鲁书社，2007年版。

刘起釪：《尚书源流及传本考》，沈阳：辽宁大学出版社，1997年版。

刘起釪《古史续辨》，北京：中国社会科学出版社，1991年版。

马士远：《周秦〈尚书〉学研究》，北京：中华书局，2008年版。

钱宗武、杜纯梓：《尚书新笺与上古文明》，北京：北京大学出版社，2004年版。

徐世昌等编纂，沈芝盈、梁运华点校：《清儒学案》，北京：中华书局，2008年版。

叶修成：《西周礼制与〈尚书〉文体研究》，北京：中国社会科学出版社，2016年版。

游唤民：《尚书思想研究》，长沙：湖南教育出版社，2001年版。

熊理：《尚书的政治学说》，太原：山西人民出版社，2015年版。

张岩：《审核古文〈尚书〉案》，北京：中华书局，2006年版。

周 礼

中国自古被称为礼仪之邦，原因就在于华夏民族拥有它的"礼仪"。唐代孔颖达解释《左传》时说道："中国有礼仪之大，故称夏；有服章之美，谓之华。华、夏一也。"(《春秋左传正义·定公十年》)礼是中华文明（或曰华夏文明）最重要的特征之一，礼仪渗透到政治、经济、思想、文化、风俗、道德、伦理、宗教、艺术、文学、史学、哲学等各个领域。一部中华文明史，可以说是一部礼的历史。

作为中国古代礼乐文明的经典荟萃——《周礼》，这部书是我国最早、最完整的一部官制经典。当时周公为了巩固西周的政治统治，在分邦建国的基础上，建立了一套系统的礼乐制度，这就构成了《周礼》文本最原始的内容和思想来源。《周礼》的内容非常丰富，各种制度比如祭祀、朝觐、巡守、丧葬、军事、服饰、工艺、农业、商业、赋税、饮食、车马等等都有记载，《周礼》由此成为后代礼制发展的范本。

一、《周礼》的成书与出现

关于《周礼》一书的作者和时代，历来说法很多，比如有周公所作说、西周所作说、春秋所作说[1]、战国所作说、周秦之际儒者所作说、汉初所作说、刘歆伪造说等等[2]。其中，在中国古代最有影响

---

[1] 如刘起釪认为："《周礼》一书所载官制材料，都不出春秋之世周、鲁、卫、郑四国官制范围，没有受战国官制影响。"

[2] 刘起釪、王钟翰等著：《经史说略——十三经说略、二十五史说略》，北京燕山出版社，2002年，第108页。

力的说法，就是周公作《周礼》说。

对于周公作《周礼》，汉代的司马迁《史记》就明确提到了这一点，如《史记·周本纪》载："既绌殷命，袭淮夷，归在丰，作《周官》。兴正礼乐，度制于是改，而民和睦，颂声兴。"《史记·鲁周公世家》："成王在丰，天下已安，周之官政未次序，于是周公作《周官》，官别其宜。作《立政》，以便百姓。百姓说。"《周官》即《周礼》。司马迁认为周公在平定天下之后，就制礼作乐，进行制度建设，其中《周礼》就是当时所作。

作为两汉之际最推崇《周礼》的大儒刘歆也认为："周公致太平之迹，迹具在斯。"（《周礼注疏·序周礼废兴》）就是说，《周礼》就是周公建立西周王道社会的见证，里面的制度规定都是周公所作。东汉末年的经学大师郑玄进一步强调说：

> 周公居摄而作六典之职，谓之《周礼》。营邑于土中。七年，致政成王，以此礼授之，使居洛邑，治天下。（《周礼注疏》卷一《天官冢宰》）

郑玄是中国古代的经学大家，他认为周公在周朝建立之初，在周武王去世后他辅佐周成王的时候，注重制礼作乐，即进行国家制度建设，所形成的文本就是《周礼》。周公作《周礼》这个观点，在中国古代最有影响力，后来的大学者比如魏晋王肃、干宝，唐代魏徵[①]、贾公彦，宋代李觏、曾巩、王安石、张载、司马光、郑伯谦、郑樵、朱熹[②]，元代丘葵、吴澄，明代陈凤梧、柯尚迁、徐即登，清

[①] 《隋书·经籍志》称："《周官》盖周公所建官政之法。"
[②] 朱熹曾说："《周礼》是周公遗典也。……《周礼》一书好看，广大精密，周家法度在里。"（《朱子语类》卷八十六《礼三·周礼·总论》，第2204页）

代汪中、惠士奇、江永、孙诒让、魏源等等,都支持这个说法。可以说,这个观点在中国古代最为流行。

近代以来,很多学者对《周礼》成书的时间与作者又展开深入讨论①。学者们一般都倾向认为,周公没有作《周礼》,《周礼》的成书有个漫长的过程,最终形成定本是在战国时期。比如《尚书》学大家刘起釪的说法就有代表性,他说:

> 《周礼》的成书有一个发展过程。第一步只是一部官职汇编,至迟成于东周春秋时代,它依据的是自西周以来逐渐完备的周、鲁、卫、郑四国的姬周系统的官制,初步还记录了一些官职的职掌。后来逐渐详细补充,写成了各官职的职文,除了主要保存了春秋以上资料外,还录进了不少战国资料,所以全书的补充写定当在战国时期。②

刘先生认为,《周礼》一书基于西周以来的官制,在文本上奠基于春秋时期,随后经过了学者们的补充完善,最终在战国时期编辑写定。另外,还有很多学者通过对出土的金文材料考证及与传世文献的对勘,进一步分析也认为《周礼》成书在战国中后期左右。

我们认为,《周礼》文本所讲的礼乐制度、礼法规定等最早肯定是周公奠定的,但《周礼》这个文本并不是周公所作,更不是战国时期流传的文本。实际的情况应该是,周公制礼作乐,他所建立的周代礼乐制度构成了这部书内容的基本来源。与此同时,应该有一个类似《周礼》一样的礼乐文本存在。随着周代礼乐制度的不断丰

---

① 杨天宇在其《周礼译注》一书中作了总结与分析,可以参考之(杨天宇:《周礼译注》,上海古籍出版社,2004年,第13—20页)。

② 刘起釪:《古史续辨》,中国社会科学出版社,1991年,第650页。

富与完善，便有朝廷专管部门或者不同时代的学者，对载有周代礼制的文本进行总结、汇编，有些内容甚至被编成教科书用来教育贵族子弟。到了春秋战国时期，《周礼》应该有大而全的文献汇编本，以供当时朝廷专职部门参考或学者学习研究使用。到了战国后期，最有可能是秦的儒家学派的学者（或博士官），为了给秦统一六国提供分邦建国的政治参考，于是就以商、周时期的礼制为基础，融合了春秋战国时期各个时代、各个地域的礼乐文明以及各家各派思想理论学说，尤其吸收了当时阴阳五行学说，最终形成了内容丰富且完备的《周礼》。

可以说，《周礼》这部书的成书经历了一个漫长的过程，而且是很多人参与的结果，最终有可能是在秦统一六国的时候写定。对此，正如有的学者所言：

> 在周秦之际，随着周天子权力式微，旧有的政治秩序和官制体系被打破。到春秋以至战国，社会政治秩序变革更新，天下一统的趋势逐渐形成。在思想界，诸子百家并起，纷纷提出各自的政治主张。其中的一些人，着眼于国家官吏制度的建设问题，在设计新官职体系的同时，于官吏执掌或职责中赋予理想政治的内容。《周礼》一书就是在这一社会背景或思想背景下创制出来的。[1]

《周礼》是一部有关政治体制、管理制度的理想建构的政治书，是为了满足当时社会政治发展的需要而编纂的。所以，最有可能就是在战国时期，随着天下统一的到来，一些学者从现实需要的角度出发，结合以往礼乐制度以及各种文本，编纂了《周礼》这部书。毕竟，《周礼》这部书中不仅有周代礼乐制度，还夹杂着大量的阴阳五行学说，

---

[1] 王启发：《礼学思想体系探源》，中州古籍出版社，2005年，第200页。

而这个学说主要盛行于战国时期,这就表明这部书也有战国时期学者的参与编纂,最终这部书在战国后期、秦初完成了定本工作。

《周礼》虽然可能在先秦时期就已完成,但是在汉代前期也一直并没有出现,而直到汉武帝时期才出现,对此,《汉书》《隋书·经籍志》《经典释文》[①]都有记载。在汉武帝时期,汉景帝之子河间献王刘德喜欢花钱从民间搜集各种古书,于是他就收集到了用先秦古文字所写的《周礼》《尚书》《老子》《孟子》等书籍。刘德当时所收集的《周礼》一书,只有五篇,即天、地、春、夏、秋五官,没有《冬官》,于是他就花千两黄金想在民间购买,但是最终没有得到,于是就拿《考工记》来补充。对于这件事的原委,《汉书》与《隋书》记载非常详细:

> 河间献王德以孝景前二年立,修学好古,实事求是。从民间得善书,必为好写与之,留其真,加金帛赐以招之。繇是四方道术之人不远千里,或有先祖旧书,多奉以奏献王者,故得书多,与汉朝等。……献王所得书皆古文先秦旧书,《周官》《尚书》《礼》《礼记》《孟子》《老子》之属,皆经传说记,七十子之徒所论。(《汉书·景十三王传》河间献王传)

> 而汉时有李氏得《周官》。《周官》盖周公所制官政之法。上于河间献王,独阙《冬官》一篇。献王购以千金不得,遂取《考工记》以补其处,合成六篇奏之。至王莽时,刘歆始置博士,以行于世。河南缑氏及杜子春受业于歆,因以教授。是后马融作《周官传》,以授郑玄,玄作《周官注》。(《隋书·经籍志》)

[①]《经典释文·序录》记载:"或曰:河间献王开献书之路,时有李氏上《周官》五篇,失事官一篇,乃购以千金,不得,取《考工记》以补之。"([唐]陆德明:《经典释文》,上海古籍出版社,2013年,第41—42页)

从上可以看出，河间献王刘德从民间一个姓李的人的手中获得了《周礼》，但是缺少《冬官》一篇，于是就用《考工记》补充，然后在汉武帝时将这本古文《周礼》献给了朝廷。但是此书没有得到朝廷的重视，它被一直放在了宫廷图书馆中。一直到王莽建立新朝的时候，才立为官学。到了东汉，经过杜子春、马融、郑玄等人的传授，《周礼》一书才真正被社会所关注。魏晋以后《周礼》就经常被立为官学，唐宋以后还被作为科举考试必考内容，读书人必须学习。

二、《周礼》的结构与内容

《周礼》全书只有四万五千字左右。就内容而言，主要是以六卿为首的六官，也就是《周礼》的六篇内容，即《天官冢宰》《地官司徒》《春官宗伯》《夏官司马》《秋官司寇》《冬官司空》。因为《冬官司空》在汉代已经亡佚，于是就用《考工记》代替之。

《周礼》六篇记载的内容非常丰富，它将天、地、四时（春、夏、秋、冬）与六大官属相联系，从而构成国家行政机构体系，大到天下九州区划、邦国建制，小到沟洫道路、草木虫鱼，涉及官制、礼仪、兵制、学制、刑法等多个方面。整体上看，《周礼》建构了一种以王为中心的自上而下层级分明的政治体制，这也是周代官制的基本展现。《汉书·百官公卿表上》就明确提出六卿制度实则就是周朝制度："夏、殷亡闻焉，周官则备矣。天官冢宰，地官司徒，春官宗伯，夏官司马，秋官司寇，冬官司空，是为六卿，各有徒属职分，用于百事。"当时周天子之下设有天、地、春、夏、秋、冬六官，为法天地四时所做，这无疑是古代敬天法地时空观念的一种体现。总之，《周礼》大到国家制度，小到行为规范，囊括一切、无所不包，由此体现了古代以礼治国的国家制度与政教理想。从这一点来看，"周礼"的"周"字，不仅有指周代的含义（因为一般都认为它是周公所作），还有无所不包、范围广大的含义在内。

（一）《天官冢宰》

六官中，天官冢宰为首，也最为重要，正如孙诒让所说："《周官》之要在六官，六官之要在天官。"① 冢宰，也叫太宰，是百官之长，主要是辅佐天子治理天下，主管天下政务与宫中事务，总领百官，相当于后来的吏部（当然职权远远超越于此），职权相当于后世的宰相或总理。冢宰统领六官，总理所有政务。如《周礼》所言：

> 大宰之职，掌建邦之六典，以佐王治邦国：一曰治典，以经邦国，以治官府，以纪万民；二曰教典，以安邦国，以教官府，以扰万民；三曰礼典，以和邦国，以统百官，以谐万民；四曰政典，以平邦国，以正百官，以均万民；五曰刑典，以诘邦国，以刑百官，以纠万民；六曰事典，以富邦国，以任百官，以生万民。（《周礼注疏》卷二《天官冢宰·大宰》）

冢宰的权力很大，通过六典（治典、教典、礼典、政典、刑典、事典）来辅佐天子治理天下，统领百官，总理所有政务。在具体操作的时候，六典由六官分别掌管，即天官掌治典，地官掌教典，春官掌礼典，夏官掌政典，秋官掌刑典，冬官掌事典。

作为百官之长的冢宰，他协助天子治理天下的原则和方法大体有十条，即："以八法治官府"、"以八则治都鄙"、"以八柄诏王驭群臣"、"以八统诏王驭万民"、"以九职任万民"、"以九赋敛财贿"、

---

① ［清］孙诒让：《周礼正义》卷六，中华书局，2013年，第193页。

"以九式均节财用"，"以九贡致邦国之用"，"以九两系邦国之民"等。具体来说归纳便是：

以六典（治典、教典、礼典、政典、刑典、事典）佐王治邦国；

以八法（官属、官职、官联、官常、官成、官法、官刑、官计）治官府；

以八则（祭祀、法则、废置、禄位、赋贡、礼俗、刑赏、田役）治都鄙；

以八柄（爵、禄、予、置、生、夺、废、诛）诏王驭群臣；

以八统（亲亲、敬故、进贤、使能、保庸、尊贵、达吏、礼宾）诏王驭万民；

以九职（三农、园圃、虞衡、薮牧、百工、商贾、嫔妇、臣妾、闲民）任万民；

以九赋（邦中之赋、四郊之赋、邦甸之赋、家削之赋、邦县之赋、邦都之赋、关市之赋、山泽之赋、弊余之赋）敛财贿；

以九式（祭祀之式、宾客之式、丧荒之式、羞服之式、工事之式、币帛之式、刍秣之式、匪颁之式、好用之式）均节财用；

以九贡（祀贡、嫔贡、器贡、币贡、材贡、货贡、服贡、斿贡、物贡）致邦国之用；

以九两（牧、长、师、儒、宗、主、吏、友、薮）系邦国之民。

《周礼·天官冢宰》在这里所提到的治理天下的十条官法，便是全书所强调的治国思想，也是全书的核心要点所在。有的学者对此认为，这是"全书的大纲，其余五官的官法，都是对它的展开或补充"[①]。可

---

① 彭林：《〈周礼〉主体思想与成书年代研究》（增订版），中国人民大学出版社，2009年，第16页。

以说，冢宰全面负责国家政务、国家政策，无论是朝廷官府、百官群臣、宗庙祭祀、工程建设、赋税财用等等，都在他的掌管之下。天官以下的其余五官，虽各有所掌，但又都服从于天官冢宰。

太宰权力很大，有生杀予夺之大权，比如他可以通过"八柄"即八种手段来协助天子管理群臣，《周礼·天官冢宰·大宰》中说道：

> 以八柄诏王驭群臣：一曰爵，以驭其贵；二曰禄，以驭其富；三曰予，以驭其幸；四曰置，以驭其行；五曰生，以驭其福；六曰夺，以驭其贫；七曰废，以驭其罪；八曰诛，以驭其过。

这八柄的第一个就是"爵"，即官爵，当时的爵位有公、侯、伯、子、男等，这个可以让人显贵；第二个是"禄"，即俸禄，这个可以让人富有；第三个是"予"，即赏赐，这个可以让人获得荣誉；第四个是"置"，即选贤与能，这个可以鼓励官员提升自己；第五个是"生"，即如有获罪当死的情形，可以考虑减免；第六个是"夺"，即没收他们的财物，以此来惩罚官员；第七个是"废"，就是剥夺他们的官位；第八个是"诛"，即杀死，让罪大恶极之人获得重罚。由于太宰相当于宰相，宰相权力太大，所以中国历朝历代对宰相一直很提防，比如两汉设立三公制度，隋唐设立三省六部制，都将宰相权力分割，明代朱元璋时期干脆废除流行上千年的宰相制度，六部直接由皇帝统领，但皇帝太累了，就设置了"内阁"制，清代延续了这个做法，又设置了军机处等等。

天官以下的其余五官，虽各有所掌，但又都服从于天官冢宰。冢宰的副官叫小宰，他除了辅佐太宰处理政务之外，还要分管宫廷的政令、刑罚和禁令。天官冢宰共设置各种治官六十三种。尽管冢宰管辖范围极广，但他和他的属官都以服务王室为己任，比如：小宰，"小宰之职，掌建邦之宫刑，以治王宫之政令，凡宫之纠禁"；宫正，"宫正掌王宫之戒令、纠禁，以时比宫中之官府次舍之众寡，为之版以待"；宫伯，"宫伯掌王宫之士庶子，凡在版者，掌其政令，行其秩叙，作其徒役之事，授八次、八舍之职事。若邦有大事作宫众，则令之"；膳夫，"膳夫掌王之食饮膳羞，以养王及后世子"；食医，"食医掌和王之六食、六饮、六膳、百羞、百酱、八珍之齐"；玉府，"玉府掌王之金玉、玩好、兵器，凡良货贿之藏，共王之服玉、佩玉、珠玉。王齐，则共食玉；大丧，共含玉、复衣裳、角枕、角柶"等等。

总的来说，冢宰服务对象主要是天子及王室成员，如同王室之总管。蒋伯潜就曾说："（天官）以掌宫中事务者为最多。……可见天官一方统摄六官，一方兼掌杂务，恰似现代各机关中之总务处焉。"[①] 值得关注的是，在宫中事务中，尤其以掌管饮食类的官员最多，这一类又大体可以细分为四小类，其中最重要的是负责烹煮或制作食物的职官，有膳夫（食官之长）、庖人（今之厨）、内饔[②]、外饔[③]、亨人[④]、腊人（掌供干肉之官）、醯人等七种。比如膳夫的具体职责，《周礼·天官冢宰·膳夫》是这样规定的：

> 膳夫掌王之食饮膳羞，以养王及后世子。凡王之馈，食用六谷，膳用六牲，饮用六清，羞用百有二十品，珍用八物，酱用百有二十瓮。王日一举，鼎十有二物，皆有俎。以乐侑食，膳夫授祭，

---

① 蒋伯潜：《十三经概论》，上海古籍出版社，1983年，第272页。
② 内饔：郑《注》："饔，割亨煎和之称。内饔所主在内。"所谓"所主在内"，贾《疏》："以其掌王及后、世子及宗庙，皆是在内之事。"
③ 外饔：郑《注》："所主在外。"贾《疏》："其职云掌外祭祀及邦飧孤子、耆老割亨，皆是在外之事，故云所掌在外也。"
④ 亨人：郑《注》："主为外内饔煮肉者。"

品尝食，王乃食。卒食，以乐彻于造。王齐，日三举。大丧则不举，大荒则不举，大札则不举，天地有灾则不举，邦有大故则不举。王燕食，则奉膳赞祭。凡王祭祀、宾客食，则彻王之胙俎。凡王之稍事，设荐脯醢。王燕饮酒，则为献主。掌后及世子之膳羞。凡肉脩之颁赐皆掌之。凡祭祀之致福者，受而膳之，以挚见者亦如之。岁终则会，唯王及后、世子之膳不会。

这段话的意思大体是说，膳夫掌管天子、王后、太子们的饮食。关于天子的饮食，要负责他们能够享用各种粮食、各种做法的肉类、各种饮料，还有上百种菜肴；天子的饭菜，每天要杀一头牲口，每次都要用十二个鼎盛着，这些都是肉菜。在天子吃饭的时候，要演奏音乐，吃饭前要进行祭祀，吃之前膳夫要对每个菜都进行品尝，然后天子再吃。吃完后，继续演奏音乐，剩饭剩菜撤到厨房。在天子祭祀的时候，一天的早中晚都要杀牲口供着。平时天子想吃饭的时候，膳夫就要准备肉菜美酒。如果群臣给天子赠送礼物包括各种牲口，膳夫就要替天子保存，以便需要时使用。到了年终，膳夫还要作总结，看看消费多少。当然，天子、王后、太子的费用不用计算。

掌管饮食的还有：负责捕获兽类或者鱼鳖等提供膳食的职官，有兽人、渔人、鳖人等三种；负责进献食物的职官，有笾人和醢人两种；负责酒浆的职官，有酒正、酒人、浆人三种。与饮食有关的职官，有食医、盐人（掌盐之官）、幂人（掌供巾幂以覆盖饮食之官）、凌人（掌供冰及冷藏食物之官）等。这也体现了当时对王权的重视，毕竟天子是全国的轴心，民以食为天，更何况溥天之下，莫非王土；率土之滨，莫非王臣，掌管饮食的官员之多，集中体现了天子富有四海。

（二）《地官司徒》

地官司徒主管土地和户口人数，负责土地的分配，赋税的收取以及整饬社会风俗，教化百姓，相当于后来的户部。它的长官为大司徒，其副官称小司徒。地官司徒共设置各种教官七十九种。地官的职掌也非常复杂，比如第一类掌管基层政教的官。其中有掌管都郊六乡各级政教的乡师、乡大夫、州长、党正、族师、闾胥、比长等；还有掌管郊外野地六遂各级政教的遂人、遂师、遂大夫、县正、鄙师、酂长、里宰、邻长等。

由于地官司徒主要是负责社会教化的，所以在《地官司徒》中很多地方都提到了师的作用和价值，比如乡师、遂师、族师、鄙师等等。师到底要做些什么呢，在《周礼·地官司徒·师氏》中这样说道：

> 师氏，掌以媺（美）诏王。以三德教国子：一曰至德，以为道本；二曰敏德，以为行本；三曰孝德，以知逆恶。教三行：一曰孝行，以亲父母；二曰友行，以尊贤良；三曰顺行，以事师长。居虎门之左，司王朝。掌国中失之事，以教国子弟，凡国之贵游子弟学焉。凡祭祀、宾客、会同、丧纪、军旅，王举则从。听治亦如之。

这里说的是，作为老师，主要是负责用美善的道理来教育王。用三德教育国子：一是中庸之德，这是道德的根本；二是及时行仁义之德，这是行为的根本；三是孝德，这是为了制止犯上和邪恶的事。教国子三行：一是孝行，用来亲爱父母；二是善于交友之行，用来尊敬有德行而善良的人；三是敬顺之行，用来侍奉师长。另外，天子听政的时候，老师就站在旁边，观察王处理朝政是否得当。老师还掌握王国中符合礼和不符合礼的故事，用以教育国子弟。凡国中的贵游子弟也参加学习。凡有祭祀、接待宾客、会同、丧事、征伐之事，王如果亲自参加，老师也要随行。总之，老师扮演着教化、匡扶正义的角色。

《周礼·地官》中还记载了社会治理方面的内容，比如对那些老弱病残也有相应的扶植保护政策，《周礼·地官·大司徒》中就说道：

> 以保息六养万民：一曰慈幼，二曰养老，三曰振穷，四曰恤贫，五曰宽疾，六曰安富。

以上是六种让民众安心生活、保护老弱病残的举措，第一种"慈幼"，就是爱护幼小的儿童和青少年；第二种"养老"，就是赡养年纪很大的人；第三种"振穷"，就是救助那些鳏寡孤独又无助的人；第四种"恤贫"，就是救济那些穷困的人；第五种"宽疾"，就是宽免那些残疾人的劳役；第六种"安富"，就是通过平均赋税徭役的形式，安定富有的人。

针对灾害、饥荒岁月，《周礼·地官》就提出通过十二项"荒政"的救济政策，让民众安居乐业，《周礼·地官·大司徒》中记载说：

> 以荒政十有二聚万民：一曰散利，二曰薄征，三曰缓刑，四曰弛力，五曰舍禁，六曰去几，七曰眚礼，八曰杀哀，九曰蕃乐，十曰多昏，十有一曰索鬼神，十有二曰除盗贼。

每当遇到灾荒的时候，朝廷会通过十二项救济政策让民众安居乐业：第一种"散利"，就是凶年的时候，政府给民众谷物作为种子或者食用；第二种"薄征"，就是减轻赋税征收；第三种"缓刑"，就是减缓刑罚；第四种"弛力"，就是免掉为公家服务的劳役；第五种"舍禁",就是开放山林川泽的禁令,让民众取得生活物品以维持生活;第六种"去几",就是免除市场的商业税收;第七种"眚礼",就是减免烦琐的礼仪开支;第八种"杀哀",就是简省丧礼开支;第九种"蕃乐",减少娱乐,将乐器收藏起来;第十种"多昏",就是简化婚礼,增加人民结婚的机会;第十一种"索鬼神",就是搜寻已经废弃的祭祀礼仪;第十二种"除盗贼",就是铲除盗贼。

总之,地官司徒更加注重以道德教化的方式,来治理社会,让民众安居乐业。即使遇到灾难,政府也会想尽办法去解决问题,最终的目的都是为了维护社会政治秩序,建立一个有序的王道社会。

(三)《春官宗伯》

春官宗伯主管宗庙祭祀和各种礼仪规范,相当于后来的礼部,长官为大宗伯,其副官称小宗伯。春官宗伯共设置礼官七十种。春官宗伯所掌管的五礼:即祭祀之礼(吉礼)、丧葬之礼(凶礼)、礼宾之礼(宾礼)、军队征伐之礼(军礼)、喜庆之礼(嘉礼)。其中吉礼就是祭祀之礼,祭祀对象非常广泛,大体分为天神、地神、人神。比如天神涉及昊天上帝、日月星辰、十二辰、二十八宿以及其他各种星宿。地神就有社稷(土地神、谷神)、五岳、山林川泽、城隍、四方神灵都要祭祀。人神就要祭祀先祖、历代帝王、先圣、先师、先农等等。凶礼主要是丧、荒之礼。丧礼就是如何进行亲人的丧事,荒礼主要是荒年如何进行救灾、赈灾等礼仪。军礼主要是跟征伐有关系。宾礼就是天子、诸侯如何接待宾客的礼仪。嘉礼是冠婚、宴飨、宾射等礼仪。

举例来说,《春官宗伯》注重祭祀,它在服饰方面也作了详细规定,因为在中国古代,不同服饰最能体现不同礼仪和人的身份等级。

比如从上古开始，就规定不同的礼仪要穿不同的衣服，祭祀要穿祭服，朝会要穿朝服，行军礼要穿戎服，婚嫁要穿婚礼服，凶丧时要穿丧服，不同等级的人有不同的体现，由此形成了一套系统的服饰制度。如《周礼·春官》记载了皇帝因祭祀对象不同，所穿的衣服也不同：

> 祀昊天、上帝，则服大裘而冕，祀五帝亦如之。享先王则衮冕，享先公、飨、射则鷩冕，祀四望、山川则毳冕；祭社稷、五祀则缔冕，祭群小祀则玄冕。（《周礼注疏》卷二十一《春官宗伯·司服》）

朝廷专门设立一个掌管服饰的部门，即《周礼·春官》中所提到的"司服"，之后历朝历代都设有"司服"这个专职部门，来设计、掌管等级服饰等事务。具体来说，汉代以后，官制等级更加森严，不同的场合，官服也有不同，细分为朝服、公服、戎服、常服、章服等。款式上也有了更加严格的区分，尤其是强调通过服装的颜色来区分等级品位，比如唐高宗上元元年（674）规定，三品以上文武官员穿紫色的衣服，四品穿深绯（红色），五品穿浅绯，六品穿深绿，七品穿浅绿，八品穿深青，九品穿浅青。从此以后，紫色、绯色（红色）、绿色成为官服的基本色调。到了明代，又在官员的礼服上，增加一个"补子"（也叫补服）来作为官员品级的标志，因为它比较明显，容易区分。补服其实就是一种装饰，在官服的前胸和后背上，分别缀上一块方形绢帛，上面绣上不同的图案。后来清代继承了明代的做法，也用补服。明清的补服图案有所不同，但是有个共同点，那就是文官用飞禽为图案，武官用走兽为图案。总之，这些都是受《周礼》的深远影响。

又比如在《春官司徒》中还记载了人们相见时应该注意的一些礼仪。古人强调礼尚往来，其中重要的一点就是要送见面礼。如《周礼·春官·大宗伯》中记载了不同等级的人见面要送六种不同的礼物：

> 以禽作六挚，以等诸臣。孤执皮帛，卿执羔，大夫执雁，士执雉，庶人执鹜，工商执鸡。

这里的禽是鸟兽的统称，说的是不同的人见面要带不同的礼物，天子要拿皮帛，公卿要拿羊羔，大夫要拿大雁，士阶层要拿野鸡，庶人要拿鸭子，工商阶层要拿鸡等等，旨在区分等级，同时也是彰显对人情的重视。

（四）《夏官司马》

司马，官名，西周始置，与司徒、司空并称"三有司"。主管军政与军赋，为朝廷大臣，常统率六师或八师出征。夏官司马主管军队征伐、军需田猎、交通以及调集军队、执行军队禁令、严明赏罚等等，相当于后来的兵部，长官为大司马，其副官称小司马。夏官司马共设置各种政官七十种。

（五）《秋官司寇》

司寇，商代和西周初年铜器铭文和卜辞中均未见此官名。据《尚书》《左传》等文献记载，在周武王、周公时，司寇已是王朝的高官。周恭王、懿王时的铜器铭文中，已可见到有关司寇的记载。据《左传》和铜器铭文所记，春秋时，周王室和鲁、宋、晋、齐、郑、卫、虞等国都置有司寇之官，其职责是驱捕盗贼和据法诛戮大臣等等。秋官司寇主管刑事诉讼、刑罚禁令、社会治安等，相当于后来的刑部，长官为大司寇，其副官称小司寇。秋官司寇共设置各种刑官六十六种。

由于古代更注重教化，以德治国，而不是依法治国，所以，当人们犯罪而不严重的时候，更多的是采取教化的方式，比如在《秋官司寇·大司寇》中记载有"嘉石"（有色的石头）制度：

> 以嘉石平罢民，凡万民之有罪过而未丽于法，而害于州里者，桎梏而坐诸嘉石，役诸司空。重罪旬有三日坐，期役；其次九日坐，九月役；其次七日坐，七月役；其次五日坐，五月役；其下罪三日坐，三月役。使州里任之，则宥而舍之。

就是说，如果有人犯罪，但是所犯的罪行没有达到触及法律、危害社会的程度，就让犯人戴上狱具，坐在嘉石上，并有人看守，以防止逃逸，其实含有使其反省、反思、画地为牢之意。随后，再把他交给司空（官名，掌管工程建筑），去承担相应的劳役。最后，根据服劳役的表现进行宽恕，以此达到教育民众的目的。这种办法体现了朝廷以德治国、注重教化的理念，而不是简单生硬地实行监禁、管束。

另外，《秋官司寇》中也突出了对普通百姓尤其是那些穷困无助老百姓冤屈的重视，如果老百姓有冤屈，他们可以在官府门外一块红色的石头上敲击鸣冤：

> 以肺石远穷民，凡远近茕独老幼之欲有复于上，而其长弗达者，立于肺石，三日，士听其辞，以告于上，而罪其长。（《周礼注疏》卷三十四《秋官司寇·大司寇》）

肺石，就是官府门外摆放的一块颜色像肺一样的红色石头，老百姓如有冤屈，就可以敲击石头喊冤，也可以站在石头上来诉说自己的冤屈。地方官见到之后，要在短期内进行受理；如果不能及时受理的话，一旦被查实，朝廷就要处罚那些失职的官员。这种方法是否有效不得而知，但是后世也有采用的，比如《后汉书·寇荣传》记载："臣思入国门，坐于肺石之上，使三槐九棘平臣之罪。"这里记载的是，东汉后期的寇荣准备坐在肺（胇）石上等着"三槐"（三公）、"九棘"（九卿）为自己平反，大有绝不罢休的意思。在唐代，朝廷还在宫门外设置肺石。可见，《周礼》对后世影响颇深。

（六）《冬官司空》

司空是中国古代官名，西周始置，位次三公，与六卿相当，与司马、司寇、司士、司徒并称五官，掌水利、营建之事，金文皆作司工。现存《周礼》已失去"冬官司空"部分，仅存《考工记》一篇，故司空之职守未详。《后汉书·百官志》在"司空"条下，原注说："掌水土事。凡营城起邑、浚沟洫、修坟防之事，则议其利，建其功。凡四方水土功课，岁尽则奏其殿最而行赏罚。凡郊祀之事，掌扫除乐器……凡国有大造大疑，谏争，与太尉同。"这虽是东汉的制度，但也可大体了解司空之职掌。春秋战国时各国亦多置之，用以掌管工程。冬官司空主管工程建筑、百工技术等，相当于后来的工部，共设置各种官职三十种。

总的来说，《周礼》设计了一套系统的国家行政制度，并对各种礼制进行了规定，比如《周礼·春官·大宗伯》将天下礼制分为五种：吉礼、凶礼、军礼、宾礼、嘉礼。其中吉礼就是祭祀之礼，祭祀对象非常广泛，大体分为天神、地神、人神。比如天神涉及昊天上帝、日月星辰、十二辰、二十八宿以及其他各种星宿。地神就有社稷（土地神、谷神）、五岳、山林川泽、城隍、四方神灵，都要祭祀。人神就要祭祀先祖、历代帝王、先圣、先师、先农等等。凶礼主要是丧、荒之礼。丧礼就是如何进行亲人的丧事，荒礼主要是荒年进行救灾、赈灾等礼仪。军礼主要是跟征伐有关系。宾礼就是天子、诸侯如何接待宾客的礼仪。嘉礼是冠婚、宴飨等礼仪。

《周礼》除了记载以上五种礼仪之外，还规定了各种礼仪的细目，繁杂而细碎，旨在维护等级制度、防止"僭越"行为。如《周礼》规定了贵族饮宴列鼎的数量和鼎内的肉食种类：王九鼎（牛、羊、乳猪、干鱼、干肉、牲肚、猪肉、鲜鱼、鲜肉干）、诸侯七鼎（牛、羊、乳猪、干鱼、干肉、牲肚、猪肉）、卿大夫五鼎（羊、乳猪、干鱼、干肉、牲肚）、士三鼎（乳猪、干鱼、干肉）。平时乐舞数量也有差异。按照周礼的规定，天子的乐舞是八佾（一佾是八个人的行列），八八六十四人。诸侯六佾，六八四十八人。卿大夫四佾，四八三十二人。士二佾，二八一十六人。所以，《论语·八佾》中记载说，季氏作为卿大夫，僭越用天子八佾的乐舞，孔子就很气愤，说"是可忍也，孰不可忍也"，意思是说，这样的事情都忍心做出来，还有什么事情做不出来呢？由此可见，礼仪不仅仅是等级的规定，更是思想道德上的约束。

实际上，虽然《周礼》的书名为"礼"，并在《大宗伯》中涉及"五礼"的礼仪内容，但是纵观全书，讲的主要是当时的官僚体系及其掌管内容。可以说，《周礼》所涉及的并非具体的礼仪规范，而是基于礼治的社会治理大全集，内容包含政治、经济、教育、思想、文化、法治、科技等多个方面，犹如国家政治的大杂烩。相比较而言，《仪礼》《礼记》所涉及的家庭礼仪及相关事物更多些。对此，正如黄寿祺在《群经要略·三礼篇》中所言:"《仪礼》《礼记》为家政之大端,犹后世《家礼》。《周礼》为国政之大端,犹后世之《会典》。"

三、《周礼》与中华传统文化

礼是中华民族文明的象征。从大的角度来说,礼作为一种社会政治制度,从夏商周一直沿袭到清代,维护着中华大一统的存在以及社会政治活动的正常进行。从小的方面来说,礼又是一种无所不在的社会道德规范,规范着上到皇帝贵族下到普通百姓的日常生活和思想。礼在中国传统文化中,涉及的范围非常广泛,可以说在中国古代社会风俗、伦理政治、思想文化等多个领域中都发挥着非常重要的作用,是中华文化的核心所在。

(一)《周礼》与古代政治

中国古代礼仪之所以如此盛行,并一直延续不断,主要是受到了历朝历代王权政治的推崇,毕竟礼仪的本质在于规范人们的行为,不同等级的人有不同的行为礼仪,它一方面保护了王权政治的稳定性,另一方面也限制了王权政治,不但维护了下层人民的利益,也要求下层百姓遵守等级礼仪。中国古代的礼仪在一定程度上还具有宗教性,古人将礼仪与天道结合起来,极力宣扬礼仪的神圣性和重要性,认为所有的礼仪都是上天规定的,无论是君主还是臣民都要无条件严格遵守,只有这样做才能顺应天道,成为一个合格的人。在一定程度上,礼仪已经超越了具体的现实社会,上升到了思想信仰、价值观念的层面。

《周礼》中凸显了很多周朝的观念，这些观念之中非常重要的一点就是对天道的关注和重视，并将"天"作为礼乐制度、信仰价值的最终依据。在此基础上，也凸显了天与人之间的和谐与互动，充分展现了天人合一的思想。比如《周礼》将天、地、春、夏、秋、冬与冢宰、司徒、宗伯、司马、司寇、司空六种官制相配合，从而将上天与人类社会联系起来，以此表明六官所代表的政治体制是上天安排的，它的存在是合理的、神圣的。另外，由于《周礼》有六官，每一官下辖六十个具体的职位，所以，六卿的总官职大体是三百六十个。三百六十正好是周天的度数（周天在古代意义不确定，其实指的是一次循环往复、运行一周的意思），所以《周礼》原名叫《周官》，也暗含"周天之官"的意思。[①] 正因为如此，古人通过《周礼》"以人法天"的原则，希望每一个人都奉天行礼、替天行道。

　　另外，由于《周礼》成书于战国晚期，深受当时阴阳五行思想的影响，所以阴阳五行观念在《周礼》中无处不在，贯注于每一篇内容之中。比如涉及阴阳观念的有：《天官》中政令有阳令、阴令，礼仪有阳礼、阴礼；《地官》中祭祀有阳祀、阴祀，木头有阳木、阴木；《春官》中德有阳德、阴德，声音有阳声、阴声，气有阳气、阴气等等。涉及五行观念的有：《天官》中有五味、五谷、五气、五声，《地官》中有五种土地、五种祭祀、五方天帝，《春官》有五岳、五礼、五路、五服，等等。

　　总而言之，天人合一、阴阳五行的观念贯穿了整个《周礼》（由此也可以证明《周礼》产生于战国晚期或秦代），目的就是想论证这些王权礼制的神圣性和合理性。因为认为它们都是上天规定的，代

[①] 参见彭林《中国古代礼仪文明》，中华书局，2004年，第67页。

表了上天的意志，这就对推行礼制起到了积极的作用。所以，历朝都表彰和重视《周礼》，目的即想借助《周礼》来维护王权政治的神圣性和合法性。《周礼》一书对中国古代的典章制度（即政治制度）有着非常重要的影响。隋唐设立三省六部制度，其中吏、户、礼、兵、刑、工六部就和《周礼》中的六官（天、地、春、秋、夏、秋、冬）相对应。还有历史上的王莽改制、西魏苏绰定制、唐玄宗定《开元六典》、宋代王安石变法等等，也都是仿效《周礼》对制度进行变革和完善。其中西魏宇文泰在苏绰的建议下，为了巩固自己的王权，根据《周礼》推行新的官制，抛弃了魏晋以来的官职名号，仿《周礼》设立六官：宇文泰为太师、大冢宰，李弼为太傅、大司徒，赵贵为太保、大宗伯，独孤信为大司马，于谨为大司寇，侯莫陈崇为大司空，其余官职称号也都仿《周礼》。当然，这并不是将秦汉官制一概废除，而是参照使用，尤其是地方官职仍行秦汉旧法而不变。

（二）《周礼》与古代制度

《周礼》将礼分为吉、凶、军、宾、嘉五种，对祭祀、丧葬、军事祭祀、外交、日常礼仪等都有所规定，这些礼仪规定对后世产生了深远的影响。所以，中国后来的朝代在制定礼仪的时候，一般也都以此为大纲，比如《政和五礼新仪》《明会典》《大清会典》都是如此，还有清代太平天国的《天朝田亩制度》，一个重要的思想源头也是《周礼》。另外，朝鲜的《国朝五礼仪》也是根据《周礼》制定。

制度的运行离不开人才，所以《周礼》非常重视人才选拔，它提出了推举制度，这种制度就是把民众和官员的意见相结合，以推举合适的人才。如《地官·司谏》中所言：

> 司谏，掌纠万民之德而劝之朋友，正其行而强之道艺，巡问而观察之，以时书其德行道艺，辨其能而可任于国事者。以考乡里之治，以诏废置，以行赦宥。

这段话的意思是说，司谏掌握着纠察民众德行的职能，不仅到各地巡查民众的品行，更为主要的是要从这些品行端正的人中选拔德才兼备的人，以便推荐给官府、王室。《周礼》中所说的德，指的是六德、六行。六德指的是知、仁、圣、义、忠、和；六行指的是孝、友、睦、姻、任、恤。如果具备了这些德行，那么就具备了被选拔为官吏的条件。当然，此外还得具备才能，即六艺，六艺指的是礼、乐、射、御、书、数。

下级官吏如何将这些具有六德、六行、六艺的人才推荐给上级呢？这就需要一级一级的推荐制度。当然，这个过程很漫长。《周礼》所提出的官吏考核办法是：三年一大考，一年一小考。对此，《周礼·秋官·司民》中说道：

> 及三年大比，以万民之数诏司寇。司寇及孟冬祀司民之日献其数于王，王拜受之，登于天府。内史、司会、冢宰贰之。以赞王治。

这里说的是，每三年对官员进行考核，考核的内容涉及所管辖的人数、祭祀的情况、民生安乐与否（《诗经》中"国风"的产生就是当时"采诗"制度进行考核的结果）等等。实际上，官吏的选拔与考核也受到了当时世卿世禄制度的影响，所选拔的人才并非都德才兼备。《周礼》的这套人才选拔制度，后来被汉代所继承。汉代有举孝廉，董仲舒就是通过此法被推举上去的，最后做了江都相。当然，举荐制度也有很多的弊端，民间流传着"举秀才，不知书；举孝廉，父别居"的民谣，就表明所选拔的人才很多都名不副实。魏晋时期，推行根据门第选拔人才的九品中正制，也造成了"上品无寒门，下品无士族"的现象。为了打破这种不公平的现象，隋唐时期推行科举制度，极大地改变了自西周以来延续的推荐制度。

（三）《周礼》与古代经济

中国古代以农为本，《周礼》中便记载了大量有关农业经济的内容，比如提出了井田制度，这种制度强调土地要平均分配，《地官司徒·小司徒》：

> 凡国之大事，致民；大故，致余子。乃经土地而井牧其田野，九夫为井，四井为邑，四邑为丘，四丘为甸，四甸为县，四县为都，以任地事而令贡赋，凡税敛之事。乃分地域而辨其守，施其职而平其政。

这句话说的是，凡国家在发展经济的时候，要采用井法、牧法来划分田野土地。九夫所受的土地为一井，四井为一邑，四邑为一丘，四丘为一甸，四甸为一县，四县为一都，这样让民众从事土地生产，使民众交纳贡赋，以及田税等所有当收取的租税。此外，官府还将划分各行政区域而确定负责管理土地的官员，让他们从事农业管理并合理地收取地税。

"井田制"所宣扬的平均主义在中国古代有深远的影响，因为中国是农业国家，土地是非常重要的财富，当土地集中到少数人手中的时候，社会矛盾由此激化，人们一般就会想到用井田制来缓解矛盾。比如孟子曾经建议滕文公推行井田制来实行仁政；王莽篡位之后，面对当时土地集中的情况，就根据《周礼》，恢复井田制；三国时期的王朗（王肃之父）曾经建议曹操实行井田制；到了宋代，也是土地非常集中的时期，这一时期的李觏、程颢、张载、朱熹等人都提倡实行井田制，以解决社会矛盾；明代的海瑞，也希望实行井田制，缓解当时土地集中的情况；太平天国起义所提出的"耕者有其田"及"天朝田亩制度"也是恢复井田制的一个重要体现。

尽管《周礼》中多次提到农业生产及其管理制度，但它也重视商业交易，而且非常注重规则、规范的建立，如《地官司徒·司市》记载：

> 司市，掌市之治教、政刑、量度、禁令。以次叙分地而经市，以陈肆辨物而平市，以政令禁物靡而均市，以商贾阜货而行布，以量度成贾而征使，以质剂结信而止讼，以贾民禁伪而除诈，以刑罚禁虣而去盗，以泉府同货而敛赊。大市，日昃而市，百族为主；朝市，朝时而市，商贾为主；夕市，夕时而市，贩夫贩妇为主。凡市入，则胥执鞭度守门，市之群吏平肆展成奠贾，上旌于思次以令市，市师莅焉，而听大治大讼。胥师、贾师莅于介次，而听小治小讼。

这里说的是，当时的司市专门掌管市场交易以及制定相关制度规则，他会按照货物的不同来分类安排店铺，同时通过禁令让买卖公平，并禁止出售各种奢侈品，用助手来检查货物的质量好坏，禁止假货，防止欺诈。不仅如此，当时的市场分为大市、朝市、夕市等几类。其中大市在日过正午的时候开始交易，以百姓为主；朝市是从早晨开始交易，以商贾为主；夕市在傍晚时开始交易，以男女小贩为主。在市场交易的时候，有市场管理员拿着鞭子站岗，四处检查，如果有诉讼就及时进行处理，等等。

总之，当时商业贸易作为农业发展的重要补充，也得到了《周礼》的重视，做了很多相关的规定，尽管很多并非礼仪，但也凸显了其仪礼性的一面，即注重人的德行及对秩序的重视。

（四）《周礼》与古代法治

中国古代治国理政受到儒家的影响，始终强调以德治国，不过也非常注重礼制、刑法的建设，即强调礼法并用、以法治国的理念。所以，《周礼》中多处宣扬礼法并用，这种思想在中国古代影响非常深远。《周礼》礼法并用的思想主要是吸收了先秦时期的法治观念，宣扬以法为教、以吏为师、重视刑罚、奖励耕战等思想（这也说明《周礼》成书于战国末或秦代），比如：

> （大宰）正月之吉，始和布治于邦国都鄙，乃县治象之法于象魏，使万民观治象，挟日而敛之。乃施典于邦国，而建其牧，立其监，设其参，傅其伍，陈其殷，置其辅。乃施则于都鄙，而建其长，立其两，设其伍，陈其殷，置其辅。乃施法于官府，而建其正，立其贰，设其考，陈其殷，置其辅。凡治，以典待邦国之治，以则待都鄙之治，以法待官府之治，以官成待万民之治，以礼待宾客之治。（《天官冢宰·大宰》）

> （大司徒）正月之吉，始和布教于邦国都鄙。乃县教象之法于象魏，使万民观教象，挟日而敛之。乃施教法于邦国都鄙，使之各以教其所治民。（《地官司徒·大司徒》）

> （大司马）正月之吉，始和布政于邦国都鄙，乃悬政象之法于象魏，使万民观政象，挟日而敛之。乃以九畿之籍，施邦国之政职。（《夏官司马·大司马》）

> （大司寇）正月之吉，始和布刑于邦国都鄙，乃县刑象之法于

象魏，使万民观刑象，挟日而敛之。凡邦之大盟约，莅其盟书，而登之于天府。大史、内史、司会及六官，皆受其贰而藏之。凡诸侯之狱讼，以邦典定之。凡卿大夫之狱讼，以邦法断之。凡庶民之狱讼，以邦成弊之。（《秋官司寇·大司寇》）

以上文献说明，天官大宰、地官司徒、夏官司马、秋官司寇都在每年一开始即"正月之吉"，在公共场合即"象魏"（古代天子、诸侯宫门外的一对高层建筑，也叫"阙"或"观"，主要用来悬挂教令）这个地方，悬挂各种法典，向臣民表明要以吏为师、以法为教。不同的法典由不同的职能部门负责颁行、实施，这些法典的内容主要包括土地户口、赋税徭役、司法诉讼、刑罚奖赏、社会保障等方面。

各级官吏根据各主管部门颁布的礼法进行贯彻执行，比如《周官·地官·司徒》记载，从小司徒以下各级官吏要一级一级执行上级的命令，推行礼法。以《周官·地官》中州长的职责来分析一下：

> 州长，各掌其州之教治政令之法。正月之吉，各属其州之民而读法，以考其德行道艺而劝之，以纠其过恶而戒之。若以岁时祭祀州社，则属其民而读法，亦如之。春秋以礼会民而射于州序。凡州之大祭祀、大丧，皆莅其事。若国作民而师田行役之事，则帅而致之，掌其戒令与其赏罚。岁终，则会其州之政令。正岁则读教法如初。三年大比，则大考州里，以赞乡大夫废兴。（《周礼注疏》卷十二《地官司徒·州长》）

这段话说明了州长要将上级的政教法令进行贯彻，要嘱咐本地区的百姓学习礼法，从德行、道义出发，对他们进行教化。在年度的重大祭祀活动中，要带领百姓学习礼法，并在祭祀、丧葬、生产、劳役等具体活动中进行实践贯彻。每一个年末，都要总结本州教化的功过。每三年，除了接受上级对本州的全面考核之外，也要对本州各级官吏进行考核。

以上可以看出，《周礼》所宣扬的是以礼为主、以法为辅、儒法并用的政治统治方式，这对中国古代政治思想有深远的影响。在中国古代，尽管儒家学说一直是主导，但一般也注重加强法制建设，儒法并用因此成为中国古代最重要的政治理念。总而言之，《周礼》中所宣扬的礼法思想与具体的礼制对后世社会政治的管理有极为重要的借鉴作用，《周礼》对维护王权等级社会有重要的价值与意义，以至于历代兴盛不衰。更重要的是，《周礼》所蕴含的天人合一、天人相应的思想，对中国古代社会政治、思想文化的影响更为深远。

四、古代《周礼》学史略

《周礼》在中国古代扮演着重要的角色，作为经典，它被历朝历代所重视，成为整个社会研究、实践的对象之一。所以，历朝历代基于《周礼》学形成了很多文本及学术流派。

（一）汉唐之际

汉武帝时期，《周礼》被河间献王刘德献给朝廷，但没有被立为学官，只是放在宫廷图书馆中。汉成帝时期，刘向、刘歆父子整理朝廷秘府藏书时，发现了古文《周礼》，并将之著录于《别录》之中。王莽时期，由于刘歆的努力，《周礼》被立为官学。王莽之所以重视《周礼》，很大部分原因就在于王莽"加九锡"之后才能以摄政的身份称帝,而《周礼·春官·典命》为此提供了理论依据。[1]《周礼》被立为博士之后,名正言顺,发展更加迅速。

王莽垮台之后,《周礼》的官学地位随即被废除。但刘歆的弟子甚多,由此促使了《周礼》的广泛传播,根据《序周礼废兴》引马融《传》说:

> 奈遭天下仓卒,兵革并起,疾疫丧荒,(刘歆之)弟子死丧。徒有里人河南缑氏杜子春尚在,永平之初,年且九十,家于南山,能通其读,颇识其说,郑众、贾逵往受业焉。众、逵洪雅博闻,又以经书记传相证明为《解》,逵《解》行于世,众《解》不行。兼揽二家,为备多所遗阙。然众时所解说,近得其实……至六十,为武都守。郡小少事,乃述平生之志,著易、尚书、诗、礼《传》,皆讫。惟念前业未毕者唯《周官》,年六十有六,目瞑意倦,自力补之,谓之《周官传》也。

从以上可以知道,刘歆之后,他的众多弟子经受战乱而去世,只有河南缑氏杜子春活在世上,到了东汉明帝永平年间已经九十岁了。"杜子春乃两汉之际《周礼》学承传的关键人物。"[2] 当时郑众、贾逵等人都向他学习,后来郑众、贾逵都撰有《周官解》。随后,马融又在郑众、贾逵的基础上,撰有《周官传》。根据《后汉书·儒林列传》记载:"马融作《周官传》,授郑玄,玄作《周官注》。"当然,《周礼》学史上,对后世影响最大的莫过于郑玄。可以看出,刘歆的《周礼》学,经过弟子杜子春的传承、宣扬,郑众、贾逵、马融、郑

---

[1] 《周礼注疏》卷二十一《春官宗伯·典命》中说:"典命掌诸侯之五仪、诸臣之五等之命。上公九命为伯,其国家、宫室、车旗、衣服、礼仪,皆以九为节。"
[2] 杨天宇:《郑玄三礼注研究》,天津人民出版社,2007年,第88页。

玄等大儒也都重视并传承《周礼》，还为它作注解，其中郑玄的贡献最大。

郑玄针对东汉末年社会动荡、礼坏乐崩的局面，遍注三《礼》，尤重《周礼》，他认为《周礼》是周公所作，要想恢复上下有序的等级社会，就必须以周代礼乐为本。于是，他在经学史上首次将《周礼》放在三《礼》之首，这自然提升了《周礼》的地位，也为后来《周礼》的发展奠定了重要的经学基础。两汉今古文的重要区别正在于礼制，如廖平所说："'今学'博士之礼制出于《王制》，'古文'专用《周礼》。"[1] 皮锡瑞也说："《王制》为今文大宗，《周礼》为古文大宗，则显有可证者。"[2] 自从郑玄《周礼》注解本流行之后，汉代其他各家注解本渐渐消亡。

曹魏时期，郑玄经学非常兴盛，据刘汝霖《汉晋学术编年》卷六之"魏文帝黄初五年"条记载，曹魏初年所立的十九博士中，除《公羊》《穀梁》《论语》三经之外，《易》《书》《毛诗》《周礼》《仪礼》《礼记》和《孝经》，皆宗郑学[3]。而曹魏时期的古文经学家王肃，也是博通群经，在经解上与郑玄多有不同，他也曾作《周官礼注》《仪礼注》及《仪礼·丧服经传注》。由于王肃的女儿是司马昭之妻，因此在权势的支持下，王肃所注解的各经"皆立于学官"（《三国志·魏书·王肃传》），以至于"故于此际，王学几欲夺郑学之席"[4]。

---

[1] 廖平：《初变记》，见刘梦溪主编《中国现代学术经典·廖平蒙文通卷》，河北教育出版社，1996年，第226页。
[2] ［清］皮锡瑞：《皮锡瑞集》，岳麓书社，2012年，第1473页。
[3] 刘汝霖：《汉晋学术编年》，中华书局，1987年。
[4] 马宗霍：《中国经学史》第七篇《魏晋之经学》，河南人民出版社，2016年，第63页。

西晋建立之后，朝廷在礼制方面，继承前朝，都用王肃的说法，而不用郑玄之说，王学盛极一时。但西晋灭亡后，王学博士都被废除。东晋建立后，所立的九个博士之中，除了《周易》用王弼注解、古文《尚书》用伪孔《传》、《左传》用杜预、服虔注之外，其他六经，即《周礼》《礼记》《尚书》《毛诗》《论语》《孝经》，都用郑玄注。可以说，东晋三《礼》学都宗郑玄。

　　南北朝时期，学风南北差异很大，所用群经注解也有不同，但是在三《礼》学方面，南北朝都用郑玄注解本，治经方法也大体相同。由于南北朝时期世家大族势力兴盛，他们更加注重门第等级，希望通过宗法礼仪制度来维护等级秩序或调解内部矛盾，所以对三《礼》学非常重视，三《礼》学因此成为南北朝时期的显学。在三《礼》学之中，《仪礼·丧服》由于是关于丧服等级、样式及服丧者身份的规定，所以更加受到当时世家大族的重视，以至于在三《礼》各篇中最受重视，注解论著也最多。在这一时期，涌现出来了一大批的三《礼》学专家，比如南朝的皇侃、严植之、崔灵恩等，北朝的徐遵明、熊安生等。这一时期需要关注的是，朝廷极为重视礼仪，如南朝齐武帝时期命尚书令王俭制定吉、凶、军、宾、嘉五礼，梁武帝尽管崇奉佛教，但也召集一些礼学家如沈约、严植之等制定礼仪。北朝的孝文帝也积极注重汉化，制定礼仪。北魏后来分裂为东魏、西魏，东魏不久又被北齐代替，北齐时，魏收、薛道衡负责修订五礼，实际上由儒者马敬德、熊安生等主持。隋朝建立后，所用的礼仪"悉用东齐（即北齐）《仪注》以为准，亦微采王俭礼"（《隋书·礼仪志三》）。

　　南朝重视《仪礼·丧礼》，朝野对《周礼》并不重视，只有梁人沈峻的《周礼》学受到当时人的关注。据《梁书·儒林传》记载，当时的礼部郎陆倕和仆射徐勉举荐沈峻云："凡圣贤可讲之书，必以《周官》立义，则《周官》一书，实为群经源本。此学不传，多历年世……惟助教沈峻，特精此书。……莫不叹服，人无间言。第谓宜即用此人，命其专此一学，周而复始，使圣人正典，废而更兴，累世绝业，传于学者。"（《梁书》卷四十八《儒林传·沈峻》）可以说，南朝虽然兼通三《礼》的学者很多，但专门精通《周礼》的寥寥可数。就北朝来说，北朝经学胜于南朝，而北朝三《礼》之中，更重视《礼记》。不过，北朝重视《周礼》的程度远远胜过南朝，以至于西魏时期，宇文泰任用苏绰基于《周礼》建立当时的政治体制。《周书·熊安生传》称，当时"朝廷既行《周礼》，公卿以下多习其业"。可以说，北朝后期，《周礼》学盛极一时。

隋代统一了南北朝，尽管时间很短，但在经学史上的地位非常重要。当时隋立经学博士，三《礼》学都宗郑玄。其中三《礼》学的名家有刘焯、刘炫等人。刘焯、刘炫二人曾问学于北朝礼学名家熊安生，并传其礼学，两人皆撰有《义疏》。

进入唐代，由于自汉代以来经学门派众多、注疏混杂，为了统一经学解释、统一思想，唐太宗命孔颖达主持编纂《五经正义》，其中三《礼》方面只选择了《礼记》作注，亦即《礼记注疏》（也叫《礼记正义》）。孔颖达《礼记正义》也是以郑玄注本为根据，然后吸收了南朝皇侃、北朝熊安生的《礼记》注解成果，属于南北兼采。

三《礼》中《礼记》单独被作为官学经典随同《五经正义》颁行天下，成为科举考试的必读书，这在一定程度上说明朝廷在三《礼》之中更注重《礼记》，这样一来《礼记》实现了由"记"向"经"的转变（注：《礼记》原本是《仪礼》的注解本，居于附庸的地位，此时一跃而成为儒经）。但需要注意的是，在唐代的经学历史中，对于三《礼》三《传》，朝廷所重视的只有《礼记》《左传》，其余四种如《周礼》《仪礼》《公羊》《穀梁》都不受朝廷重视。

尽管朝廷不重视《周礼》《仪礼》，但高宗时的太学博士贾公彦却很关注这两部经典，并撰有《周礼义疏》五十卷、《仪礼义疏》四十卷。其中，《周礼义疏》得到朱熹的高度评价，他说："《五经》中，《周礼疏》最好。"① 贾公彦之学，根据新旧《唐书·儒林传》可以得知，他的学问受之于张士衡，张士衡受学于刘轨思、熊安生及刘焯，由此可以看出，其学来源于北学。贾公彦注解《周礼》《仪礼》所用的底本都是郑玄注本。另外需要提及的是，《周礼义疏》《仪礼义疏》之后，徐彦撰写了《春秋公羊传疏》，杨士勋撰写了《春秋穀梁传疏》。由于这四部注疏都是私家撰写，质量都很高，所以很快也都被立为官学，与《五经正义》并称为《九经注疏》。

(二) 宋元明

宋、元、明三《礼》学的发展情形，整体上而言，可以说是一代不如一代，正如皮锡瑞所说："宋儒学有根柢，故虽拨弃古义，犹能自成一家。若元人则株守宋儒之书，而于注疏所得甚浅。……明人又株守元人之书，于宋儒亦少研究。……故经学至明为极衰时代。"②

在宋代，三《礼》之中，《周礼》《礼记》最为兴盛，《仪礼》不太受重视。原因之一便是，《仪礼》记载的是周代具体的礼仪，随着社会文化变迁，很多礼仪已不再适用。而《礼记》记载的主要是礼

---

① 《朱子语类》卷八十六《礼三·周礼·总论》，第2206页。
② [清]皮锡瑞著，周予同注释：《经学历史》九《经学积衰时代》，中华书局，2008年，第283—289页。

仪思想，如尊崇王权，各个时代都适用，所以具有划时代的意义。学者对三《礼》的研究，开始跳出汉唐时期注重章句训诂之学的束缚，注重阐发三《礼》中所蕴含的社会政治理念，以此来治国安邦。

在宋代《周礼》学史上，影响甚大的莫过于王安石所作《周礼新义》。王安石曾为《周礼》做注解，并将它作为变法的理论依据，立为学官。王安石主持编纂的《三经新义》(《周礼新义》《诗经新义》《尚书新义》)颁行全国，开启了新的经学时代，标志着宋学的建立。对此，正如王应麟所说："自汉儒至于庆历间，谈经者守训诂而不凿。《七经小传》出而稍尚新奇矣。至《三经新义》行，视汉儒之学若土梗。"[1] 因王安石新学的推动，《周礼》学也得到了同时代诸多学者的关注与研习。

随着王安石变法的失败，《周礼新义》也遭到了学者的指责，以至于南宋初年的胡安国、胡宏父子怀疑《周礼》是刘歆的伪作[2]，以此来否定王安石变法的神圣性和合理性，这在一定程度上影响了后人对《周礼》一书的价值判定。不过，南宋理学集大成者朱熹仍认为《周礼》是周公所作，他说：

> 《周礼》，胡氏父子（胡安国、胡宏）以为是王莽令刘歆撰，此恐不然。《周礼》是周公遗典也。[3]

朱熹否定了胡安国、胡宏的观点，他认为《周礼》并不是刘歆的伪造，而是周公所作。由于朱熹在后代学术思想界影响非常大，所以他的观点具有权威性，以至于《周礼》在南宋以后受到很多学

---

[1] [宋] 王应麟：《困学纪闻》卷八《经说》，上海古籍出版社，2015年，第291页。
[2] [宋] 胡宏：《皇王大纪论·极论周礼》，载《胡宏集》，中华书局，1987年，第259页。
[3] 《朱子语类》卷八十六《礼三·周礼·总论》，第2204页。

者的关注。在南宋，浙东学派对《周礼》也非常关注，这和他们所倡导的经治、事功思想有直接的关系。有宋一代，比较重要的《周礼》学著述有王安石《周礼新义》、王昭禹《周礼详解》、叶时《礼经会元》、郑伯谦《太平经国之书》、易祓《周官总义》等等。

元代的三《礼》学基本上沿袭宋代，发明不多。不过值得注意的是，元仁宗皇庆二年（1313）规定科举考试除了《四书》用朱熹注解《四书章句集注》，《诗经》用朱熹《诗集传》，《尚书》用蔡沈《书集传》，《周易》用程颐《易传》与朱熹《周易本义》，《春秋》用《三传》与胡安国《春秋传》，而《礼记》依旧用古代注疏，即郑玄注、孔颖达疏（《礼记正义》），这也说明元代郑玄礼学依旧非常盛行。元代朝野很多学者对三《礼》的研究多沿袭宋代，比较著名的有吴澄《仪礼逸经传》与《礼记纂言》、敖继公《仪礼集说》[①]、陈澔《礼记集说》、陈友仁《周礼集说》、毛应龙《周官集传》[②] 等。

元代研究《周礼》学比较有影响的还有丘葵。丘葵（1244—1333），字吉甫，号钓矶翁，同安县（今属厦门）人。他长期隐居，笃修朱子性理之学。撰有《周礼补亡》（又名《周礼全书》）六卷。生平事迹见《宋元学案》卷六十八、《新元史》卷二三五。丘葵《周礼补亡》主要是解释《周礼》之六官。在注解的过程中，多本俞廷椿、王与之的说法。

[①] 敖继公《仪礼集说》作为郑玄之后通解《仪礼》的名著，也是王肃《仪礼注》后又一部指摘郑学之书。此书乃敖继公针对郑玄注解不妥处进行修正，多有所得。清初学者喜其简便，此书地位一度凌驾郑玄注解之上。

[②] 毛应龙，字介石，元江西豫章（今江西南昌）人。大德（1297—1307）年间官澧州教授。著有《周官集传》二十四卷，兼采诸家训释，而断以己意。另有《周官或问》五卷（事迹见《新元史》卷二百三十五，《元史类编》卷三十四，《元书》卷八十八）。《周官或问》今未见传本。

明代三《礼》学多墨守元代，如明代初年的科举考试规定，考试内容沿袭元人旧有的规定，即用《礼记正义》，不用《周礼》《仪礼》。到了永乐年间，规定《礼记》只用陈澔《礼记集说》。这可能是因为陈澔父亲陈大猷是朱熹弟子黄榦的学生，陈澔又师从家父，他自然就是朱熹四传弟子，属于名门正派，加上陈澔《礼记集说》用程朱理学解读《礼记》，所以被朝廷定为官学。永乐十二年（1414）十一月，朝廷敕命胡广等三十九人编撰《周易》《尚书》《诗经》《礼记》《春秋》等《五经大全》，以此取代汉唐以来旧有的注疏之学。此《大全》不足一年就编撰完成，随后被用来科举取士。其中《礼记大全》以陈澔《礼记集说》为主，书成之后，《礼记大全》成为当时科举考试的必读书。明代学者研究三《礼》，几乎没有创新，水平整体上不及宋、元。

当然，就《周礼》学来说，当时也有一些注重训诂考据的著述，比如王志长的《周礼注疏删翼》，便是"能以注疏为根柢"，"能恪遵古本"，"在经学荒芜之日，临深为高，亦可谓研心古义者矣"。①

此外还有王应电。王应电，字昭明，昆山（今江苏昆山）人。曾撰有《周礼传》《周礼图说》《周礼翼传》《同文备考》《书法指要》《六义音切贯珠图》《六义相关图》等多种。其中《周礼传》《周礼图说》《周礼翼传》都被《四库全书》所收录。对于王应电的《礼》学，《明史》称：

> 《周礼》自宋以后，胡宏、季本各著书，指摘其瑕衅至数十万言。而余寿翁、吴澄则以为《冬官》未尝亡，杂见于五官中，而更次之。近世何乔新、陈凤梧、舒芬亦各以己意更定。然此皆诸儒之

---

① 《四库全书总目提要》卷十九《周礼注疏删翼》提要。

《周礼》也。覃研十数载，先求圣人之心，溯斯礼之源；次考天象之文，原设官之意，推五官离合之故，见纲维统体之极。因显以探微，因细而绎大，成《周礼传诂》数十卷。以为百世继周而治，必出于此。(《明史·儒林传·王应电传》)

王应电对《周礼》研究非常深入，他在宋元以来诸儒如胡宏、吴澄、何乔新、陈凤桐等人的基础上，对《周礼》作了深入的分析与考证。王应电的《周礼》研究，尽管也注重实证，但是也多有主观臆测的地方。对王应电的这三部《周礼》学著述，四库馆臣认为："大抵三书之中，多参臆说，不尽可从。以《周礼》《仪礼》至明几为绝学，故取长弃短，略采数家，以姑备一朝之经术。所谓不得已而思其次也。"①

(三) 清代

清代为三《礼》学的复盛时期。清廷为了巩固大一统王朝，越来越注重三《礼》学，比如乾隆元年（1736）开设"三礼馆"，由鄂尔泰任总编纂官，负责为三《礼》重新作注，以服务于当时的政治需要。到了乾隆十三年（1748），新的《三礼义疏》完成，朝廷钦定为一百七十八卷。这是一部以朝廷名义颁行的三《礼》学著述，其特点是汉宋兼采、三《礼》并行，改变了宋以来对《礼记》的重视。另外，这部书也是对汉唐以来经传注疏之学所作的一次较为全面的总结，这对于清代三《礼》学的兴盛，无疑具有非常重要的促进作用。在《三礼义疏》之中，《周礼义疏》有四十八卷，兼采汉宋之学，略有发明，颇有可观之处。到了乾隆三十八年（1773），朝廷又

---

① 《四库全书总目提要》卷十九《周礼传》提要。

开设四库馆，编纂《四库全书》，其中对先秦以来的各种三《礼》类重要著作都进行收集、整理，这对于中国古代三《礼》学的发展都有重要的价值和意义，最重要的是掀起了朝野上下对三《礼》学的重视。有清一代，三《礼》学方面知名的还有张尔岐《仪礼郑注句读》、凌廷堪《礼经释例》、孙希旦《礼记集解》、朱轼《礼记纂言》、朱彬《礼记训纂》、黄以周《礼书通故》等。会通三《礼》学的则有江永《礼书纲目》、徐乾学《读礼通考》、秦蕙田《五礼通考》等。

随着清代考据学的兴盛，学者对三《礼》的研究改变了过去注重思想义理探讨的局面，转向对三《礼》进行训诂、考据方面的探究。其中，最具代表性的著述有孙诒让《周礼正义》，此书八十六卷，二百三十余万字，这部书兼采汉唐以来著述成就，考辨翔实，为《周礼》学的集大成之作。

孙诒让（1848—1908），幼名效洙，又名德涵，字仲容，别号籀𠫭，浙江瑞安人。同治六年（1867）举人，五应会试不中。此后专攻学术，精研古学数十年。撰有《周礼正义》《墨子间诂》《契文举例》《温州经籍志》《四库全书简明目录批注》等多种。孙诒让在治经上强调广博，不拘泥于一家一派之说，这一点在其《周礼正义》一书中体现得非常明显。他在《周礼正义叙》中曾说道：

> 诒让自胜衣就傅，先太仆君即授以此经，而以郑注简奥、贾疏疏略，未能尽通也。既长，略窥汉儒治经家法，乃以《尔雅》《说文》正其诂训，以《礼经》、大小戴《记》证其制度，研揅累载，于经注微义，略有所悟。窃思我朝经术昌明，诸经咸有新疏，斯经不宜独阙。遂博采汉、唐、宋以来，迄于乾嘉诸经儒旧诂，参互证绎，以发郑注之渊奥，裨贾疏之遗阙。草创于同治之季年，始为长编数十巨册，缀辑未竟，而举主南皮张尚书议集刊国朝经疏，来征

此书。乃骤栝鰓理，写成一帙以就正。然疏牾甚众，又多掇录近儒异义，辩论滋繁，私心未惬也。继复更张义例，剟繁补阙，廿年以来，稿草屡易，最后迻录为此本。其于古义古制，疏通证明，校之旧疏，为略详矣。①

从这篇《叙》可看出，孙诒让致力于《周礼正义》的校勘、考辨工作，他为此不仅旁搜博采"汉、唐、宋以来，迄于乾嘉诸经儒旧诂"，而且也利用《尔雅》《仪礼》《礼记》等儒经与《周礼》进行互证，以期实现对《周礼》最大限度的考辨、疏通。

尽管从汉唐以来，郑玄的礼学成为《三礼》学的典范，在清代更是如此，清儒对郑学颇为推崇，鲜有突破其窠臼旧注，但是，孙诒让对此则不以为然。他在考辨、疏通《周礼》之时，对郑玄礼学并非盲从，而是择善而从，不墨守郑玄旧注。对此，他在《略例》中专门做了说明：

> 唐疏例不破注，而六朝义疏家则不尽然。郑学精贯群经，固不容轻破。然三君之义，后郑所赞辨者，本互有是非。乾嘉经儒考释此经，间与郑异，而于古训古制，宣究详墇，或胜注义。今疏亦惟以寻绎经文，博稽众家为主……于康成不曲从杜、郑之意，或无悖尔。（《周礼正义·周礼正义略例十二凡》）

孙诒让对《周礼》三大家即杜子春、郑兴、郑众之说并不墨守，而是择善而从，如有谬误，则进行考辨。对于清儒礼学方面的成就，孙诒让也择善而从，他希望通过兼采众长的形式，实现对《周礼》最大限度的理解。总之，孙诒让跳出对郑玄之学的墨守，兼采众长，

---

① 孙诒让：《周礼正义》，中华书局，2013年，第4页。

以期融会贯通，实现对经书、经义的理解与领悟。

参考文献

（一）基础文献

［汉］郑玄注，［唐］贾公彦疏：《周礼注疏》，《十三经注疏》本，杭州：浙江古籍出版社，1998年版。

［汉］郑玄注，［唐］孔颖达疏：《礼记正义》，《十三经注疏》本，杭州：浙江古籍出版社，1998年版。

［晋］陈寿撰，［南朝宋］裴松之注：《三国志》（全五册），北京：中华书局，1959年版。

［唐］陆德明：《经典释文》，上海：上海古籍出版社，2013年版。

［唐］姚思廉：《梁书》（全三册），北京：中华书局，1973年版。

［唐］令狐德棻：《周书》（全三册），北京：中华书局，1971年版。

［宋］朱熹：《四书章句集注》，北京：中华书局，2012年版。

［宋］黎靖德编，王星贤点校：《朱子语类》，北京：中华书局，1986年版。

［宋］王应麟：《困学纪闻》，上海：上海古籍出版社，2015年版。

［宋］胡宏：《胡宏集》，北京：中华书局，1987年版。

［清］孙诒让撰，王文锦、陈玉霞点校：《周礼正义》，北京：中华书局，1987年版。

［清］胡培翚撰，段熙仲点校：《仪礼正义》，南京：江苏古籍出版社，1993年版。

［清］张廷玉等撰：《明史》（全二十八册），北京：中华书局，1974年版。

［清］皮锡瑞著，周予同注释：《经学历史》，上海：商务印书馆，1934年版。

（二）研究论著

丁进：《周礼考论：周礼与中国文学》，上海：上海人民出版社，2008

年版。

冯绍霆：《周礼：远古的理想》，上海：上海古籍出版社，1997年版。

龚建平：《意义的生成与实现——〈礼记〉哲学思想》，北京：商务印书馆，2005年版。

蒋伯潜：《十三经概论》，上海：上海古籍出版社，1983年版。

刘起釪、王钟翰等著：《经史说略——十三经说略、二十五史说略》，北京：北京燕山出版社，2002年版。

刘梦溪主编：《中国现代学术经典·廖平蒙文通卷》，石家庄：河北教育出版社，1996年版。

刘汝霖：《汉晋学术编年》，北京：中华书局，1987年版。

马宗霍：《中国经学史》，郑州：河南人民出版社，2016年版。

彭林：《〈周礼〉主体思想与成书年代研究》（增订版），北京：中国人民大学出版社，2009年版。

彭林：《儒家礼乐文明讲演录》，桂林：广西师范大学出版社，2008年版。

彭林：《三礼研究入门》，上海：复旦大学出版社，2012年版。

彭林：《中国古代礼仪文明》，北京：中华书局，2004年版。

王琦珍：《礼与传统文化》，南昌：江西高校出版社，1994年版。

王启发：《礼学思想体系探源》，郑州：中州古籍出版社，2005年版。

徐复观：《徐复观论经学史二种》，上海：上海书店出版社，2006年版。

徐启庭：《周礼开讲》，上海：华东师范大学出版社，2013年版。

杨天宇：《郑玄三礼注研究》，天津：天津人民出版社，2007年版。

杨天宇：《周礼译注》，上海：上海古籍出版社，2004年版。

杨志刚：《中国礼仪制度研究》，上海：华东师范大学出版社，2001年版。

仪 礼

中国自古就非常注重礼。我们现在一般都认为人与动物的区别主要是语言，但在中国古人看来，人与动物的基本区别不在于语言，而在于礼仪。如《礼记·冠义》就说："凡人之所以为人者，礼义也。"《礼记·曲礼上》也说："鹦鹉能言，不离飞鸟。猩猩能言，不离禽兽。今人而无礼，虽能言，不亦禽兽之心乎？夫唯禽兽无礼，故父子聚麀。是故圣人作为礼以教人，知自别于禽兽。"孔子就曾说"不学礼，无以立"，意思是说，你要是不懂得礼仪，不知道尊卑长幼、礼尚往来、男女有别等等礼仪，就没办法在社会上立足。今天也是，大到国家领袖出访、开重大会议，小到日常生活的待客访友、言谈举止等等，都要讲求礼仪，否则就会被人视为没文化，没教养，细节决定成败，有可能你的人生就因此而受影响了。

要想了解中国古代的礼乐文明，首先必须对礼及礼的载体三《礼》有全面而深刻的认识。中华礼文化的载体三《礼》，即《周礼》《礼仪》和《礼记》。从三《礼》整体上来看，《周礼》主要记载的是基本的政治制度，《仪礼》主要记载了具体的行为规范，《礼记》主要是从理论层面上来论说礼仪的意义。因此，《仪礼》更是中华礼乐文明的基础与核心所在。

一、礼仪产生与《仪礼》成书

《仪礼》作为中国古代礼仪的经典来源，这部书是怎么来的呢？学者至今都有争议。在了解《仪礼》这部书的成书之前，我们首先要清楚礼仪的来源,这对于我们认识《仪礼》这部书及其特质有重要的意义。

(一) 礼仪的发生

我们一说到礼,就会想到礼仪,其实在中国古代,礼和仪是两个不同的概念。简单一点讲,礼是人们的行为规范,也是一种社会意识,它包含一系列的制度和规定。而仪,是礼的具体表现形式,它是根据礼的内容和规定,形成的一整套系统而完整的程序。换句话说,礼是内容,而仪是表现形式。

关于礼的起源,有很多学者都对之进行研究,并提出了许多看法。比如《荀子·礼论》中就说:

> 礼起于何也?曰:人生而有欲,欲而不得,则不能无求;求而无度量分界,则不能不争;争则乱,乱则穷。先王恶其乱也,故制礼义以分之,以养人之欲,给人之求,使欲必不穷乎物,物必不屈于欲,两者相持而长,是礼之所(以)起也。故礼者,养也。[①]

荀子认为,人生来就是有欲望的,人的欲望是无止境的,而资源是有限的,在这种情况下,就会出现争夺,然后就会出现混乱。古圣先王为了制止这种混乱,制定了相应的礼仪,将资源按照地位等级、血缘亲疏等进行分配,随着社会政治的发展,完善的礼仪也就建立起来了。可以看出,荀子认为礼仪源于人的欲望和争夺,圣人为了防止混乱,所以制定礼仪用来有秩序地分配资源。

不过,在很多人看来,礼的产生并不单纯是为了解决生存与资

[①] [清]王先谦撰:《荀子集解》卷十三《礼论》,中华书局,1988年,第346页。

源分配问题，而是出于一种宗教信仰，出于对鬼神的敬畏之情。比如《礼记·礼运》篇中对礼仪的起源有这样一段文字：

> 夫礼之初，始诸饮食，其燔黍捭豚，污尊而抔饮，蕢桴而土鼓，犹若可以致其敬于鬼神。

这句话的意思是说，远古的人们在行礼的时候，开始准备饮食，把黍米和屠宰后的小猪放在石头上，然后点燃柴草进行烧烤，再在地上挖出一个盛酒的土坑，用手捧着酒喝，并用茅草捆成鼓槌，用土捏成鼓，进行敲打撞击，以此来表示对鬼神的崇敬。从中我们可以看出，我国礼仪的发端是祭祀礼仪，但祭祀礼仪却是从饮食礼仪开始的。

近代王国维通过对古文字的研究也认为，礼起源于宗教仪式，最基本的根据就是"礼（禮）"这个字的结构。《说文解字》"示"部云："礼，履也，所以事神致福也。从示，从豊。"又《说文解字》"豊"部云："豊，行礼之器也，从豆，象形。凡豊之属，皆从豊，读与禮同。"礼最初表示用器皿盛着两串玉来祭祀神灵，后来也指用美酒来祭祀神灵，再后来一切祭神之事都统称为礼。[1] 礼起源于宗教这个观点，在学术界影响非常大。这个观点有一定的道理，毕竟礼产生于人类社会的早期，当时人们生活水平极其低下，随时面临着饥荒、风雨雷电、虎豹豺狼、生老病死等各种死亡威胁，在他们看来，这些都来自一种超自然的力量——鬼神。为了消灾去祸，他们赋予鬼神以人性，然后采用各种方法讨好鬼神，以致形成了上古时期的"泛神论"思维，人们祭祀一切宇宙自然之物。

---

[1] ［清］王国维：《观堂集林》卷六《释礼》，中华书局，1959年。

实际上，并非所有的礼仪都是源于宗教祭祀，比如婚礼、射礼、宴飨等一些礼仪就与祭祀关系不大，而是和人们的日常生活习惯息息相关。基于此，与王国维同时代的刘师培就礼仪的起源提出了新的观点，即"上古之时礼源于俗"[1]。他在《经学教科书》中就说：

> 上古时，社会蒙昧，圣王既作，本习俗以定礼文，故唐虞之时以天、地、人为"三礼"，以吉、凶、军、宾、嘉为"五礼"，降及夏、殷，咸有损益，是为《礼经》之始。[2]

在刘师培看来，礼起源于上古时代人们的日常生活习惯，后来唐尧、虞舜等圣王根据人们的生活习惯制定了一系列的行为规范，这就是早期礼仪的产生。此后，随着社会的发展，又渐渐形成了吉、凶、军、宾、嘉等不同类型的礼仪，再经过夏、商、周历代的丰富和完善，最终产生了《礼经》（即《仪礼》）。

王国维和刘师培的观点无论是在当时还是现在都很具有代表性，不过我们通读《仪礼》就会发现，并不是所有的礼仪都和宗教祭祀有关系，也并不是所有的礼仪都和生活习俗有关系，而是一部分来源于宗教祭祀，一部分来源于生活习俗。后来统治阶层出于统治的需要，将有关宗教祭祀的礼仪固定化、程序化，从而形成了早期宗教性礼仪，比如祭祀礼、丧葬礼等等；将有关日常生活习俗的礼仪也进行规范，形成了人们的日常生活礼仪，比如冠礼、婚礼、宴飨礼、大射礼、宾礼等等；还有一些没有被改造，依旧在朝堂、民间作为约定俗成的礼仪和习惯继续发展演变。

---

[1] ［清］刘师培著：《清儒得失论·古政原始论·礼俗原始论第十》，吉林出版社，2017年，第177页。

[2] ［清］刘师培著，陈居渊注：《经学教科书》，上海古籍出版社，2006年，第11页。

总之，中国的礼制开始于远古时期。在礼制形成的过程中，唐尧、虞舜奠定了后代仪礼的重要基础，如《尚书·舜典》就说舜："修五礼。"随后，夏、商、周三朝为了巩固自己的既得利益，将日常仪礼、宗法制度与国家政权相结合，丰富完善了一系列基于宗法制的礼仪规范。当然，这个礼制建立是个渐进的过程。其中，夏代更多保留的是原始习俗与道德，如《礼记·表记》所言："夏道尊命，事鬼敬神而远之，近人而忠焉。先禄而后威，先赏而后罚。"到了殷商时期，人们非常崇拜鬼神，但也开始强调礼仪，如《礼记·表记》就说："殷人尊神，率民以事神，先鬼而后礼。"周朝建立以后，"周公制礼作乐"，在思想观念上与殷商正好相反，《礼记·表记》又说："周人尊礼尚施，事鬼敬神而远之。"他们抛弃了殷商崇拜鬼神的做法，而注重礼制，并建立了"立嫡以长不以贤，立子以贵（母贵）不以长"的以嫡长子继承制为核心的系统礼制。相传周公摄政时期，在他的主持下，对以往的宗法礼仪规范等做了系统的梳理整顿，制定出了一整套以维护宗法等级制为中心的礼仪规范。这就是一般所说的"礼"或周礼。

古人制定了一系列具体的仪礼规范，上到天子百官，下到地方百姓，都要自觉遵守，使得仪礼无所不在，由此成为维护社会政治、人伦道德、日常社会生活的最重要的法则。正如《礼记·曲礼》中所说：

> 道德仁义，非礼不成；教训正俗，非礼不备；分争辨讼，非礼不决；君臣、上下、父子、兄弟，非礼不定；宦学事师，非礼不亲；班朝治军，莅官行法，非礼威严不行；祷祠、祭祀、供给鬼神，非礼不诚不庄。

礼仪在道德仁义、风俗民情、争执诉讼、上下等级、礼仪教化、治军施政、祭祀祈祷等各种事项的贯彻中都有重要的价值和意义，也正是因为如此，中国被称为礼仪之邦。

关于礼产生的目的或者说礼的本质，正如《礼记·大传》所说："亲亲也，尊尊也，长长也，男女有别，此其不可得与民变革者也。"整句话意思是，以亲人为亲近，以尊长为尊敬，以年长为长辈，男女不同，要区分对待。也就是说，一切以血缘关系为核心，为了维护某一姓家族集团的利益，而推行从长到幼、从内到外一系列的等级原则，从衣食住行等各个方面来约束个体的言行、调节统治阶层内部的关系，从而维护一个稳定的社会政治秩序。例如，《礼记·礼运》中又说：

> 言偃复问曰："如此乎礼之急也？"孔子曰："夫礼，先王以承天之道，以治人之情。故失之者死，得之者生。《诗》曰：'相鼠有体，人而无礼，人而无礼，胡不遄死！'是故夫礼必本于天，殽于地，列于鬼神，达于丧、祭、射、御、冠、昏、朝、聘。故圣人以礼示之，故天下国家可得而正也。"

《礼记·经解》中也说：

> 夫礼，禁乱之所由生，犹坊止水之所自来也。故以旧坊为无所用而坏之者，必有水败。以旧礼为无所用而去之者，必有乱患。故昏姻之礼废，则夫妇之道苦，而淫辟之罪多矣。乡饮酒之礼废，则长幼之序失，而争斗之狱繁矣。丧祭之礼废，则臣子之恩薄，而倍死忘生者众矣。聘觐之礼废，则君臣之位失，诸侯之行恶，而倍畔侵陵之败起矣。故礼之教化也微，其止邪也于未形，使人日徙善远罪而不自知也，是以先王隆之也。

礼仪的存在，的确极大地规范了人们的言行举止，维护了社会政治秩序，从而极大地维护了绝大多数人的利益，更是从根本上维护了统治阶层的核心利益。正是因为如此，中国古代始终重视礼仪，并将礼仪作为社会政治治理的重要手段。

另外，由于礼制来源于习俗，同时又与宗教信仰有直接或间接的关联，所以古人非常强调在行礼过程中要有"诚敬"的心态，这样一来就将外在的礼仪、礼制转换为"内在"的道德自律。比如《礼记·檀弓上》记载了"曾子易箦"这件事就突出体现了人们已经将"礼制"转化为一种道德自觉了：

> 曾子寝疾，病。乐正子春坐于床下，曾元、曾申坐于足，童子隅坐而执烛。童子曰："华而睆，大夫之箦与？"子春曰："止！"曾子闻之，瞿然曰："呼。"曰："华而睆，大夫之箦与？"曾子曰："然。斯季孙之赐也，我未之能易也。元，起易箦。"曾元曰："夫子之病革矣，不可以变，幸而至于旦，请敬易之。"曾子曰："尔之爱我也不如彼。君子之爱人也以德，细人之爱人也以姑息。吾何求哉？吾得正而毙焉，斯已矣。"举扶而易之。反席未安而没。

曾子病入膏肓了，依旧没有忘记遵守礼仪，他在童子的提醒下，不顾弟子、子女的劝说，不顾自己生命的危险，坚持要换掉本来是大夫才能享用的席子。这种道德自律的精神，后来经过孟子、荀子、宋明理学家等的宣扬，最终成为礼仪推行最重要的手段。可以说，礼制的存在以及道德化，对于道德人伦、日常行为的规范也起到了重要的促进作用。当然，其最终目的还是为了维护秩序、实现王道政治，正如《礼记·曲礼上》所说："夫礼者，所以定亲疏，决嫌疑，别同异，明是非也。礼，不妄说人，不辞费。礼，不逾节，不侵侮，不好狎。修身践言，谓之善行。行修言道，礼之质也。"

作为礼仪的重要载体——《仪礼》，集中体现了统治阶层维护社会政治秩序的这一特质。换言之，《仪礼》将具体的日常礼仪与社会教化、政治秩序紧密结合起来，以展现其存在的价值，正如有的学者所说的：

> 在古代社会，周而复始、反复举行的仪式不仅可以维持人们共同的情感，巩固共同的价值目标，并以此促进社会的稳定，而且当我们将仪式放在文化与社会网络中去看时，就可以发现，仪式往往还决定着一个民族的生活节奏、人们的生命秩序、集体内部的交往秩序，甚至决定着国家的政治秩序。同时，仪式可以定位人群中的伦理关系，进行公众教育，规范和理顺人们的情感，组织与管理社会生活，调整与维护社会秩序。在世界各主要文明中，中国古代文明最为重要的一个表征就是高度的仪式化，即所谓的"经礼三百，曲礼三千"（《礼记·礼器》），"礼"的仪式在社会生活及私人生活中都发挥着极其重要的功能。儒家经典、历代礼书对种种"礼"之仪式的类型、对象、参与者、祭祀程序等都作了相当详尽的规定。在《仪礼》中，我们看到的就是非常具体的甚至可说是烦琐的仪式规定，虽然先儒一直教导我们，切勿迷失在"礼"的仪文形式之中而忘记其所应有的内在含义，但烦琐的仪文度数毕竟是礼乐内在意义的载体，从仪式学角度看，这些仪文度数是不容轻视的。现代仪式学认为，在每一次具体的仪式活动中，通过人们共同的参与和共同的关注，由仪式所带来的共同情感和共同希望，将群体中的不同个人以不同的等级秩序紧密地联系在了一起，从而形成一种社会伦理控制的巨大力量。此外，仪式的结构在某种意义上说，类似于一种情绪结构，当人们在仪式中解决了自己的问题、确定了自己的位

置之后，现实生活中的问题与位置也就随之明朗化，这正是功能学派人类学家所指出的仪式的主要功能所在。从某种程度上说，儒家礼乐文化中的"仪式——伦理"转化思想正反映了现代仪式学的思路。①

《仪礼》并不仅仅是先秦时期礼仪的集大成之作，它所呈现的不仅仅是系列的仪式，更是生活、礼仪与情感的升华，凸显了人的社会性、政治性。换言之，《仪礼》将个人行为、情感与社会政治、天地鬼神进行结合，通过神道设教的形式，实现了礼仪的人文化、社会化。总之，礼仪虽然基于人伦日用，但是落脚点却是在国家秩序、民族文明的维护与彰显，正如《汉书·礼乐志》中所言："象天地而制礼乐，所以通神明，立人伦，正情性，节万事者也。"随着礼仪的普遍化，仪礼日渐被道德化、伦理化，进而形成了中国早期文化中仪式——伦理——政治的三维结构，这也是中华文明独具特色的地方。

当然，古代的礼仪并不是固定不变的，而是随着时代的变化不断变化的。另外，受到近现代以来西方文化的冲击，我们的传统礼仪基本上是礼坏乐崩，进入了历史的低谷。比如现在的婚礼、丧礼受到西方的影响，除了程序西化之外，婚礼穿白色的礼服，这在中国古代是非常忌讳的；丧葬在古代推行土葬，便于祭祀，现在实行西方式的火葬，非常简洁，非常不便于后人祭拜。又如，最能体现礼仪的服装，我们今天所说的正装，不是传统的汉服、唐服，更不是长袍马褂，而是西服，没有一点点民族的特征、特质在内。学士、硕士、博士等毕业时，一般都穿西方所设计的教士服装。甚至日常

---

① 张自慧著：《礼文化与致和之道》，上海人民出版社，2012年，第94页。

饮食、吃饭方面，也受西餐的影响，刀叉也出现在饭桌上。此外，西方的各种节日，比如圣诞节、情人节，在中国也是大行其道，相比之下，能借以展现传统礼仪的春节、中秋节、重阳节、清明节等却备受冷落。这样的例子非常多。我们的文化，越来越没有自己的民族性，长此以往，不只是单纯的文化问题，处理不好，也将会危及社会政治的稳定、国家民族的存亡了。这一点正如彭林先生所言："文化是民族的基本特征，文化存则民族存，文化亡则民族亡。"①

（二）《仪礼》成书

《仪礼》是上古时期礼仪制度的汇编，相传是孔子所编。《仪礼》是后人的称呼，在先秦时期它只是被称为《礼》②，先秦时期所说的诗、书、礼、乐、易、春秋，其中的"礼"指的就是《仪礼》。到了汉代，《仪礼》的称呼多了起来，有继续称呼为《礼》的③，也有将它称为《士礼》《礼经》的④，甚至还有人称它为《礼记》。（如《史记·孔子世家》即称之为"礼记"。当然，这和大、小戴《礼记》不一样。因为《仪礼》中有经，也有记，所以被这样称呼。《后汉书》的《蔡邕传》《卢植传》中所言"礼记"均指"仪礼"。）

《仪礼》的成书和作者，自古以来也是争议不断，至今没有定论。关于《仪礼》的成书有周公所作说、孔子所作说、战国儒者所

---

① 彭林：《中国古代礼仪文明》，中华书局，2004年，自序。
② 《庄子·天运》："（孔）丘治《诗》《书》《礼》《乐》《易》《春秋》六经。"《荀子·儒效》："《诗》言是其志也，《书》言是其事也，《礼》言是其行也，《乐》言是其和也，《春秋》言是其微也。"《商君书·农战》："《诗》《书》《礼》《乐》，善修仁廉辩慧。"
③ 《汉书·儒林传》："由是《礼》有大戴、小戴、庆氏之学。"
④ 《论衡·谢短》："今《礼经》十六。"《汉书·艺文志》："《礼古经》五十六卷，《经》十七篇。"

作说等等。其中，孔子所作说在中国古代最有影响力。最早提到孔子编撰《仪礼》的是司马迁、班固等人，司马迁《史记》、班固《汉书》都认为在周王室礼坏乐崩的情况下，孔子整理了《仪礼》一书，表彰周代礼乐文明。《史记》中说：

> 孔子之时，周室微而礼乐废，《诗》《书》缺。追迹三代之礼，序《书》《传》，上纪唐虞之际，下至秦缪，编次其事。曰："夏礼吾能言之，杞不足徵也。殷礼吾能言之，宋不足徵也。足，则吾能徵之矣。"观殷夏所损益，曰"后虽百世可知也，以一文一质。周监二代，郁郁乎文哉。吾从周。"故《书传》《礼记》自孔氏。(《史记·孔子世家》)
>
> 夫周室衰而《关雎》作，幽厉微而《礼》《乐》坏，诸侯恣行，政由强国。故孔子闵王路废而邪道兴，于是论次《诗》《书》，修起《礼》《乐》。(《史记·儒林列传》)

《汉书·儒林传》也说：

> 自卫反鲁，然后乐正，《雅》《颂》各得其所。究观古今之篇籍，乃称曰："大哉！尧之为君也！唯天为大，唯尧则之。巍巍乎其有成功也，焕乎其有文章（也）！"又曰："周监于二代（世），郁郁乎文哉！吾从周。"于是叙《书》则断《尧典》，称《乐》则法《韶舞》，论《诗》则首《周南》。缀周之《礼》，因鲁《春秋》，举十二公行事，绳之以文武之道，成一王法，至获麟而止。盖晚而好《易》，读之韦编三绝，而为之《传》。皆因近圣之事，曰（以）立先王之教，故曰："述而不作，信而好古；下学而上达，知我者其天乎！"

《史记》《汉书》中所提到的"礼"都是《仪礼》一书。司马迁、班固都认为，孔子鉴于春秋时期王室衰微、礼坏乐崩，为了重振当时的礼乐文明，除了积极宣扬儒家的礼乐文明之外，还整理了与周代礼乐文明有关的文献，其中就包括了《仪礼》。总之，孔子整理了周代礼乐方面的书籍，这其中应当有《仪礼》，而《仪礼》的后传文本主要是孔子所编订、传承。

司马迁、班固提到孔子只是编订《仪礼》文本，而不是创作了《仪礼》，而且他们都没有明确指出这个《仪礼》究竟是多少篇（因为在汉代，《仪礼》有两个版本，一个是用汉代通行隶书写的今文《仪礼》十七篇，一个是从孔子家墙壁中发现的、用先秦古文字写的古文《仪礼》五十六篇）。最有可能的是，孔子曾经编订了五十六篇的《仪礼》，经过秦始皇焚书坑儒散佚了几十篇，只剩下汉代今文《仪礼》十七篇了。对此，我们可以从《史记》《汉书》的记载做出这样的判断，其中《史记·儒林列传》云：

> 礼固自孔子时而其经不具。及至秦焚书，书散亡益多。于今独有《士礼》，高堂生能言之。

《汉书·艺文志》则记载说：

> 汉兴，鲁高堂生传《士礼》十七篇。讫孝宣世，后仓最明。戴德、戴圣、庆普皆其弟子，三家立于学官。《礼古经》者，出于鲁淹中及孔氏，与十七篇文相似，多三十九篇。及明堂阴阳、王史氏记所见，多天子诸侯卿大夫之制，虽不能备，犹瘉（后）仓等推士礼而致于天子之说。

根据司马迁、班固的说法，可以判定孔子曾编纂了《仪礼》五十六篇，它包含了天子、诸侯、卿大夫、士四个阶层的礼仪。后来，孔子编订的五十六篇《仪礼》在传播过程中多有散佚，尤其经过秦焚书坑儒散佚更多，以至于到了汉代只剩下《士礼》十七篇。这十七篇《士礼》，主要是关于士阶层的礼仪，其他有关天子、诸侯、卿大夫那三部分的都丢失了。汉武帝时，鲁恭王刘余拆孔子家旧宅子，从孔子家的墙壁中发现了古文《仪礼》五十六篇，这应该就是孔子所编订的原本《仪礼》，它比今文《士礼》十七篇多出三十九篇，这三十九篇讲的是上自天子、诸侯，下至卿大夫、士的礼仪。

为什么说是孔子整理、编订了《仪礼》五十六篇，而不是创作了《仪礼》这部书呢？因为在孔子之前，周朝已经有现成的礼乐文本用来教育贵族子弟了，比如《礼记·王制》就说：

> 乐正崇四术，立四教，顺先王《诗》《书》《礼》《乐》以造士。春秋教以《礼》《乐》，冬夏教以《诗》《书》。

这说明在西周时期，当时贵族子弟的老师乐正已经用编辑好的文本《礼》，来教育贵族子弟了。另外，从周代的出土文献和《尚书》《逸周书》《左传》《国语》《毛诗》等传世文献来看，当时周朝贵族经常举行的各种典礼，如冠礼、觐礼、聘礼、飨礼、丧礼等，礼仪程序都已经非常成熟了，礼仪内容和今本《仪礼》所记载的很相近，这些都表明孔子之前已经存在《仪礼》这部书了。孔子为了传承文明、教育弟子，就在已经流传的《仪礼》文本的基础上，进行了编辑整理工作。后来，随着儒学成为显学，孔子所编订的《仪礼》自然成为最流行、最权威的文本。成书于春秋战国时期的《孟子》《荀子》《礼记》等文献中有大量引述《仪礼》的文字。这些都说明《仪礼》成书于《孟子》《荀子》《礼记》之前的春秋时期。

总的来看，孔子编订了《仪礼》。当然，孔子这个《仪礼》并不是定本，只能说是《仪礼》的一个原本。孔子之后，《仪礼》传本很多，后传弟子们多有修订，最终定本生成于战国后期。最有可能是荀子一门。这一点如近人钱玄同在其《重论今古文学问题》所说："其书盖晚周为荀子之学者所作。"[①] 近现代史学家洪业《仪礼引得序》认同钱玄同的观点，也认为"《荀子》所述之礼仪，亦颇与今之《仪礼》有歧异，则高堂生所传本，编纂于荀子之后也"[②]。何况，在今天的《仪礼》文本之中还有经、记、传的分别，三者的成书年代有所不同。《仪礼》经文部分大概奠基于周初，开始成书于西周末春秋初年，梁启超也如此认为："《仪礼》……大抵应为西周末春秋初之作。"[③] 此后，孔子所编辑整理的《仪礼》文本，又由儒学弟子进行增饰、评价，很多篇目后面便有了传、记。在《仪礼》十七篇中有十三篇篇末有记，这些记主要是评价《仪礼》篇目的一些内容。由此形成了今本《仪礼》十七篇的格局。总之，《仪礼》非一时一人所完成，而是经过多年多人编辑的结果，正如清人邵懿辰《礼经通论》所说："礼本非一时一世而成，积久复习，渐次修整，而后臻于大备。"[④]

二、《仪礼》与中华传统文化

今本《仪礼》十七篇分别是《士冠礼》第一，《士昏礼》第二，《士相见礼》第三，《乡饮酒礼》第四，《乡射礼》第五，《燕礼》第六，《大射》第七，《聘礼》第八，《公食大夫礼》第九，《觐礼》第

[①] 顾颉刚编著：《古史辨》，第五册，海南出版社，2003年，第29页。
[②] 洪业：《仪礼引得序》，《仪礼引得》，燕京大学图书馆《引得》编纂处，1932年，第15页。
[③] 梁启超著：《中国近三百年学术史》，天津古籍出版社，2003年，第260页。
[④] [清] 邵懿辰撰：《礼经通论·论孔子定礼乐》，清宣统三年（1911）铅印本，第6页。

十，《丧服》第十一，《士丧礼》第十二，《既夕礼》第十三，《士虞礼》第十四，《特牲馈食礼》第十五，《少牢馈食礼》第十六，《有司彻》第十七。其中第十三篇《既夕礼》为第十二篇《士丧礼》的下篇，第十七篇《有司彻》为第十六篇《少牢馈食礼》的下篇，所以《仪礼》虽然有十七篇，但只记载了古代的十五种礼仪。全书主要记载了士人以上各种贵族典礼仪式，包括冠礼（成人礼）、婚礼、宴飨、朝聘、乡射、祭祀、丧葬等各种有关政治和社会活动的礼仪规范。后来宋代的《政和五礼新仪》《大明集礼》《大清会典》等都是根据《仪礼》加以损益制定的。

宋代王应麟根据《周礼·春官·大宗伯》礼的五种分类法，即吉、凶、军、宾、嘉，对《仪礼》十七篇进行归纳（《困学纪闻·仪礼》）。《仪礼》没有军礼这一类，只有吉、凶、宾、嘉四类礼仪。其中，《特牲馈食礼》《少牢馈食礼》《有司彻》三篇属于吉礼；《丧服》《士丧礼》《既夕礼》《士虞礼》四篇属于凶礼；《士相见礼》《聘礼》《觐礼》三篇属于宾礼；《士冠礼》《士昏礼》《乡饮酒礼》《乡射礼》《燕礼》《大射》《公食大夫礼》七篇属于嘉礼。不仅在《仪礼》十七篇中没有军礼，即使是《汉书》所记载的五十六篇古文《仪礼》中，也没有军礼。这或许是因为孔子不喜欢战争。《论语·述而》中记载："子之所慎：齐（斋）、战、疾。"《论语·卫灵公》："俎豆之事，则尝闻之矣。军旅之事，未之学也。"所以，孔子编订《仪礼》的时候，没有保留军礼这一类。我们分别看一下《仪礼》所涉及的吉、凶、宾、嘉四种礼仪。

（一）吉礼

第一类礼仪是祭祀天地鬼神，向它们祈福，祈求吉祥顺利，属于吉礼。主要包括《特牲馈食礼》《少牢馈食礼》《有司彻》三篇（其中，《特牲馈食礼》讲的是一般贵族定期在宗庙祭祀先祖的礼仪，《少牢馈食礼》《有司彻》讲的是大夫级别的贵族在宗庙祭祀祖先的礼仪）。

吉礼主要是关于祭祀的，祭祀是古代人的头等大事。从原始社会开始，一直到商、周时期，祭祀鬼神、祖先一直被看成是国家的头等大事，《礼记·祭统》就说："凡治人之道，莫急于礼。礼有五经，莫重于祭。"意思是说，治理社会最重要的莫过于礼仪；礼仪有五种（吉、凶、军、宾、嘉），其中最重要的莫过于祭礼。《左传》成公十三年也说："国之大事，在祀与戎。"意思是说，国家最重要的大事，莫过于祭祀和战争了。即使在秦汉以后，无论是朝廷官府，还是平民百姓，也都一直将祭祀看得非常重要。古人之所以将祭祀看得这么重要，一切都是源于上古时期的宗教信仰，由于当时人的能力非常弱小，面对恶劣的自然环境，人们只有祈求上天、祖先带给他们平安、幸福，也正因如此，上古时期形成了"泛神论"思想，只要是对自己有用的鬼神人们都进行祭祀，结合当地的风俗习惯，经过长时间的积累，从而形成系统而复杂的祭祀礼仪。

古代的祭祀对象主要分为天神、地祇、人鬼三门，也就是说，祭祀天地万物、祖先鬼神与其他神祇（比如玉皇大帝、观音菩萨、财神、关公、土地爷、灶神等等）。就祭祀天地来说，天地是中国古代神鬼体系中最为尊贵、也最具有权威的主宰神，犹如西方的上帝一般，其他的风雨雷电等只不过是它的臣工。所以，祭天之礼是中国古代最为隆重和庄严的祭礼。周礼规定，祭祀天地在一个叫圜丘的圆形祭坛处进行，这个祭坛在国都的南郊，于每年的冬至日举行祭天大典。

祭祀当日，天子斋戒沐浴更衣，身着祭祀服装，将准备好的猪、牛、羊（太牢），进行宰杀，与其他祭品如玉璧、玉圭、缯帛等一起放在柴草上，然后天子亲自点燃柴垛，让烟气升腾于天，由此让天帝闻到太牢和祭品的味道，这种形式叫"燔燎"，也叫"禋祀"。在古代，祭祀天地比较典型的如历代很多皇帝举行的封禅礼，这是一种合祭天地的礼仪。古代君王一般都到泰山去，因为在古人看来五岳中泰山最高，所以登上泰山最接近上天，于是就在那里祭祀上天。然后再在泰山脚下的小山如梁父、肃然等山上祭祀大地。当然，封禅的礼仪，只有天子才有资格举行，历史上举行过封禅的帝王有秦始皇、汉武帝、汉光武帝、唐高宗、唐玄宗、宋真宗等人，宋代以后，再没有举行过封禅的礼仪。

到了明代，嘉靖皇帝认为天地合祭不合乎古礼，于是又专门建了天坛、地坛祭祀天地。我们现在看到的北京天坛，就是乾隆皇帝在明代的基础上进行完善而成的。祭祀天地的方式也不同。祭祀天神一般用堆积木柴将玉帛、牺牲放在上面焚烧，使烟气上升让天神享用。祭祀地神的礼仪，与祭天相似，只是与祭天"燔燎"的方式不同，祭祀地神用的是"瘗埋"或者是血祭的方式，也就是将牺牲猪牛羊等的血灌在地下，使它们的血气下渗到地里。祭祀大江大河，一般用"沈"（沉）的方式，将牺牲、玉帛沉到水底，让大江大河之神享用。

此外，还有祭祀祖先的宗庙祭祀。由于宗庙是祭祀祖先的重要场所，所以它的建筑一般都非常考究，显得庄重、肃穆。最高统治者的宗庙，被称为太庙，也是国家的象征。在古代，凡遇到重要的农事活动、皇帝登基、战争等重大事情，都要在太庙举行祭祀祖先的礼仪。明清两朝的太庙就在明清两代的宫城——紫禁城的左侧。

（二）凶礼

第二类是丧葬之礼，属于凶礼。《仪礼》的丧礼包括《丧服》《士丧礼》《既夕礼》《士虞礼》四篇。其中，《丧服》讲的是死者亲属丧服的类别（五服制度），它在中国古代社会、政治、法律、民俗等方面都产生了深远的影响。《士丧礼》《既夕礼》讲的是一般贵族从死亡到埋葬的相关礼仪。《士虞礼》讲的是一般贵族埋葬死者回家后举行安魂礼的礼仪。

在原始社会，人们对死者的遗体是置于荒山野林，无所谓丧葬一说。随着社会的进步，古人对待丧葬变得非常重视，有"事死如事生"的说法，就是对待死人要像对待活着的人一样，因此丧礼规定也非常细致。《仪礼》规定，人死之后要进行的丧礼分为五个大阶段：复、殓、殡、葬、丧服。

"复"是招魂礼仪，人刚死之后，先用很轻的棉絮察验是否还有呼吸，此即"属纩"。发现没有气息了，除了亲属痛哭之外，不是马上治丧，而是马上为之招魂，此即"复"，希望他活过来。复，就是为死者招魂的仪式，由活着的人拿着死者的上衣，一手拿着衣领，一手拿着腰部，登上屋顶，向着幽冥世界的北方，拉长声音喊着死者的名字，反复再三，希望死者的灵魂能够回来。如果死者还是不能苏醒，就开始办理丧事了。首先要为死者沐浴更衣，修剪头发、指甲等，让死者仪表整洁。

"殓"有小殓、大殓两种。在为死者沐浴更衣的第二天，就要正式为之穿上入棺的寿衣，这就是"小殓"。入殓的时候，要在死者嘴里放入大米、贝壳、珠玉等，这就是"饭含"，饭含的目的就是防止死者无饭可吃，变成饿死鬼。关于含，天子用珠，诸侯以玉，大夫以玑，士以贝，庶人含谷实。饭含之物，历代都有不同。但总的原则是，等级越高，饭含之物越是贵重。据说慈禧去世时，口中含着一个夜明珠，分开透亮无比，合拢后发出绿光，可照见百米之外的头发。

"小殓"的第二天举行入棺仪式，这就是"大殓"。大殓的时候，将棺内铺好被子（衾），然后将尸体放在棺内。棺木的数量和材质都有严格的区别。其实，在古代，百姓和一般官吏在死后都是有棺无椁，只有帝王、诸侯与权臣死后才有权享用椁。

大殓之后，就进入了殡期。这一时段死者的棺椁要在家里放一段时间，目的是希望各方来祭拜。周礼规定，殡期也有不同，天子七月，诸侯五月，大夫三月，士一月。另外，在殡期，无论是天子，还是诸侯、臣子，都有一项礼仪活动——赠谥之礼，虽然它不属于凶礼，但与丧葬息息相关。一般死者都会得到帝王或朝廷给予的谥号，即总结性的评定，亦即"盖棺论定"。比如周武王的谥号是"武"，就是因为他灭了殷商，建立了周朝。隋炀帝的谥号是"炀"，就是因为他亲小人远君子。楚成王死后，他的儿子商臣即位。商臣给楚成王上谥号"灵"，根据《谥法解》讲："不勤成名曰灵。"结果，楚成王的尸体听了这个谥号，居然死不瞑目。商臣害怕了，改为"成"字，这下楚成王才闭了眼。

殡期结束，就是出殡。出殡（也叫"发引"），就是将死者灵柩送往葬地。在此过程中，要白衣执绋。白衣，就是送葬出殡者都要身穿白色素衣。执绋，就是手执牵引灵柩用的绳子，以助行进。

"葬"，指到了墓地后，准备下葬。先有祭拜、痛哭等，然后封土成坟堆。在土葬早期，只有墓，但没有坟。《礼记·檀弓上》曾记载，孔子幼年的时候父亲死了，孔子长大以后，不知道自己的父亲葬在哪里，就到处打听，终于在防（今山东曲阜东）打听到了自己父亲的墓地。于是他就把自己母亲的遗骨也迁来，与自己的父亲合葬，并在墓上建立起了高四尺的封土堆。对于父亲墓地难找这件事，孔子也深有感慨，他说："古也墓而不坟。今丘也，东南西北之人也，不可以弗识也。"从文献资料的记载来看，在墓上建立封土堆，是从春秋时期开始的。不仅如此，此后还兴起了在坟墓上植树的礼俗。当然，坟墓的大小，植树的多少，一般都根据死者生前的地位与身份决定。可以说，秦汉以后，有墓者都有坟，且一般都植树。另外，明代以前，帝王的坟堆是方锥形，而一般人都是圆锥形或半圆形，到明代以后，无论身份地位高低都是圆形，不过等级身份越高，坟堆越高，反之亦然。对于帝王陵来说，秦始皇时征集七十万人，耗费四十年，在骊山修筑陵墓，开始了后代皇陵高大的模式。不仅如此，还在陵上建了"寝"，以供奉死者的灵魂，后来还建了专供祭祀用的献殿。

在丧葬过程中，古人还非常强调丧服制度。根据《仪礼·丧服》的记载，周朝根据与死者的亲疏远近，规定了不同亲属所要穿的丧服，以此来表示人们对死者的重视。丧服是丧礼的重要组成部分，一般分为斩衰、齐衰、大功衰、小功衰、缌麻衰五等，谓之五服。这里所说的"衰"，本义就是指用麻布做的丧服。丧服和平常穿的衣服一样，都有帽子、上衣、下衣、腰带、鞋子，不同的是，丧服一般用麻布做成，麻布分粗细。

五服中最重的是斩衰，全部用最粗的麻布做成，不缝边，做工很粗糙，以表示亲人死了，无心讲究穿着。穿斩衰的情况一般是，诸侯为天子，臣为君，男子及未嫁女为父母（含继母），媳妇对公婆，承重孙对祖父母，妻子对丈夫，都要服斩衰，一般是穿三年。

其次就是齐衰，做工较细，一般是孙子女为祖父母等所穿，时间分三个月、一年和三年等。古代妻子死了，丈夫要穿齐衰一年。再次就是大功衰、小功衰、缌麻衰，做工更细，在亲疏远近上也更远，适用于关系较远的亲属，时间也较短，大功九个月，小功五个月，缌麻三个月。

总的来说，丧服用来区分亲疏远近的血缘关系，用来分别等级身份，尤其是嫡长子继承制在这里得到充分体现。另外也显示了女性的从属地位，比如父母去世，如果没有婚嫁，要穿斩衰，但嫁人后就要穿次于斩衰的齐衰了；男子要为自己的亲生父母穿斩衰，但对岳父岳母只穿最轻的缌麻，而女子则要为公婆穿斩衰，这种种规定对研究人伦道德、社会伦理有重要的意义。

（三）宾礼

宾主相见之礼，属于宾礼。包括《士相见礼》《聘礼》《觐礼》三篇。其中，《士相见礼》讲的是士见大夫、大夫相见、士大夫见君主时所行的礼仪。《聘礼》讲的是各诸侯国之间往来的相关礼仪。《觐礼》讲的是诸侯朝见天子的礼仪。

士相见礼，在周代比较常见。士是当时社会的最低统治阶层。当时的相见礼主要有跪拜礼和揖礼。在古人相见的礼仪中，非常重视"贽"，即礼物的重要性，目的是表达自己的敬意。如士初次见面时，"不以贽，不敢见"，一般带的礼物是雉（野鸡，羽毛非常华丽，肉质非常美，更为主要的是雉所代表的品质，《白虎通》解释说："士以雉为挚者，取其不可诱之以食，慑之以威，必死不可生畜，士行耿介，守节死义，不当移转也。"由于雉不受利禄引诱，具有宁死不屈的性格，所以一般都以雉为礼，而且由于雉"必死不可生畜"，所以一般都用干雉）。见面后献给主人，主人再三推辞后收下，随后，主人要回访。古人讲礼尚往来，《礼记·曲礼》就说："礼尚往来。往而不来，非礼也；来而不往，亦非礼也。"古代礼仪讲究对等，只有单方面的行为，就不能成其为礼。所以对方来了，自己也要回访，否则就显得自大。回访一般都是次日。士拜见大夫时（下级拜见上级），主人一般不接受客人的礼物，这在一定程度上避免了行贿受贿。下大夫相见，客人带的礼物是大雁。上大夫相见，见面礼物是羊羔。在见面时，相互作揖，一般都是拱手礼。臣子觐见君主要稽首，这是古代的一种跪拜礼，要叩头到地，是九拜之中最恭敬的一种。

需要提及的是，拱手作揖在中国古代流行了上千年。大约一百年前，一向施拱手礼的中国人开始行握手礼。握手礼来自英国。就民俗而言，只有英国（以及受英国影响的英联邦国家）等少数国家有见面握手的民俗习惯，意大利、法国等行混合礼节（有握手，也有其他），其他国家，如日本行鞠躬礼，美国行招手礼（同时喊"Hello"），俄罗斯行拥抱礼，都不行握手礼。

聘礼是国与国之间派遣使者访问的礼节。聘礼一般都有严格的礼仪形式，以表示对对方的尊重，否则就会带来极严重的后果。如《春秋穀梁传》成公元年（前590）记载，晋、鲁、卫、曹四国使者同往齐国聘问，巧合的是，晋使郤克一只眼瞎，鲁使季孙行父头无毛，卫使孙良夫脚跛，曹使公子手驼背，四国人让当时的齐顷公笑得前俯后仰。不仅如此，齐顷公还专门安排了四个同样残疾的人为这四个使者驾车，还让其母萧夫人观看。萧夫人和宫女们看后大笑。四国使者受此侮辱，两年后由郤克统兵伐齐，齐国大败，国君齐顷公也差一点做了俘虏。可见，齐国不重视外交礼仪，付出了巨大的代价。

　　觐礼是古代诸侯朝见天子的礼仪。根据《周礼》记载，当时的朝觐，王畿之内的诸侯，一年要朝觐四次，分别是春朝、夏宗、秋觐、冬遇；王畿之外的诸侯，则根据封地的远近来决定朝觐的次数，一年一次、两年一次、三年一次不等。不过，通常采用的则是"述职"的朝觐形式。按照《礼记·王制》的记载，周代诸侯五年朝见天子一次，被称作"述职"。诸侯朝觐天子的时候，要带上玉帛、特产及当地奇珍异宝作为礼品，贡献给天子，这叫"朝贡"。如果不朝觐，属于"大不敬"，会遭到讨伐。到了春秋时期，朝觐制度遭到了破坏，各地诸侯国并没有按照要求朝觐。秦汉以后，地方体制大体上推行郡县制，不过一些朝代也夹杂有分封制。这些受分封的诸侯，朝觐制度并没有像周朝那么严格。比如曹魏时期，对各分封诸侯颇有防范，甚至明令禁止他们入京朝觐。明朝朱元璋曾分封了二十多个儿子到各地做藩王，为了维护自己的皇权，他规定藩王不许同时朝觐，而是按照嫡庶长幼的次序依次觐见皇帝，这样就确保了朝觐时期，只有一位藩王在京，避免了他们之间相互勾结串联。

　　明清时期，四方藩国也要朝觐当时的中国皇帝。康熙时，西洋使者觐见皇帝要用三跪九拜之礼。雍正时，对当时罗马教皇的使者破格用西方礼仪，使者与皇帝握手。乾隆时，英国使者觐见皇帝，坚持使用西方礼仪，朝廷没办法只得依从。此后，嘉庆、咸丰、同治时，对西方使者觐见时使用中国礼仪还是西方礼仪，中国与西方列强争执不下，但由于朝廷的软弱，最终在咸丰十年（1860），双方做了折中，既不用中国的跪拜礼，也不用西方的三鞠躬礼，而是用五鞠躬礼觐见清帝。等到八国联军侵华之后，中国很多外交礼仪更是一步步失去自主以至全面西化，更反映了西方实力及文化的强势。

（四）嘉礼

嘉礼是古代礼仪制度中内容最为庞杂的一种礼仪，它涉及日常生活、王位承袭、宴请朋友等多个方面，大致可以分为饮食、婚礼、冠礼、飨燕、宴礼等等。在今本《仪礼》中，冠、婚、宴飨、射礼都属于嘉礼，所包括的篇章有《士冠礼》《士昏礼》《乡饮酒礼》《乡射礼》《燕礼》《大射仪》《公食大夫礼》七篇。其中，《士冠礼》讲的是青年的成人礼仪。《士昏礼》讲的是青年之间缔结婚姻所要履行的礼仪。《乡饮酒礼》讲的是周代主持一乡政教的乡大夫每三年举行的、向朝廷选贤举能的礼仪。《乡射礼》讲的是周代主持一州政教的州长，在春秋两季举行饮酒习射的礼仪。《燕礼》讲的是诸侯或大臣举行宴飨的礼仪。《大射仪》讲的是国君所主持的全国范围内射箭比赛的礼仪[1]。《公食大夫礼》讲的是国君宴请外国使臣的礼仪。

1. 冠礼

嘉礼在后世应用非常广泛，《仪礼》对这些礼仪都作了细致的记载。士冠礼（成人礼）是《仪礼》的第一篇，说明这个礼仪非常重要[2]，从中国古代的氏族社会一直延续到明代。冠礼是古代青年男子到了二十岁的时候，在宗庙中举行的加冠仪式。举行冠礼的日子，是通过占筮的方式决定的，这个仪式叫"筮日"。日子不能随意决定，通过占筮以表示郑重其事。举行冠礼的地点是在家庙，也非常

---

[1] 《大射仪》之所以在《仪礼》中独称"仪"，而不称"礼"，正如贾公彦所作《仪礼注疏》所言："不言'礼'，言'仪'者，以射礼盛，威仪多，故以仪言之。"

[2] 《礼记·冠义》就说："成人之者，将责成人礼焉也。责成人礼焉者，将责为人子、为人弟、为人臣、为人少者之礼行焉。将责四者之行于人，其礼可不重与？"意思是，举行冠礼，是使一个毫无责任的孺子转变为社会中的一分子，承担作为儿子、弟弟、臣子、晚辈的基本责任。

隆重。加冠之后，再由长者给加冠者起一个字（别名），表示他已经成年了，这也是人生新的阶段的开始。在古代，只有进行过"冠而字"的男子才有资格结婚生子。冠礼之后，除了可以结婚生子之外，更为重要的是他必须承担兵役、劳役、赋税、选举、劳动等社会责任了，真正属于社会的一分子了。与男子的冠礼相对，女子的成年礼叫笄礼，也叫加笄，在十五岁时举行，由女孩的家长替她把头发盘结起来，加上一根簪子，改变发式表示从此结束少女时代，可以嫁人了。《仪礼》中所记载的"冠礼"，不仅适用于士，也适用于天子、诸侯在内的一切贵族。

冠礼在中国古代流行了数千年，最近几十年几乎都不再举行了。不过，在今天的韩国、日本，依旧举行冠礼，沿袭中国古代的礼仪，而且非常重视。另外，在中国很多少数民族中也保留了成年礼的习俗，比如基诺族举行成人礼，男子在十五六岁的时候，家里要专门准备一头牛，先杀牛祭祀祖先，然后由年老的长者负责唱诗，这首诗包含基诺族的风俗习惯、道德、礼仪、婚姻、家庭、生产方法和技巧等等。礼仪结束后，父母送给男子一套劳动工具和成年人的服装。傣族、布朗族的男子举行成人礼时，要在身上、腿上刺纹。男性以文身为荣，身上不刺纹者，会被姑娘们视为懦夫，很难得到女性爱慕，只能孤独终生。另外，在世界各地流行各种各样的成年礼，比如秘鲁要求男子在成人礼上，从八米高的悬崖上跳下，胆怯者不能算成人，所以经常有人被摔得鼻青脸肿。墨西哥海滨有个部落的成人礼，要求男子每人携带一块大石头游过一条海峡，过去了才算成人。

2. 婚礼

在古代，冠礼是人生的第一个里程碑。冠礼（即成人礼）之后，表示一个人可以进行成年人的生活了，可以结婚生子了，所以《仪礼》的第二篇便是《士昏礼》，表示婚礼是人生的第二个里程碑。《仪礼·士昏礼》是我国有关婚礼的最早记载，这一礼仪不仅仅只是针对当时"士"阶层，很多上层统治者的婚礼都与它很相似。

根据《仪礼·士昏礼》的记载，古代举行一套完整的婚礼需要六个步骤，即纳采、问名、纳吉、纳征、请期和亲迎，后世称之为"六礼"或"六仪"。《唐律》《明律》都这样规定，说明它们都根据《仪礼·士昏礼》而制定。具体来说如下。

（1）纳采，即提亲。男方以大雁为礼品，到女方家去求婚。见面礼最初用活雁作为贽礼，主要有两个层次的意思：一、大雁为候鸟，秋天南飞，春天回到北方，一年来回都非常及时，从来不耽误，所以用大雁作为信物，表明男女双方要信守不渝、忠于对方。二、大雁都是成行飞行，停下来也是排成一列，非常有次序，所以用大雁来表明青年男女结婚后要遵循礼仪、长幼有序，不能逾越等级规范。当然，由于大雁太难得了，后来作了变通，用鹅、鸡或鸭代替。

需要强调的是，古代男女结合之前，都一定要通过媒人、使者先商谈，彼此之间不能有任何的交往，以避免草率结合。如果私订终身，则不仅是家族的耻辱，也是社会舆论贬斥的对象。如《孟子·滕文公下》就说："不待父母之命、媒妁之言，钻穴隙相窥，逾墙相从，则父母、国人皆贱之。"古代私奔多悲剧，古代一些著名的爱情故事如"梁山伯与祝英台""焦仲卿和刘兰芝""杜十娘和李甲"以及《红楼梦》贾、林的爱恋等等，多少都有些"私奔"的意味在里面，只不过在文学作品中，多少有些"弥合"礼制与现实的缝隙的努力，在两者之间保持一定的平衡。实际上，他们的私奔几乎都得不到家族、社会的认可和支持，反而遭受惩罚，比如被家族家谱除名，不能进入家庙等，所以，古代私奔最终多以悲剧收场。当然，古代礼仪有它的合理性，一方面家长的出发点是对子女的关爱，希望从门当户对中为之寻找更为合适的对象；另一方面也是婚姻作为家族事业传承、发展的一部分，关系到社会政治的稳定，意义非常重大，父母、家族甚至是社会都非常重视，避免同姓婚配，近亲繁殖，以保持族群的优生与竞争力。

（2）问名。男方再拿着大雁，去问女子的名字，即男方问清楚女方的姓名及生日时辰，回去好占卜吉兆，后来将这个称为"合八字"。问名的目的有二：一是防止同姓、近亲结婚；二是利用问名，知道对方的出生年月日，即生辰八字，从而占卜两个人的婚姻是否适合。

（3）纳吉。男方将女方名字、生辰八字取回后送到祖庙占卜，占卜是吉利的，八字相合，没有犯冲，男方就派媒婆再次带着礼物（一般还是大雁）到女方家，告诉女方家可以继续进行，这就叫"纳吉"，后来称为"过文定"或"小定"。这个礼仪一般在婚礼前一个月举行，男方需要选定良辰吉日，准备三牲（猪、牛、羊）、酒礼到女方家，正式送上聘书，这是"纳征"（过大礼）的前奏。

（4）纳征。男方正式到女方家送上聘礼，比如钱财、礼品还有祭品，这些聘礼包括一定数目的钱财，还有海鲜、粮食、水果、茶叶、各种干果、牛羊等，后来称这个为"过大礼"，是正式的订婚仪式。之所以要送聘礼，一方面是表示自己的诚意和尊敬，还有一个就是要表示男子能够承担家庭和社会的责任，尤其表达自己能够养活全家。当然女方对此要回礼，一般都是各种干果、糕点或者一双鞋（喻义"偕老"），纳征表示男女双方基本上确定了婚姻关系。

（5）请期。男方家请算命先生选定娶亲的良辰吉日，并派人告诉女方家，征求女方的同意，这就是请期，又称"乞日"或"择日"。请期一般是请女方在已经列好的吉日中选择一个，选好之后告诉男方。

(6) 亲迎。这是六礼最后一道程序，就是新郎乘着礼车或骑着马到女方家迎接新娘，时间定在"昏"时，也就是傍晚。① 现在很多古装片中大白天迎亲是不对的。在古代，人们对亲迎十分重视，一般都要敲锣打鼓、人山人海，若不通过亲迎之礼而成亲，则被认为不合礼制，会遭到世人讥讽。在古代，亲迎被看成是夫妻关系完全确立的依据。如果还没有亲迎而新郎死了，女方可以改嫁。然而一旦举行亲迎后新郎死了，按礼俗规定，新娘就只能认命从一而终了，这在明清时非常常见。

以上就是古代士大夫基本的婚礼程序，都是男方主动，普通老百姓一般也遵循这个规则。婚礼的"六礼"，即六个程序，一直延续到唐代。到了宋代，"六礼"被简化为纳采、纳币（相当于纳吉）、亲迎三个步骤，又延续到了清代。古代的诸侯和天子也大致遵循这个程序，不过在场面上显得更为宏大。如周代韩侯娶妻时，迎亲的车队是"百两彭彭，八鸾锵锵"，送亲的女家亲眷也是"祁祁如云"，门前一片光鲜。皇帝举行大婚更是国家大典，清代皇帝成婚，程序遵循六礼，极尽铺张豪华，文武大臣身穿朝服，肃立如仪，大婚次日，皇帝在太和殿行大朝庆贺礼，宴请文武百官，百官向皇太后、皇帝行表称贺，向皇后进笺称贺。皇帝颁布诏书，以大婚册封皇后，布告天下。

3. 飨燕礼

嘉礼中还有《燕礼》，就是诸侯与群臣吃饭、饮食的礼仪。在周代，天子以酒食宴会群臣，主要表现为飨燕之礼。飨与燕是两种不

---

① 古代三更熄灯，昏时当为二更，太阳落山后不久。根据梁启超、郭沫若等人的考证，昏时成婚是上古时代抢婚习俗的延续，因为需要趁着天黑，在夜色的掩护下进行。

同的礼节，它们在招待的对象、内容及目的方面都有很大的不同。

飨礼一般是天子宴会诸侯，或者诸侯之间相互宴请，大多在太庙举行。举行飨礼的级别高、地点考究，目的不在于吃喝，而是天子借此联络与诸侯之间的感情。飨礼进行的过程也比较庄重，在宾客来临之际，主人要出门相迎，并让宾客先进大门。这个时候，钟鸣磬响，欢迎客人的到来。宾主前行，到了堂前台阶，主人邀请客人先登，客人三辞而后升；进入屋内，主人再次拱手，请宾客先进；进屋之后，音乐停止，宾主落座，然后主宾之间开始相互敬酒，音乐又开始演奏，直到飨礼结束。飨礼过程中，接待客人用的酒肉，一般有一定的礼制规定，当然也并不真正食用，只是摆在那里作为礼仪形式。宾主之间按照尊卑次序，往来进献几遍，就结束了。

燕礼与飨礼不同，它是古代君臣宴饮之礼，一般在寝宫。宾主之间，烹狗开吃，酒菜也没有限制，可以一醉方休。《诗经·小雅·甫田之什·宾之初筵》就记载了当时君臣燕礼的场景：

（1）宾之初筵，左右秩秩。笾豆有楚，殽核维旅。酒既和旨，饮酒孔偕。钟鼓既设，举酬逸逸。大侯既抗，弓矢斯张。射夫既同，献尔发功。发彼有的，以祈尔爵。

（2）籥舞笙鼓，乐既和奏。烝衎烈祖，以洽百礼。百礼既至，有壬有林。锡尔纯嘏，子孙其湛。其湛曰乐，各奏尔能。宾载手仇，室人入又。酌彼康爵，以奏尔时。

（3）宾之初筵，温温其恭。其未醉止，威仪反反。曰既醉止，威仪幡幡。舍其坐迁，屡舞仙仙。其未醉止，威仪抑抑。曰既醉止，威仪怭怭。是曰既醉，不知其秩。

（4）宾既醉止，载号载呶。乱我笾豆，屡舞僛僛。是曰既醉，不知其邮。侧弁之俄，屡舞傞傞。既醉而出，并受其福。醉而不出，是谓伐德。饮酒孔嘉，维其令仪。

（5）凡此饮酒，或醉或否。既立之监，或佐之史。彼醉不臧，不醉反耻。式勿从谓，无俾大怠。匪言勿言，匪由勿语。由醉之言，俾出童羖。三爵不识，矧敢多又。

全部诗句翻译过来便是：（1）宾客来到初入席，主客列坐分东西。食器放置很整齐，鱼肉瓜果摆那里。既然好酒甘又醇，满座宾客快喝起。钟鼓已经架设好，举杯敬酒不停息。大靶已经张挂好，整顿弓箭尽射礼。射手已经集合好，请献你们妙射技。发箭射中那靶心，你饮罚酒我暗喜。（2）持籥欢舞笙鼓奏，音乐和谐声调柔。进献乐舞娱祖宗，礼数周到情意厚。各种礼节都已尽，隆重丰富说不够。神灵爱你赐洪福，子孙安享乐悠悠。和乐欢快喜气扬，各显本领莫保守。宾客选人互较量，主人又入陪在后。斟酒装满那空杯，献给中的那射手。（3）宾客来齐初开宴，温良恭谨堪赞叹。他们还没喝醉时，威严庄重自非凡。他们都已喝醉时，威严庄重全不见。离开座位乱跑动，左摇右晃舞蹁跹。他们还没喝醉时，庄重威严皆可观。他们都已喝醉时，庄重威严尽荡然。因为大醉现丑态，不知规矩全紊乱。（4）宾客已经醉满堂，又叫喊来又吵嚷。把我食器全弄乱，左摇右晃舞踉跄。因为大醉现丑态，不知过错真荒唐。皮帽歪斜在头顶，左摇右晃舞癫狂。如果醉了便离席，主客托福两无伤。如果醉了不退出，这叫败德留坏样。喝酒原为大好事，只是仪态要端庄。（5）所有这种喝酒人，一些醉倒一些醒。已设酒监来督察，又设酒史来戒警。那些醉的虽不好，不醉反而愧在心。莫再跟着去劝酒，莫使轻慢太任性。不该发问别开言，不合法道别出声。依着醉后说胡话，没角公羊哪里寻。不懂饮礼限三杯，怎敢劝他再满斟？

从上可以看出，当时君臣之间刚开始的时候还是互相礼让，仪表端庄，但酒过三巡之后，便开始得意忘形，尽情吃喝，无拘无束，以至于到了宴会结束的时候，人们已经喝得人仰马翻，酩酊大醉。可以说，燕礼重在吃喝，不在乎更多的礼仪行为，这样有助于促进君臣感情。但它也讲一些基本规矩，比如座次有尊卑，一般西北方位最尊，主宾坐在那里；西南方位次之，介宾坐在那里；然后依次是北、南之位；东边是主人之位。主人敬酒也有次序，先敬主宾，然后是介宾，然后是群宾；饭菜的位置也有尊卑之别；敬酒的时候也有尊卑之别等等。

实际上，饮食礼仪在中国古代非常受重视，古人把吃饭时是否遵守礼仪作为衡量一个人是否有礼的重要标志，所以《礼记》就说"夫礼之初，始诸饮食"。孔子作为儒家学派的创始人，他对各种礼仪都非常尊崇，成为中国古代遵守礼仪的典范。对于饮食，孔子也非常遵守礼仪，《论语》中说他：

> 食不厌精，脍不厌细。食饐而餲，鱼馁而肉败，不食。色恶，不食。臭恶，不食。失饪，不食。不时，不食。割不正，不食。不得其酱，不食。肉虽多，不使胜食气。唯酒无量，不及乱。（《论语·乡党》）

这段话翻译过来便是说：粮食不嫌舂得精，鱼和肉不嫌切得细。饭食放得太久，味道变了，鱼烂了，肉腐败了，都不要吃。食物颜色变坏了，不吃。味道变臭了，不吃。煮得不熟，或过熟太烂了，不吃。不是吃饭的时间，不吃。肉没有按照规定切割，不吃。饭菜放的调味品不适合，不吃。吃饭时，肉不能比米饭、蔬菜吃得还多。尽管饮酒没有人限制酒量，但不可以喝得大醉不省人事。从这些细致的规定可以看出，孔子吃饭非常注重礼仪，他一生也以克己复礼为己任，吃饭注重礼仪只是他"克己复礼"的一个重要体现。在古人看来，吃饭不仅仅是日常生活习惯，更是礼制的重要展现。可以说，古人的燕礼对中国饮食文化有深远的影响，从而形成了独具特色的中国节日饮食礼仪。比如正月十五吃元宵，清明节吃冷饭寒食，五月端阳节吃粽子、喝雄黄酒，中秋节吃月饼，腊八吃腊八粥，春节吃饺子等，都是节日仪礼的饮食。另外，吃饭时，宴席上的座次，上菜的顺序，劝酒、敬酒的礼节，都有一定的规范，这些都可以说是代代相传的，一直延续了下来。

4. 乡饮酒礼

乡饮酒礼是周代在乡里举行宴饮的礼仪，它的目的主要在于：(1) 发布政令。每年年初，诸侯中的乡大夫都要到诸侯那里听取政令，回到乡里之后，在乡饮酒礼举行时进行传达，以便让百姓周知。(2) 选拔贤能。《周礼》记载，每过三年，乡里要举行一次人口调查，选拔贤能之士。(3) 尊老敬长。在举行乡饮酒礼的时候，六十岁以上的老人坐在席上，而五十岁以下的则立在旁边侍候，以表示尊敬长老。

当时的乡饮酒礼一般在学校举行，主持人会在校门外迎接来宾，三揖之礼后请宾客入内，宾客由西阶登堂，主人由东阶上。进入室内，主宾之间还要再三礼让，以表示礼敬对方。随后，在室内，按照尊卑长幼的次序开始乡饮酒礼。

从汉代开始，历朝历代都将乡饮酒礼看成是一种推行教化与举贤任能的重要手段，举行乡饮酒礼的地点一般都在中央地方的各级学校之内。

5. 射礼

射礼，是古代贵族男子举行的射箭活动时的礼仪。射礼并不是一种简单的习武活动，而是一种非常重要的礼仪与技能。在三《礼》中，射礼被分为四种：（1）大射礼，这是天子或者诸侯在祭祀前为了选拔参加祭祀者而举行的射礼，它一般在郊野的射宫或泽宫举行。参加射礼的臣子，只有射中箭靶，才有资格参加祭祀，否则便取消其资格。（2）宾射，就是诸侯朝见天子或者诸侯相见的时候举行的射礼。它的目的是为了融洽天子与诸侯、诸侯与诸侯之间的关系。（3）燕射，就是平常饭后闲暇之际举行的射礼，一般在内廷举行，属于休闲娱乐。（4）乡射，就是乡大夫等地方官为选贤与能举行的射礼，一般在学校举行，而且它一般与乡饮酒礼一起举行。

在射礼之前，一般都有宴饮。宴饮的礼仪按照燕礼进行，燕礼之后开始举行射礼。举行射礼所用的靶子，叫"侯"或"射侯"，使用皮革或布做成。举行射礼时，所处的位置都有规定，按照《仪礼》的记载来看，它的方位如下：

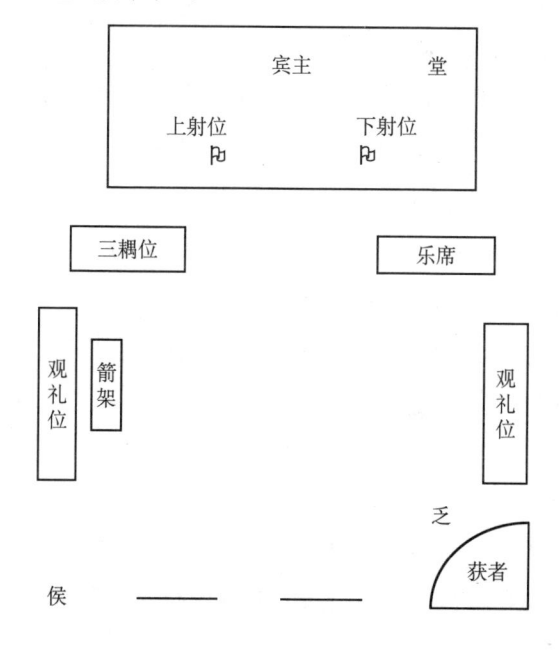

战国以后，射礼逐渐废弛。当然，现在也有很多传到了国外，比如韩国、日本还有很多射礼之类的礼仪。

总而言之，《仪礼》作为中国古代礼仪最早的记录文献，尤其为士大夫的礼仪提供了重要文献支持，是我们了解古代礼制最重要的史料，也是我们了解古代社会生活、政治制度最重要的途径。通过它，我们可以明白礼乐文明的真实情况。

三、古代《仪礼》学史略

三《礼》学由于对社会政治、思想文化、世道人心等多个方面都有非常重要的意义，所以得到了历代朝野上下的广泛重视，并因此产生了大量的关于三《礼》方面的研究著述。

（一）先秦

礼在中国古代非常发达，它起源于人们的生活习俗与宗教祭祀。它一方面作为社会政治制度，规范着整个国家的政治体制与运行机制，维护着中国古代的大一统国家秩序；另一方面作为日常道德规范，成为中国古代社会最重要的行为法则，扮演着准法律的角色，维系着人与人之间和谐、有序的关系。

礼从人类一产生就已经出现，到夏、商、周时期已经有了完善的礼乐制度。三代礼乐是一个因袭的过程，如孔子所说，"殷因于夏礼""周因于殷礼"（《论语·为政》）。其中周代是上古时期礼制最为完善的时期，而周公是这一时期作出最大贡献的人。对于周代礼制，王国维在其《殷周制度论》中就评价道："中国政治与文化之变革，莫剧于殷周之际。……殷、周间之大变革，自其表言之，不过一姓一家之兴旺与都邑之转移；自其里言之，则旧制度废而新制度兴，旧文化废而新文化兴。"王国维还认为周代礼制在夏、商的基础上作了进一步的完善，产生了"立子立嫡之制""庙数之制""同姓不婚之制"等重要制度，这几种重要的制度都是周公所为，"此数者，皆周之所以纲纪天下。""此种制度，固亦由时势之所趋，然手定此者，实惟周公。"① 这就说明，周公在夏商的基础上作了最大限度的修正，形成了独具特色的周代礼制，这也是后来三礼形成的最初的思想内容的源泉。故就夏、商、周礼学而言，周公所作的贡献非常巨大。

在春秋时期，礼坏乐崩，很多礼仪开始被破坏，不过值得关注的是，鲁国依旧奉行周礼，并在当时颇有影响，正如《左传》闵公元年记载：

> 冬，齐仲孙湫来省难，书曰"仲孙"，亦嘉之也。仲孙归，曰："不去庆父，鲁难未已。"公曰："若之何而去之?"对曰："难不已，将自毙，君其待之!"公曰："鲁可取乎?"对曰："不可。犹秉周礼。周礼，所以本也。臣闻之：'国将亡，本必先颠，而后枝叶从之。'鲁不弃周礼，未可动也。君其务宁鲁难而亲之。亲有礼，因重固，间携贰，覆昏乱，霸王之器也。"

当时齐国的大夫仲孙前往鲁国访问，回国后齐国国君问他是否可以攻伐鲁国，仲孙就回答说，鲁国秉持周礼，周礼是立国之本，而且在当时各国颇有影响，所以不可以攻伐。

在春秋中后期，作为儒学创始人的孔子，对周朝礼仪也颇为重视，不仅践行周礼，而且发表了很多关于周礼的思想言论。可以说，这一时期对后世礼学影响最大的莫过于孔子。首先，孔子本人对周

---

① 见［清］王国维《观堂集林》卷十《殷周制度论》。

代礼乐制度非常崇敬，一生的进退都按照礼仪的形式进行，一丝不苟。比如《论语》中就记载了很多他恪守周代礼乐的行为。他觐见君主的时候，就会低头弓着身子，小心翼翼，上了朝堂依旧小心翼翼，非常恭敬。面对国君，他面色庄重、低声下气（褒义）。遇到国君召唤，不等车马准备好，就开始行动。国君赐给他的食物，一定要恭敬地品尝；如果是生肉，就煮熟后，先祭祀祖先，然后享用；如果是活的动物，就蓄养起来，借此以念君恩等等。孔子一生恪守周礼，主要是出于内心对周礼的崇敬与向往，更是他仁学思想的一种实践。

孔子不仅恪守周礼，更为主要的是，他还整理西周以来的礼制文献，删定《仪礼》，并深入研究上古以来的礼制，并提出一系列的礼学思想。面对春秋时期礼坏乐崩的现实，一方面他主张通过"正名"来恢复周礼[1]，另一方面他在前人的基础上，建构了以"仁"为核心的新礼学体系。在他看来，礼仪不仅仅是形式，更重要的是对人的关怀。如他说："礼云礼云，玉帛云乎哉？"（《论语·阳货》）意思是说，礼乐制度难道就是单纯地体现为向祖先神鬼献上玉帛等礼器的祭祀形式么？言外之意，礼不仅仅只是形式，还应该有内容，这个内容就是"仁"。如他所说："人而不仁，如礼何？人而不仁，如乐何？"（《论语·八佾》）认为人如果没有仁德，不懂得关爱人，即使行礼乐又有什么意义呢？可以看出，孔子所说的礼是以仁为内在根据的，礼仪只不过是仁的外在体现。孔子的仁学本质是什么呢？

---

[1] 《论语》第十二《颜渊》："齐景公问政于孔子。孔子对曰：'君君，臣臣，父父，子子。'"第十三《子路》："子路曰：'卫君待子而为政，子将奚先？'子曰：'必也正名乎！'子路曰：'有是哉，子之迂也！奚其正？'子曰：'野哉，由也！君子于其所不知，盖阙如也。名不正，则言不顺；言不顺，则事不成；事不成，则礼乐不兴；礼乐不兴，则刑罚不中；刑罚不中，则民无所措手足。故君子名之必可言也，言之必可行也。君子于其言，无所苟而已矣。'"

仁首先是对人的重视，即对生命的重视。毕竟春秋时代战争不断，人命如同草芥一般，如果单纯讲礼仪，那是没有意义的，他希望礼制的建立是基于对人的重视和尊重，只有人们对礼制保持发自内心的崇敬与自觉，才可以真正建立起等级有序、和谐稳定的社会政治秩序来。所以，在孔子的仁学思想中，仁和礼是内外、体用统一的关系。

到了战国时期，礼制依旧得到了各个学派的重视，比如当时的儒家、道家、墨家、法家、名家、纵横家、杂家等都对古代礼乐制度提出了自己的看法。其中儒家学派的重要代表孟子、荀子的礼学思想对后世影响最大。孟子自幼在母亲的培养下就对礼仪非常精通。在孟子看来，人性本善，这种善的本性在刚一出生已经具有了仁、义、礼、智四种基本的品质，所以，统治者要积极发扬人的这种善，才能让每个人固有的仁义礼智四种品质显现出来。具体怎么发扬善性呢？孟子强调要以民为本，让老百姓有基本的产业，即生活上的保障，让他们丰衣足食，他们自然可以发挥善性了，礼仪秩序由此就能得到实现。孟子这样说，一方面是从人性的高度来强化礼仪，他认为不论是统治者还是普通百姓，生来就具有遵从礼仪的本性，只有展现礼仪才能成为一个真正的人；另一方面也是为了强化统治阶层对人对民生的重视。由于孟子处于战国时代，恢复周礼变得更加困难，所以孟子与孔子相比，更强调权变。①

---

① 在孟子这里不存在绝对的、要无条件遵守的礼仪。比如孔子作《春秋》，认为凡是弑杀君主的都属于非礼的行为，不管这个君主是否贤明。但在孟子看来，有德之君，臣民应当尊敬，这是基本的礼仪，但是无德之君，就是独夫民贼，人人都可以群起而诛之，这就是孟子的礼，正如他所说"闻诛一夫纣矣，未闻弑君也"（《孟子·梁惠王下》）。另外，孟子也讲求权变，比如《孟子·离娄上》记载了齐国思想家淳于髡与孟子的一段对话："淳于髡曰：'男女授受不亲，礼与？'孟子曰：'礼也.'曰：'嫂溺，则援之以手乎？'曰：'嫂溺不援，是豺狼也。男女授受不亲，礼也。嫂溺援之以手者，权也。'"

荀子比孟子更加重视礼，只不过他的思路和孔子、孟子不同，他认为人性本来是恶的，所以要用外在的礼仪规范人性，只有这样才可以建立稳定有序的社会政治秩序。如他所说："今人之性恶，必将待师法然后正，得礼义然后治。"（《荀子·性恶篇》）在他看来，礼仪是治国安邦的最高法则与根本所在，所谓"隆礼贵义者其国治，简礼贱义者其国乱。……礼者，治辨之极也，强国之本也，威行之道也，功名之总也"（《荀子·议兵篇》）。"人无礼则不生，事无礼则不成，国家无礼则不宁。"（《荀子·修身篇》）鉴于当时商鞅变法使秦国强大的事实，荀子也进一步认识到法制对社会政治的重要性，所以荀子在强调礼治的时候，也多次强调法制的必要性。所以，礼法并用是荀子的主要思想，这在中国古代的政治思想领域影响非常深远。

秦代是礼制发展的一个非常重要的时期，尽管秦国建立后，对儒家学说进行打压，推行法家学说，但在实际的政治行为中，也推行礼制。比如秦建立了以皇帝为核心的等级礼制，同时用郡县制、三公九卿制来维系这种至上的王权体制。此外，秦统一全国，统一度量衡，统一文字，统一思想，这在一定程度上既是儒家大一统思想在现实中的实践，也为等级礼仪的推行提供了社会政治、思想观念上的保障。另外，秦始皇本人也曾经举行过很多重大礼仪，比如祭天礼（到泰山行封禅礼）、改变礼俗等。秦始皇去世后，他的皇陵礼制，对中国古代帝王丧葬、陵墓礼仪有深远的影响，如汉、唐陵制就深受秦皇陵规制的影响。何况，秦始皇统一六国之后，所设立的博士官对儒家学说的宣扬以及对儒家礼仪文献的整理、传承都有非常重要的贡献，延续至汉代，很多博士官比如伏生《尚书》学、张苍《春秋》学、叔孙通三《礼》学等，对古代礼制的传承都有非常重要的推动作用。

秦汉以后，儒学成为官方统治学说，孔、孟、荀关于礼的认识与论证成为后代礼学思想的源泉，而作为儒家礼学的经典之作——三《礼》也被根据各个时代的不同需要作出了不同的注解与诠释，成为中国古代的显学之一。

（二）汉唐之际

汉代是三《礼》学兴起、繁盛时期。汉代重视礼仪开始于刘邦，这主要因为叔孙通为了巩固刘邦所建立的政权，在刘邦的支持下基于古代礼仪制定了一系列的朝廷礼制，让刘邦感觉到了做皇帝的尊贵。从此以后，三《礼》学开始得到朝野上下的重视，并成为当时最重要的学说之一。

就《仪礼》而言，在被孔子编订之后，在传承的过程中，散失了很多。到了汉代，《仪礼》只剩下《士礼》十七篇。根据《汉书·儒林传》的记载，高堂生将今文《仪礼》十七篇传给萧奋，萧奋传给孟卿，孟卿传给后仓，后仓传给通汉子方、戴德、戴圣、庆普。这就是常说的汉代《礼》学"五传弟子"。高堂生因为首先传承《仪礼》，且文本是用汉代通行的隶书写就，故他被视为《仪礼》学宗主，而其所传文本乃今文《仪礼》。

在汉宣帝时期，高堂生的后传弟子中只有后仓最精通《仪礼》。后仓的弟子中戴德、戴圣、庆普三人最为有名，于是朝廷将这三家立为官学。到了东汉，戴德、戴圣两家渐渐衰落，而庆普一家比较兴盛。

在汉代，《仪礼》一共有四个传本：即今文《仪礼》十七篇的戴德、戴圣、庆普三家和古文五十六篇《仪礼》。这四家虽然版本不同，但在《仪礼》十七篇上，内容都比较一致，将它们分为冠婚、朝聘、丧祭、乡射四大类。今文三家《仪礼》都是高堂生的后传弟子。

与今文《仪礼》相对的是古文《仪礼》，一般认为它于汉武帝时期，出自鲁淹中（巷名）或孔壁中。《汉书·艺文志》就记载说：

> 《礼》古经者，出于鲁淹中及孔氏，与十七篇文相似，多三十九篇。及《明堂阴阳》《王史氏记》所见，多天子诸侯卿大夫之制，虽不能备，犹瘉仓等推《士礼》而致于天子之说。

在汉武帝时期，鲁恭王为了扩建宫殿，拆毁孔子家旧宅，从孔家墙壁中出土了《尚书》《论语》《孝经》《仪礼》等古文经。这次从鲁国淹中或孔氏墙壁中出土的《仪礼》，一共为五十六篇，这比当时流行的今文《仪礼》十七篇多出三十九篇。这五十六篇古文《仪礼》包含了天子、诸侯、卿大夫、士四个阶层的礼仪，应当是孔子编订的《仪礼》原本，只不过后来流传过程中大多都散佚了，只剩下《士礼》十七篇。

在王莽时期，这部古文《仪礼》五十六篇曾被立为官学，但东汉初年又被废除。由于古文《仪礼》在汉代学术界有争议，加上东汉郑玄为《仪礼》作注的时候也没有为这三十九篇作注，以至于这三十九篇又渐渐散佚了，学者就把这散佚的三十九篇古文《仪礼》称为《逸礼》。实际上，古文《逸礼》在古代也得到了重视与引用，对此如皮锡瑞所说：

> 朱子曰：古《礼》五十六篇，班固时其书尚在，郑康成亦及见之，注疏中多援引，不知何时失之，甚可惜也。王应麟曰：《逸礼》三十九，其篇名颇见于他书。若《天子巡狩礼》见《周官·内宰》

注，《朝贡礼》见《聘礼》注，《烝尝礼》见《射人》疏，《中霤礼》见《月令》注及《诗·泉水》疏，《王居明堂礼》见《月令》《礼器》注，《古大明堂礼》见蔡邕《论》。又《奔丧》疏引《逸礼》，《王制》疏引《逸礼》云"皆升合于太祖"，《文选》注引《逸礼》云"三皇禅云云，五帝禅亭亭"。《论衡》："宣帝时，河内女子坏老屋，又得佚《礼》一篇，合五十七。"断珪碎璧，皆可宝也。

从朱熹、王应麟等人的说法来看，《逸礼》颇有一定的学术价值，故在汉唐之际得到了很多学者的关注，并成为学者们注解经典如《周礼》《礼记》《文选》等时的重要征引材料。只可惜到了宋代之后，就几乎亡佚了，正如元人吴澄所说："三十九篇唐初犹存，诸儒曾不以为意，遂至于亡，惜哉！"[1]

郑玄对《仪礼》的贡献颇大，正如皮锡瑞曾评价说："郑于礼学最精，而有功于礼经最大。"[2] 在郑玄之前，人们对三《礼》的研究多分家分派，并没有三《礼》学的概念，但经过郑玄对三《礼》的整理与注解，奠定了后来三《礼》学的基础与框架。经过郑玄对今古文本进行对勘、整理，兼采古今优长，由此确定了《仪礼》十七篇定本。

曹魏时期，郑玄经学非常兴盛，据刘汝霖《汉晋学术编年》记载，曹魏初年所立的十九博士中，除《公羊》《穀梁》《论语》三经之外，《易》《书》《毛诗》《周礼》《仪礼》《礼记》和《孝经》，皆宗郑学。[3]

当时的古文经学家王肃也博通群经，曾作《周官礼注》《仪礼

---

[1] 这里朱熹、王应麟、吴澄的观点，皆援引自《皮锡瑞集》，第1430—1431页。
[2] ［清］皮锡瑞：《经学通论》，中华书局，1954年，第7页。
[3] 刘汝霖：《汉晋学术编年》卷六之"魏文帝黄初五年"条，中华书局，1987年。

注》及《仪礼·丧服经传注》，他在经解上与郑玄多有不同：郑玄《仪礼注》用今文说，王肃就以古文说驳斥之；郑玄《仪礼注》用古文说，王肃就用今文说驳斥之。由于王肃的女儿是司马昭之妻，因此在权势的支持下，王肃所注解的各经"皆立于学官"(《三国志·魏书·王肃传》)，包括三《礼》学，以至于"故于此际，王学几欲夺郑学之席"①。西晋建立之后，朝廷在礼制方面继承前朝，都用王肃的说法，而不用郑玄之说，王肃三《礼》学盛极一时。可以说，在魏晋时期，王肃《仪礼》注被奉为经典，得到了朝野上下的尊崇与研习。

但西晋灭亡之后，王学博士都被废除。东晋建立之后，所立的九个博士之中，除了《周易》用王弼注解，古文《尚书》用伪孔《传》，《左传》用杜预、服虔注之外，其他六经，即《周礼》《礼记》《尚书》《毛诗》《论语》《孝经》，都用郑玄注。可以说，东晋三《礼》学都宗郑玄。

南北朝时期，学风南北差异很大，所用群经注解也有不同，但在《仪礼》学方面，南北朝都用郑玄注解本，治经方法也大体相同。由于南北朝时期世家大族势力兴盛，他们更加注重门第等级，希望通过宗法礼仪制度来维护等级秩序或调节内部矛盾，所以对《仪礼》学最为重视，《仪礼》学因此成为南北朝时期的显学。这一时期出现了一大批《仪礼》学名家，比如北朝的徐遵明、刘献之、沈重、刘芳、李铉、熊安生、刘焯、刘炫等人，南朝则有严植之、沈文阿等人。

---

① 马宗霍：《中国经学史》第七篇《魏晋之经学》，河南人民出版社，2016年，第63页。

南北朝时期随着佛老之学对儒学的冲击，为了维护当时朝廷的利益及等级秩序，南北朝各个王朝都非常重视儒家礼仪。如南朝齐武帝时期命尚书令王俭制定吉、凶、军、宾、嘉五礼，梁武帝尽管崇奉佛教，但也召集一些礼学家如沈约、严植之等制定礼仪。北朝的孝文帝也积极注重汉化，制定礼仪。北魏后分裂为东魏、西魏，东魏不久又被北齐代替，北齐时，魏收、薛道衡负责修订五礼，实际上由儒者马敬德、熊安生等主持。后来隋朝建立后，所用的礼仪"悉用东齐（即北齐）《仪注》以为准，亦微采王俭礼"（《隋书·礼仪志三》）。

此外，在南北朝时期，儒者们在重视《仪礼》的同时，也重视《周礼》《礼记》，以至于在当时涌现出了一大批三《礼》学兼通的名家，比如南朝的皇侃、雷次宗、严植之、崔灵恩等。其中雷次宗三《礼》学最为有名，时人将他和郑玄并称为"雷郑"。北朝的徐遵明，在当时更是名声远播，据《北史·儒林传》记载，北朝"三《礼》并出遵明之门"，可见其影响之大。之后，徐遵明传其学于李铉等，李铉撰《三礼义疏》，李铉又传熊安生等。熊安生传孙灵晖、郭仲坚、丁恃德，"其后生能通《礼经》者，多是安生门人"。又有北周沈重，也是当时儒宗，撰有《仪礼义》三十五卷。

南北朝《仪礼》学的发展历程中，《仪礼·丧服》由于是关于丧服等级、样式及服丧者身份的规定，得到了当时世家大族的高度重视，以至于在《仪礼》各篇中最受重视，注解论著也最多。

隋代统一了南北朝，尽管时间很短，但在经学史上的地位却非常重要。隋立经学博士，三《礼》学都宗郑玄。其中三礼学的名家有刘焯、刘炫等人。刘焯、刘炫曾问学于北朝礼学名家熊安生，并传其礼学。

进入唐代，由于自汉代以后经学门派众多、注疏混杂，为了统一经学解释、统一思想，唐太宗命孔颖达主持编纂《五经正义》，其中三《礼》方面只选择了《礼记》作注，亦即《礼记注疏》（也叫《礼记正义》）。孔颖达《礼记正义》也是以郑玄注本为根据，然后吸收了南朝皇侃、北朝熊安生的《礼记》注解成果，属于南北兼采。《礼记注疏》在三《礼》中单独被作为官学经典，编纂成书后就被朝廷颁行天下，作为科举考试的必读书。这在一定程度上说明朝廷在三《礼》之中更注重《礼记》，这样一来《礼记》实现了由"记"向"经"的转变。（注：《礼记》原来一直是《仪礼》的注解本，居于附庸的地位，此时一跃成为儒经。）需要注意的是，在唐代的经学史上，对于三《礼》《三传》，朝廷所重视的只有《礼记》《左传》，其余四种《周礼》《仪礼》《公羊》《穀梁》都不受朝廷重视。

当然，《仪礼》与《周礼》虽然没有得到朝廷应有的重视，但却得到了很多学者的关注。其中，《周礼注疏》为太学博士贾公彦所撰，对这部书，朱熹评价非常高，他说："《五经》中，《周礼疏》最好。"[1]《仪礼注疏》也是贾公彦所撰。根据新旧《唐书·儒学传》可以得知，贾公彦之学，受之于张士衡，张士衡受学于刘轨思、熊安生及刘焯，由此可以看出，其学来源于北学，也就是属于郑玄三《礼》学系统。贾公彦注解《周礼》《仪礼》所用的底本都是郑玄注本。开元八年（720），国子司业李元瓘上疏请立《仪礼》博士，朝廷从其议，于是《仪礼》开始立为官学。但是否用贾公彦注本，史书记载不详。尽管如此，《仪礼》在当时传习者并不多。此外，《公羊传注疏》的作者是徐彦、《穀梁传注疏》的作者是杨士勋，这四部

---

[1] 《朱子语类》卷八十六《礼三·周礼·总论》，第 2206 页。

注疏都是私家撰写，质量都很高，所以很快也都被立为官学，与《五经正义》并称为《九经注疏》。

(三) 宋元明

在宋代，三《礼》之中，《周礼》《礼记》最为兴盛，《仪礼》依然不太受重视。原因之一，便是《仪礼》记载的是周代具体的礼仪，随着社会文化变迁，很多礼仪不再适用。而《礼记》记载的主要是礼仪思想，尊崇王权，各个时代都适用，所以具有跨时代的意义。学者对三《礼》的研究，开始摆脱汉唐时期注重章句训诂之学的束缚，注重阐发三《礼》中所蕴含的社会政治理念，以此来治国安邦。比如王安石作《周礼新义》，并将它作为变法的理论依据，立为学官，颁行全国，影响最大。当然，随着王安石变法的失败，《周礼新义》也遭到了学者的指责。以至南宋初年的胡安国、胡宏父子怀疑《周礼》是刘歆的伪作，以此来否定王安石变法的神圣性和合理性。不过，南宋理学集大成者朱熹却认为《周礼》是周公所作，他说：

> 《周礼》，胡氏父子（胡安国、胡宏）以为是王莽令刘歆撰，此恐不然。《周礼》是周公遗典也。①

朱熹否定了胡安国、胡宏的观点，他认为《周礼》并不是刘歆的伪造，而是周公所作。由于朱熹在后代学术思想界影响非常大，所以他的观点具有权威性，以至于《周礼》在南宋以后受到很多学者的关注。比如浙东学派对《周礼》就非常关注，这也和他们所倡导的经制、事功思想有直接的关系。有宋一代，比较重要的《周礼》

---

① 《朱子语类》卷八十六《礼三·周礼·总论》，第2204页。

学著述还有王昭禹《周礼详解》、叶时《礼经会元》、郑伯谦《太平经国之书》、易祓《周官总义》等等。

相比于《周礼》的浮沉来说，《仪礼》以其深奥难懂，一般学者也很少关注它，如四库馆臣所说："《仪礼》至为难读。郑《注》文句古奥，亦不易解。又全为名物度数之学，不可以空言骋辩。故宋儒多避之不讲。"[1] 由于《仪礼》缺乏思想义理阐发的空间，故在王安石熙宁变法之际，它被逐出科举必考的经典行列。后来元、明两代受到宋代的影响，朝野上下也很少有研习《仪礼》的学者与著述。

尽管如此，在宋代仍有一些学者关注《仪礼》，并产生了不少《仪礼》学著述，比如张淳《仪礼识误》[2]、朱熹《仪礼经传通解》、李如圭《仪礼集释》、杨复《仪礼图》、魏了翁《仪礼要义》等等。

元代的三《礼》学基本上沿袭宋代，发明不多。不过值得注意的是，元仁宗皇庆二年（1313）规定，科举考试除了《四书》用朱熹注解，《诗经》用朱熹《诗集传》，《尚书》用蔡沈《书集传》，《周易》用程颐《易传》与朱熹《周易本义》，《春秋》用《三传》与胡安国《春秋传》，而《礼记》依旧用古代《注》《疏》，即郑玄注、孔颖达疏（《礼记正义》），这说明元代郑玄礼学依旧非常盛行。对元代的《仪礼》学，刘师培在其《经学教科书》中作了归纳和总结，其中说道：

> 及元儒吴澄作《仪礼逸经传》，而汪克宽亦作《礼经补佚》，杂

---

[1] 《四库全书总目提要》卷二十《钦定仪礼义疏》提要。
[2] 《仪礼识误》一书，乃南宋孝宗乾道八年，由两浙转运判官曾逮刊郑玄所注《仪礼》十七卷，张淳为之参考多种版本进行校订，四库馆臣评价此书，"最为详审"（《四库全书总目提要》卷二十《仪礼识误》提要）。

采他书之语，定为《仪礼逸文》，或妄分子目，体例未纯。敖继公作《集说》，遂疑《丧服传》为伪书，而《注》文不遵郑氏矣。①

元代朝野很多学者对《仪礼》的研究并不多，所产生的著述也非常有限，比如有吴澄《仪礼逸经传》与《礼记纂言》、汪克宽《礼经补佚》、敖继公《仪礼集说》② 等。

敖继公，字君善，长乐人。赵孟頫是其弟子。敖继公于元成宗大德五年（1301）撰成《仪礼集说》十七卷，这部书是对郑玄《仪礼》注解的补充与完善。他在其《自序》中说道：

> 此书旧有郑康成注，然其间疵多而醇少，学者不察也。予今辄删其不合于经者而存其不谬者，意义有未足，则取疏记或先儒之说以补之。又未足，则附之以一得之见焉。因名曰《仪礼集说》。③

敖继公鉴于郑玄注解《仪礼》的不足与错谬，对之进行补正，并吸收了汉唐以来注疏、义疏、注解的成果补充之，而形成了其书。敖继公《仪礼集说》很有特色，尽管此书之中罗列了很多郑玄、贾公彦的不足之处，但是并没有进行攻驳，而是予以保留，然后发表自己的看法，由此保存了汉唐以来注解《仪礼》的很多成果与思想，在《仪礼》学史上有重要的价值。正如四库馆臣所评价的：

> 于郑《注》之中，录其所取，而不攻驳所不取。无吹毛索垢，百计求胜之心。盖继公于《礼》所得颇深，其不合于旧说者，不过

---

① [清]刘师培著，陈居渊注：《经学教科书》，上海古籍出版社，2006年，第109页。
② 敖继公《仪礼集说》作为郑玄之后通解《仪礼》的名著，也是王肃《仪礼注》后又一部指摘郑学之书。此书乃敖继公针对郑玄注解不妥处进行修正，多有所得。清初学者喜其简便，此书地位一度凌驾郑玄注解之上。
③ [元]敖继公撰，孙宝点校：《仪礼集说》，上海古籍出版社，2017年，前言。

所见不同，各自抒其心得。初非矫激以争名，故与目未睹注疏之面，而随声佐斗者，有不同也。且郑《注》简约，又多古语，贾公彦《疏》尚未能一一申明。继公独逐字研求，务畅厥旨，实能有所发挥。则亦不病其异同矣。①

敖继公对郑玄、贾公彦等人对《仪礼》的注解，采取了兼容并包的态度，他对郑玄《仪礼》注解中不清楚之处作了注解、发挥，由此成为《仪礼》学史上的重要著述。

明代三《礼》学多墨守元代，如明代初年的科举考试规定，考试内容沿袭元人旧有的规定，即用《礼记正义》，不用《周礼》《仪礼》。到了永乐年间，规定《礼记》只用陈澔《礼记集说》。这可能是因为陈澔父亲陈大猷是朱熹弟子黄榦的学生，陈澔又师从家父，他自然就是朱熹四传弟子，属于名门正派。加上陈澔《礼记集说》用程朱理学解读《礼记》，所以被朝廷定为官学。明代学者研究三《礼》，几乎没有创新，水平整体上不及宋、元。

综合以上宋、元、明三《礼》学的发展情形，整体上而言，也可以说一代不如一代，正如皮锡瑞所说："宋儒学有根柢，故虽拨弃古义，犹能自成一家。若元人则株守宋儒之书，而于注疏所得甚浅。……明人又株守元人之书，于宋儒亦少研究。……故经学至明为极衰时代。"② 汉唐之际的三《礼》注疏不受重视，甚至受到质疑和摒弃，连带《周礼》本身都受怀疑，一直不受重视。《仪礼》在宋、元、明三代较《周礼》《礼记》而言，最不受重视。而《礼记》最受关注，尤其是其中《大学》《中庸》两篇，随着程朱之学的兴盛，被单独列

---

① 《四库全书总目提要》卷二十《仪礼集说》提要。
② [清]皮锡瑞著，周予同注释：《经学历史》九《经学积衰时代》，第283、289页。

出来，研究者甚繁。

就《仪礼》学及著述而言，明代《仪礼》学非常衰微，有关《仪礼》学的著述也非常有限，《明史·艺文志》著录只有十多种，《四库全书》没有一部收录。不过，在《四库全书存目》附录中有郝敬《仪礼节解》、张凤翔《礼经集注》、朱朝瑛《读仪礼略记》三部。

《仪礼》学在明代发展衰微，这与明代的思想文化有直接的关系。毕竟，明代传承了宋元性命道德之学，强调心性道德，而对具体的礼仪重视不够，这自然造成了明代《仪礼》学的衰微与著述的稀少。正如《四库全书总目提要》所言：

> 三《礼》之学，至宋而微，至明殆绝。《仪礼》尤世所罕习，几以为故纸而弃之。注其书者寥寥数家，即郝敬《完解》之类，稍著于世者，亦大抵影响揣摩，横生臆见。盖《周礼》犹可谈王谈霸，《礼记》犹可言敬言诚，《仪礼》则全为度数节文，非空辞所可敷演，故讲学家避而不道也。①

在四库馆臣看来，由于三《礼》学之中，《周礼》里面涉及大量的王霸之道，这对治国理政有重要的意义；《礼记》中的很多篇章则涉及修身明道，比如"言诚言敬"；相比较而言，《仪礼》说的都是具体的礼仪、规范。道学盛行的明代，尤其是明代中后期，学者都谈心性之学。这样一来，《仪礼》自然得不到儒者的重视。尽管如此，在明代，也有一些《仪礼》学的著述，比如郝敬《仪礼节解》等。郝敬（1558—1639），字仲舆，号楚望，湖北京山人。精通经学，著述甚多。《仪礼节解》共十七卷，这部书重在疏通《仪礼》内

---

① 《四库全书总目提要》卷二十《仪礼述注》提要。

容，同时对《仪礼》的思想多有阐发，不过也存在穿凿之弊，如《四库全书总目提要》所言"所解亦粗率自用，好为臆断"[1]。

（四）清代

清代是《仪礼》学发展的繁盛时期，很多学者对《仪礼》学都有所关注，并产生了非常多的研究著述。关于清代《仪礼》学，清人刘师培《经学教科书》中做了梳理与分析：

> 近儒治三礼学者，始于徐乾学《读礼通考》（仅"凶礼"一门）。而万斯大（作《学礼质疑》《仪礼商》《礼记偶笺》）、蔡德晋（作《礼经礼传本义》及《通礼》）、毛奇龄（于"昏礼""丧礼""祭礼""庙制""学校""明堂""宗法""效禘"咸有著述）、盛世佐（《仪礼集编》）咸治《礼经》，然糅杂无家法。安溪李氏亦深于三《礼》（李光地作《周官笔记》，其弟光坡复作《三礼述注》，兄子某亦作《周礼训纂》），方苞问业光地，殚心《礼》学（于三礼皆有书），亦武断无伦绪。惟张尔岐《仪礼郑注句读》，分析章句，条理秩然。而吴廷华（《仪礼章句》）、金曰追（《礼仪正讹》）、沈彤（《仪礼小疏》）、褚寅亮（《仪礼管见》）亦宗汉诂治《仪礼》。及江永作《礼经纲目》，于三礼咸有撰著（作《周礼疑义举要》《礼记训义择言》《释宫补》），戴震（作《考工记图》）、金榜（《作《礼笺》》承其学。同学之士，有胡匡衷（作《仪礼释官》）、程瑶田（《作《宗法小记》《丧服足征录》《释宫小记》《考工创物小记》，兼通水地声律之学），后有凌廷堪、胡培翚，以廷堪《礼经释例》为最精。任大椿（作《释缯》《弁服释例》）、阮元（作《车制考》）、孔广森

---

[1] 《四库全书总目提要》卷二十三《仪礼节解》提要。

（作《大戴礼补注》）咸从戴震问《礼》。张惠言与榜同学，作《仪礼图》，秦惠田《五礼通考》（集三礼之大成）亦采江、戴之绪言。自胡培翚作《仪礼正义》，而朱彬作《礼记训纂》，孙诒让作《周礼正义》，三礼新疏咸出旧疏之上矣。后起之书，有黄以周《礼书通故》为最详备。若夫论《礼经》者，有惠士奇（《礼说》）、庄存与（《周官说》）、凌曙（《礼论》）。考名物制度者，有齐召南、沈彤（《周官禄田考》）、王鸣盛（《周礼军赋说》）、惠栋（《明堂大道录》）、金鹗（《礼说》）。疑三礼者，有方苞（《疑周礼仪礼》）、邵位西（《疑仪礼》）。此近儒之三礼学也。[①]

清代是礼学大兴的时代，不仅出现了很多贯通三《礼》学的学者及著述，比如徐乾学《读礼通考》、李光坡《三礼述注》、江永《礼经纲目》、秦蕙田《五礼通考》、黄以周《礼书通故》等等，也有很多专门研究《仪礼》的学者及著述，比如万斯大《仪礼商》、张尔岐《仪礼郑注句读》、凌廷堪《礼经释例》、胡培翚《仪礼正义》等等。总之，清代学者注重《仪礼》学，将之作为经学考证学的重心，他们在注解《仪礼》的过程中，对《仪礼》的内容多有考证、梳理，注重名物训诂、典制的考索与疏通，跳出了汉宋古今的门户之见，所得结论公允客观，由此也产生了很多集大成的著述。根据王锷《三礼研究论著提要》的总结，清代《仪礼》学专著便有二百二十五部，涉及的学者有一百七十七人之多。可以说，清代《仪礼》学是中国古代的巅峰时刻。对此正如有学者所言的："这一时期，留下了一大笔辉煌灿烂的文化遗产，众多的《仪礼》整理、研究类文献便

[①] ［清］刘师培著，陈居渊注：《经学教科书》，上海古籍出版社，2006年，第134—135页。

是其中重要的一部分。从目前所知的情况看，整个清代的《仪礼》研究著作有二百多部，不论是就研究著作的数量上，还是就研究的深入程度上来说，此前历代《仪礼》学研究皆不可与之等量齐观。"[①]

清代为三《礼》学的复盛时期，但在清代初年，经学依旧沿袭宋元，很少有创见。乾隆时期，为了巩固大一统帝国，主动汉化，也越来越注重三《礼》学，比如乾隆元年（1736）开设"三礼馆"，由鄂尔泰任总编纂官，负责为三《礼》重新作注，以服务于当时的朝廷需要。到了乾隆十三年（1748），新的三礼义疏作完，朝廷钦定三礼义疏一百七十八卷，这是以朝廷名义颁行的三《礼》学著述。其中，《仪礼义疏》四十八卷，多宗敖继公之说，兼用郑玄《仪礼注》。三礼义疏的特点是汉宋兼采、三《礼》并行，由此改变了宋以来对《礼记》的单独重视。另外，这套书也是对汉唐以来经传注疏之学所作的一次较为全面的总结，这对于清代三《礼》学的兴盛，无疑具有非常重要的促进作用，推动了清代学者对《仪礼》学的重视。

到了乾隆三十八年（1773），朝廷又开设四库馆，编纂《四库全书》，对先秦以来的各种三《礼》类重要著作都进行收集、整理，这对中国古代三《礼》学的发展都有重要的价值和意义，最重要的是，这掀起了朝野上下对三《礼》学的重视。比如方苞撰写《仪礼析疑》十七卷，用力甚多，也颇有创获。另外，还有胡培翚的《仪礼正义》，胡在郑玄《仪礼》注的基础上，积数十年之功，吸收了历代以来的注解尤其是清人研究《仪礼》的成果，对《仪礼》作了系统的注解，成为清代《仪礼》学最权威的著作。

可以说，在清代中期即乾嘉时期，有关《仪礼》的考证学大兴，

[①] 邓声国著：《清代〈仪礼〉文献研究》，上海古籍出版社，2006年，第1页。

并成为清代经学的核心所在,这一时期产生了一大批的经典著述,比如戴震《仪礼正误》、张惠言《读仪礼记》与《仪礼图》、凌曙《礼论略抄》、卢文弨《仪礼注疏详校》、阮元《仪礼注疏校勘记》、段玉裁《仪礼汉读考》等等,这一时期的《仪礼》学注重考证,极大地深化了对《仪礼》的研究与思考。《四库全书》对历代《仪礼》学著述的汇集、提要,也是推动当时《仪礼》学发展的重要举措,并由此树立了清代《仪礼》学发展的基本范式。

清代道咸以后,《仪礼》学的发展进入了新的阶段,这一时期的学者除了继续延续乾嘉考证学的治学方法之外,对《仪礼》学也注重总结与普及,由此出现了一大批具有影响力的著述,比如胡培翚《仪礼正义》、曹元弼《礼经学》、黄以周《礼书通故》、俞樾《仪礼平议》等。胡培翚《仪礼正义》四十卷,这部书成书于清道光中后期,为清代《仪礼》研究的集大成之作。该书在贾公彦《仪礼注疏》的基础上,兼采众家之长,进行考辨、梳理,并为《仪礼》进行章句训诂。在注解过程中,打破了古今、汉宋的门户界限,择善而从,可谓古今、汉宋兼采。与此同时,作者还以"今按"的形式发表一些自己对《仪礼》的看法。胡培翚《仪礼正义》这部书被梁启超誉为《仪礼》研究的"集大成者"[①],章太炎则认为"新疏自比贾疏更精"[②]。

参考文献

(一) 基础文献

[汉]郑玄注,[唐]贾公彦疏:《仪礼注疏》,《十三经注疏》本,北京:北

---

① 梁启超:《中国近三百年学术史》,天津古籍出版社,2003年,第213页。
② 《章太炎国学二种·国学略说》,浙江古籍出版社,2012年,第161页。

京大学出版社，1999年版。

［元］敖继公撰，孙宝点校：《仪礼集说》，上海：上海古籍出版社，2017年版。

［清］王先谦撰：《荀子集解》，中华书局，1988年。

［清］胡培翚，段熙仲点校：《仪礼正义》，南京：江苏古籍出版社，1993年版。

［清］王国维：《观堂集林》，北京：中华书局，1959年版。

［清］邵懿辰：《礼经通论》，清宣统三年（1911）铅印本。

（二）研究论著

丁鼎：《〈仪礼·丧服〉考论》，北京：社会科学文献出版社，2003年版。
邓声国：《仪礼文献学》，南昌：江西人民出版社，2017年版。
邓声国：《清代〈仪礼〉文献研究》，上海：上海古籍出版社，2006年版。
顾颉刚：《古史辨》，第5册，海口：海南出版社，2005年版。
洪业：《仪礼引得》，燕京大学图书馆引得编纂处，1932年版。
李安宅：《〈仪礼〉与〈礼记〉之社会学的研究》，上海：上海人民出版社，2005年版。
李学颖：《仪礼、礼记：人生的法度》，上海：上海古籍出版社，1997年版。
林志强、杨志贤：《仪礼开讲》，上海：华东师范大学出版社，2013年版。
钱玄：《三礼通论》，南京：南京师范大学出版社，1996年版。
杨天宇：《仪礼译注》，上海：上海古籍出版社，2004年版。
张自慧：《礼文化与致和之道》，上海：上海人民出版社，2012年版。
章太炎：《章太炎国学二种·国学略说》，杭州：浙江古籍出版社，2012年版。

礼 记

中华礼文化的经典依据就是三礼，即《周礼》《仪礼》和《礼记》。从整体上来看，《周礼》建立了基本的政治制度，《仪礼》主要是具体的行为规范，《礼记》主要是从理论层面上来论说礼仪的意义。

在汉代，《礼记》有两种，一个是戴德编辑的八十五篇《礼记》，也叫《大戴礼记》；一个是戴德的侄子戴圣编辑的四十九篇《礼记》，也叫《小戴礼记》。在古代，《小戴礼记》影响更大，故后世所言《礼记》一般指《小戴礼记》。《礼记》在唐宋科举盛行之后，影响很大。另外，需要强调的是，《礼记》中第四十二篇《大学》、第三十一篇《中庸》被宋儒朱熹等人单独拿出来，与《论语》《孟子》合称为"四书"，成为宋代以后科举考试的必读书。

一、《礼记》的成书与作者

《礼记》四十九篇是有关礼学方面的论文集。今本《礼记》来源于古文《礼记》，据《史记》《汉书》记载，古文《礼记》在汉代流传有一百三十多篇，而且这些篇目是很多人所写，尤其是多为儒家后传弟子所作，如《汉书·艺文志》就说：

> 礼古经五十六卷，经七十篇（"七十"系"十七"之误）。记百三十一篇（原注：七十子后学者所记也）。明堂阴阳三十三篇（原注：古明堂之遗事）。王史氏二十一篇（原注：七十子后学者）。

东汉郑玄在《六艺论》中也曾说道:"后得孔氏壁中、河间献王《古文礼》五十六篇,《记》百三十一篇,《周礼》六篇。"[1] 这里的一百三十一篇古文《礼记》,是孔门后传弟子尤其是七十子(孔子的得意弟子)们陆续写作而成。如唐代孔颖达《礼记正义》序中就曾说:"《中庸》是子思伋所作,《缁衣》公孙尼子所撰。郑康成云:《月令》,吕不韦所修。卢植云:《王制》,谓汉文时博士所录。其余众篇,皆如此例,但未能尽知所记之人也。"如果将这些述论礼的古文《礼记》合起来,大体有二百多篇(二百四篇与二百十四篇两说)[2]。这么多的古文《礼记》时间跨度比较大,彼此之间也缺乏严密、统一的写作体例与理论框架。所以,它们在汉代之前一直都是单篇流传。

今本《礼记》的编纂者,一般都认为是汉代戴圣,即根据《史记·儒林列传》和《汉书·艺文志》的记载,汉代初年礼学的主要传授者是鲁人高堂生。到了汉宣帝时期,高堂生的后传弟子后苍是当时最有名的礼学家。后苍弟子中,戴德、戴圣非常有名,他们是叔侄关系,两人分别在原来流传的二百多篇的古文《礼记》基础上,选编了两个《礼记》版本,即戴德《礼记》八十五篇(即《大戴礼记》,今存三十九篇)、戴圣《礼记》四十六篇(即《小戴礼记》,东汉马融增《月令》《明堂位》《乐记》三篇,共四十九篇)。其中《小戴礼记》四十九篇就是我们今天的《礼记》原本。

---

[1] [唐]陆德明:《经典释文·序录》,上海古籍出版社,2013年,第41页。

[2] 对此刘向《别录》云:"《古文记》二百四篇。"(《经典释文·叙录》)《隋书·经籍志》云:"汉初,河间献王又得仲尼弟子及后学者所记一百三十一篇献之,时亦无传之者。至刘向考校经籍,检得一百三十篇,向因第而叙之。而又得《明堂阴阳记》三十三篇、《孔子三朝记》七篇、《王史氏记》二十一篇、《乐记》二十三篇,凡五种,合二百十四篇。"

关于大小戴《礼记》的关系，晋人陈邵等有"小戴删大戴"的说法，《经典释文·序录》就引用了他的说法："陈邵《周礼论序》中云：'戴德删古礼二百四篇为八十五篇，谓之《大戴礼》。戴圣删《大戴礼》为四十九篇，是为《小戴礼》。后汉马融、卢植考诸家同异，附戴圣篇章，去其繁重，及所叙略，而行于世，即今之《礼记》是也。郑玄亦依卢、马之本而注焉。"① 后来《隋书·经籍志》说得更具体。不过，这些说法遭到了清代学者如纪昀、戴震、钱大昕、陈寿祺等人的反驳。

在汉代中前期，《礼记》一般被视为《仪礼》的附录或者是《仪礼》的解说。后来，东汉晚期，郑玄为《小戴礼记》作注解，使它摆脱了与《仪礼》的附属关系，此后《礼记》便专指《小戴礼记》。到了唐代，朝廷把它列为"经书"，成了读书人的必读书。而《大戴礼记》受到了冷落，以至于很多篇目都亡佚了，留存至今的也只有三十九篇。

《礼记》一书的最终编纂者，在历史上也有很多争论，王锷先生对前贤时哲的观点作了归纳，列举了从汉代一直到现代，大体有二十多种不同的说法②。但总括起来主要有两种：

一是认为《礼记》是西汉戴圣所编。持此观点的主要有汉代郑玄，西晋陈邵，唐陆德明、孔颖达、杜佑、许坚，清戴震、钱大昕、纪昀、沈钦韩、陈寿祺，晚清民国以来的王国维、吴承仕、周予同、沈文倬、杨天宇、李学勤等人。

二是认为《礼记》不是戴圣所编纂，而是出于众人之手。《礼

---

① [唐]陆德明：《经典释文·序录》，上海古籍出版社，2013年，第43—44页。
② 王锷：《〈礼记〉成书考》，中华书局，2007年，第284—299页。

记》大体是在东汉中期逐渐抄纂而成,持此观点的为近现代梁启超、洪业、蔡介民、钱玄、王文锦等人。在这些观点中,梁启超的观点值得关注,他说:"它(《礼记》)的性质是孔门论礼丛书。它是儒家思想,尤其是礼教思想最发达到细密时的产品。它是七十子的后学,尤其是荀子一派,各记其师长言行,由后仓、戴圣、戴德、庆普等凑集而成。它的大部分是战国中叶和末叶已陆续出现,小部分是西汉前半儒者又陆续缀加的。"[1] 我们认为戴圣编纂《礼记》的说法更加有说服力,且有很多文献作支持,而且长期以来尽管有学者怀疑,但依旧影响甚大。

二、《礼记》内容与中华传统文化

《礼记》四十九篇内容比较庞杂,涉及政治、法律、道德、哲学、历史、祭祀、文艺、日常生活、历法、地理等诸多方面,几乎包罗万象,集中体现了先秦儒家的政治、哲学和伦理思想,是研究先秦社会的重要资料。为了便于研习,有学者对其内容进行分类。汉代刘向《别录》将之分为八类,由于标准不一,后世学者多有不满。近人梁启超将之分为五类。今人夏传才先生认为二者均不尽妥当,便根据内容将之分为四类[2],这种分类较为合理,本文采纳之。

(一) 专释《仪礼》之属

这一部分主要是对《仪礼》各篇进行注解,阐扬礼制的价值与

---

[1] 梁启超:《国学要籍研读法四种》,国家图书馆出版社,2008年,第96页。
[2] 夏传才:《十三经讲座》,广西师范大学出版社,2006年,第216页。

意义，此类共二十一篇。其中通释《仪礼》某一篇的，有七篇：《冠义》《昏义》《乡饮酒义》《射义》《燕义》《聘义》《丧服四制》，它们分别注解《仪礼》中的《士冠礼》《士昏礼》《乡饮酒礼》《乡射礼》与《大射》《燕礼》《聘礼》《丧服》诸篇；注解《仪礼》中某一专题的，有十四篇：《曾子问》《丧服小记》《丧大记》《奔丧》《问丧》《间传》《服问》《三年问》《杂记上》《杂记下》《郊特牲》《祭义》《祭法》《祭统》，这些主要是关于丧葬与祭祀的。由此可以看出，丧葬、祭祀是古代最为注重的礼制，它们对于维护宗法等级制度有着非同寻常的意义。主要内容如下。

1. 对冠礼意义的解释。《冠义》篇中说："冠者，礼之始也。是故古者圣王重冠。"《昏义》篇中也说："夫礼，始于冠，本于昏，重于丧、祭，尊于朝、聘，和于乡、射，此礼之大本也。"在古人看来，冠礼是一切礼仪的开始，因为冠礼毕竟是成人礼，它是一个人成为社会一分子的第一步，从此之后人要遵循各种礼仪，服务于社会。

2. 关于婚礼的重要意义。《昏义》中说："昏礼者，将合二姓之好，上以事宗庙，而下以继后世也，故君子重之。……敬慎重正而后亲之，礼之大体，而所以成男女之别，而立夫妇之义也。男女有别，而后夫妇有义；夫妇有义，而后父子有亲；父子有亲，而后君臣有正。故曰：昏礼者，礼之本也。"大体意思是说，婚礼是礼仪的根本所在，也是人伦道德、社会政治的根本所在。

3. 对一直流行的乡饮酒礼意义的阐发。《乡饮酒义》强调乡饮酒礼旨在向人们表明长幼有序、尊老敬老的重要性及其意义。《礼记·射义》说："乡饮酒之礼者，所以明长幼之序也。"《乡饮酒义》中也强调说：

乡饮酒之礼，六十者坐，五十者立侍，以听政役，所以明尊长也。六十者三豆，七十者四豆，八十者五豆，九十者六豆，所以明养老也。民知尊长养老，而后乃能入孝弟。民入孝弟，出尊长养老而后成教，成教而后国可安也。君子之所谓孝者，非家至而日见之也，合诸乡射，教之乡饮酒之礼，而孝弟之行立矣。

在乡饮酒礼上，六十岁的老年人安坐中间，五十岁的老人在旁边负责服侍，以此来体现尊长的意义。同时，在不同年龄的老人面前摆放不同等级、数量的礼器及食物，六十岁是三个豆，七十岁是四个豆，八十岁是五个豆，九十岁是六个豆，年纪越大，供养的食物数量就越多，这就向人们表明基于年龄所形成的秩序。通过具体的乡饮酒礼，来向人们展示敬老、尊长的意义，更是提醒人们要有尊卑有序、尊长养老的思想，如此便可以使卑幼之人切实地践行孝悌之道。

4. 关于祭祀的意义。《祭统》中说："凡治人之道，莫急于礼。礼有五经，莫重于祭。夫祭者，非物自外至者也，自中出生于心也，心怵而奉之以礼。是故唯贤者能尽祭之义。"意思是说，祭祀是礼仪中最重要的，它关系到礼仪的存在与否，也关系到人伦道德尤其是孝道的存在：

祭者，所以追养继孝也。孝者，畜也，顺于道，不逆于伦，是之谓畜。是故孝子之事亲也，有三道焉：生则养，没则丧，丧毕则祭。养则观其顺也，丧则观其哀也，祭则观其敬而时也。尽此三道者，孝子之行也。

《祭统》中强调祭祀是孝子体现孝道的重要做法，如果不祭祀，那么就不是一个真正的孝子。这种要求与《孝经》中孝道要求基本一致。在孝子所践行的礼仪中，祭祀礼仪是孝道的根本，因为父母去世之后，作为孝子就应当在宗庙中、祭祀礼仪中充分体现他恭敬的心态、具体的礼仪规范以及是否将这些礼仪及做法推广到日常的生活与为人处世之中，总之"祭者，孝之本也"。

基于此，《礼记》在《祭义》篇中极力强调践行礼仪时的恭敬态度，尤其是强调孝子祭祀时应该持有的诚敬态度、严格遵守礼仪的方式等各个方面：

> 孝子将祭，虑事不可以不豫，比时具物，不可以不备，虚中以治之。宫室既修，墙屋既设，百官既备，夫妇齐戒沐浴，盛服奉承而进之。洞洞乎，属属乎，如弗胜，如将失之，其孝敬之心至也与！荐其荐俎，序其礼乐，备其百官，奉承而进之。于是谕其志意，以其慌惚以与神明交，庶或飨之。庶或飨之，孝子之志也。
>
> 孝子之祭也，尽其悫而悫焉，尽其信而信焉，尽其敬而敬焉，尽其礼而不过失焉。进退必敬，如亲听命，则或使之也。孝子之祭可知也，其立之也，敬以诎；其进之也，敬以愉；其荐之也，敬以欲。退而立，如将受命；已彻而退，敬齐之色不绝于面。孝子之祭也，立而不诎，固也；进而不愉，疏也；荐而不欲，不爱也；退立而不如受命，敖也；已彻而退，无敬齐之色，而忘本也。如是而祭，失之矣。
>
> 孝子之有深爱者，必有和气；有和气者，必有愉色；有愉色者，必有婉容。孝子如执玉，如奉盈，洞洞属属然，如弗胜，如将失之。严威俨恪，非所以事亲也，成人之道也。

这里记载了作为孝子在祭祀的时候应该秉承的诚敬态度：一方面要做好充分的准备，另一方面一定要恭敬、诚挚，比如要斋戒沐浴，按照礼仪准备祭品，在祭祀的过程中进退都恭敬有加，并保持和气、有婉容等。总之，作为孝子，祭祀是非常庄严的事情，一定要将祭祀宗教化、道德化，而不可形式化。

5. 对丧葬礼仪的重视。《问丧》篇中记载居丧之礼，尤其是在自己父母去世之后，作为孝子要践行丧礼的具体礼仪规定，其文曰：

> 亲始死，鸡斯，徒跣，扱上衽，交手哭。恻怛之心，痛疾之意，伤肾乾肝焦肺，水浆不入口，三日不举火，故邻里为之糜粥以饮食之。夫悲哀在中，故形变于外也。痛疾在心，故口不甘味，身不安美也。
>
> 三日而敛，在床曰尸，在棺曰柩。动尸举柩，哭踊无数。恻怛之心，痛疾之意，悲哀志懑气盛，故袒而踊之，所以动体安心下气也。妇人不宜袒，故发胸击心爵踊，殷殷田田，如坏墙然，悲哀痛疾之至也。故曰："辟踊哭泣，哀以送之。"送形而往，迎精而反也。
>
> 其往送也，望望然，汲汲然，如有追而弗及也。其反哭也，皇皇然，若有求而弗得也。故其往送也如慕，其反也如疑。
>
> 求而无所得之也，入门而弗见也，上堂又弗见也，入室又弗见也。亡矣！丧矣！不可复见已矣！故哭泣辟踊，尽哀而止矣。心怅焉怆焉惚焉忾焉，心绝志悲而已矣。祭之宗庙，以鬼飨之，徼幸复反也。
>
> 成圹而归，不敢入处室，居于倚庐，哀亲之在外也；寝苫枕块，哀亲之在土也。故哭泣无时，服勤三年，思慕之心，孝子之志也，人情之实也。

在此篇中，集中介绍了孝子在父母双亲去世后所要表现的礼仪，一切都显得非常地悲痛。比如居丧期间，"水浆不入口，三日不举火"，不吃不喝以至于人都消瘦而变形了。另外，在送葬的时候，孝子因为再也见不到自己的父母了,所以显得非常悲伤,非常绝望,感觉万念俱灰,"亡矣!丧矣!不可复见已矣!故哭泣辟踊,尽哀而止矣。心怅焉怆焉惚焉忾焉,心绝志悲而已矣"。在为父母守丧的时候,不会住在家里,而是住在野外临时搭建的草屋中,枕着土块,盖着茅草,时时悲痛哭泣,直到三年服丧结束。

《问丧》篇极力表达了孝子应当为父母的去世而感到极度悲伤,并在丧礼的践履上体现出自己的哀伤之情。当然,悲伤要发乎情,还要止乎礼,在极度悲伤下,《问丧》中也说道,对一些特殊情况也要特殊对待。比如孝子非常悲伤的时候,可以拄着拐杖,以避免孝子过于悲伤而出现意外,"孝子丧亲,哭泣无数,服勤三年,身病体羸,以杖扶病也",之所以如此,《问丧》认为礼仪也是出于人情,不能因为礼仪而丧失了人之常情,"此孝子之志也,人情之实也,礼义之经也,非从天降也,非从地出也,人情而已矣"。

需要注意的是,在这一部分,还有很多篇章对丧礼的一些具体做法做了补充和说明。比如在男女嫁娶的过程中,如果出现了丧事,该如何应对,文中对此做了具体的回答:

> 曾子问曰:"昏礼既纳币,有吉日,女之父母死,则如之何?"孔子曰:"婿使人吊。如婿之父母死,则女之家亦使人吊。父丧称父,母丧称母。父母不在,则称伯父世母。婿已葬,婿之伯父致命女氏曰:'某之子有父母之丧,不得嗣为兄弟,使某致命。'女氏许诺,而弗敢嫁,礼也。婿免丧,女之父母使人请,婿弗取,而后嫁之,礼也。女之父母死,婿亦如之。"
>
> 曾子问曰:"亲迎女在涂,而婿之父母死,如之何?"孔子曰:"女改服布深衣,缟总以趋丧。女在涂,而女之父母死,则女反。""如婿亲迎,女未至,而有齐衰大功之丧,则如之何?"孔子曰:

"男不入，改服于外次；女入，改服于内次；然后即位而哭。"曾子问曰："除丧则不复昏礼乎？"孔子曰："祭，过时不祭，礼也，又何反于初？"

孔子曰："嫁女之家，三夜不息烛，思相离也。取妇之家，三日不举乐，思嗣亲也。三月而庙见，称来妇也，择日而祭于祢，成妇之义也。"曾子问曰："女未庙见而死，则如之何？"孔子曰："不迁于祖，不祔于皇姑，婿不杖，不菲，不次，归葬于女氏之党，示未成妇也。"

曾子问曰："取女，有吉日而女死，如之何？"孔子曰："婿齐衰而吊，既葬而除之。夫死亦如之。"（《礼记·曾子问》）

曾子问孔子，如果婚礼已确定了吉日，女方的父母突然去世了，该如何呢？孔子说，那男方就应该去吊丧慰问。相反，如果男方的父母突然去世，那女方也应该去吊丧慰问。男方的丧礼结束之后，由叔伯出面，女方答应婚礼继续，这个时候不该再许配给他人，这是礼仪；除非，女方答应了，但男方不同意迎娶，那么女方可以改嫁他人，这也是礼仪。同样，男方也是如此。另外，曾子问，如果结婚已经到了亲迎这个环节，女方已经在路上，突然男方的父母死了，这该如何呢？孔子回答说，女方应当马上穿上深色的衣服，用白色的绢布束着头发去奔丧；同样，女方已经在路上，女方自己的父母如果突然去世了，她应该返回自己家。此外，孔子还说，嫁女儿的人家，一连三夜都不熄火把，是因为骨肉就要与家人分离了。娶媳妇的人家，一连三天不奏乐，是因为考虑到传宗接代、双亲日趋衰老。新娘进门三月，要备礼祭祀公婆的亡灵，祝词中称为"来做媳妇"。这样做了以后，才算是正式成为此家的媳妇。

（二）专述古礼之属

这类文章主要是记述和考证古代礼制，共十三篇，分别是《王制》《礼器》《大传》《月令》《明堂位》《文王世子》《深衣》《曲礼上》《曲礼下》《玉藻》《少仪》《内则》《投壶》。这些古礼主要是古代日常生活的礼仪与规则，这对于了解古代宗法制度有重要的价值。主要内容如下。

1. 记载了为人处世的一些基本礼仪。比如《礼记·曲礼上》记载了很多日常的言行礼仪，其文曰：

> 毋侧听，毋嗷应，毋淫视，毋怠荒。游毋倨，立毋跛，坐毋箕，寝毋伏。敛发毋髢，冠毋免，劳毋袒，暑毋褰裳。……男女不杂坐，不同椸枷，不同巾栉，不亲授。嫂叔不通问，诸母不漱裳。外言不入于梱，内言不出于梱。女子许嫁，缨，非有大故不入其门。

这段话翻译过来就是：不要侧耳偷听别人说话，答话不要高声喊叫，目光不要左瞟右看游移不定，不要堕怠放纵而不知检点。走路不要大模大样的，站立时身体要正而不要偏斜，坐时不要伸开两条腿，睡觉不要伏着身子。头发要束敛好，不要让它像假发一样下垂，帽子不要随便脱下，劳动时不要袒胸露臂，炎热时不要撩起衣裳。……男女之间，不要混杂而坐在同一坐具之上，不同用一把梳子，不用同一个衣架，不用同一块面巾与浴巾，给东西时不能亲交接，夫妇间可以例外。叔嫂、媳伯之间不能单独二人在一起谈什么。不能让父亲的小妾给自己洗内衣和裤子。男子在外不能谈寝室之事，女子在内不能问军国大事。男女订婚以后，没有重大事故，不能到婆家去。这一段是非常家庭化的礼仪规范，突出了对家庭关系的处理。

可以说，基于家庭生活，《礼记》将这些礼仪规定得非常具体，而且非常突出男女之间的差异，这在《内则》篇中也有专门强调：

> 男不言内，女不言外。非祭非丧，不相授器。其相授，则女受以篚。其无篚，则皆坐奠之而后取之。外内不共井，不共湢浴，不通寝席，不通乞假。男女不通衣裳，内言不出，外言不入。男子入内，不啸不指，夜行以烛，无烛则止。女子出门，必拥蔽其面，夜行以烛，无烛则止。道路，男子由右，女子由左。

这里明确指出了男女有别的礼仪，比如男子不说家内之事，女子不说外边之事，不是特殊场合，男女之间不能相互传递东西，如果要传递东西，就要将东西放在竹器中，让对方来拿。另外，男女不共用一个井，不能共浴，不能通用衣服，等等。总之，这些具体的礼仪，都是现实的社会生活，它一方面强调做人要注意社会公德，另一方面要学会尊重别人，更为重要的是要尊重社会规范，只有这样才能立足于社会，才能维护社会秩序。

在《礼记》之中，也强调行礼者在体态、容貌等方面要非常严肃、恭敬，始终要以一颗诚敬的心去做事、行礼，这就是古人讲的礼容。《礼记·玉藻》篇中就专门记载了君子会见尊长时的礼容（括号内为郑注）：

> 君子之容舒迟，见所尊者齐遬（谦悫貌也），足容重（举欲迟也），手容恭（高且正也），目容端（不睇视也），口容止（不妄动也），声容静（不哕欬也），头容直（不倾顾也），气容肃（似不息也），立容德（如有予也），色容庄（勃如战色），坐如尸（尸居神

位，敬慎也）。

这里要求，无论是神情，还是头、手、脚、眼睛、嘴、声音、气息、脸色等都要严肃、庄重，就是我们常说的站有站相、坐有坐相，目的就是希望恭敬、虔诚地对待礼仪。古人所说的妇德中的"容"就是指礼容，不是容貌。

在《礼记》中，很多地方都提到了如何做一个孝子。比如当父母生病的时候，作为孝子自然要恭敬有心，《礼记·曲礼上》记载：

> 父母有疾，冠者不栉，行不翔，言不惰，琴瑟不御，食肉不至变味，饮酒不至变貌，笑不至矧，怒不至詈，疾止复故。有忧者侧席而坐，有丧者专席而坐。

就是说，当父母有病的时候，作为子女，如果还未成年可以不戴帽子，已经成年的可以不梳头，行动也不像平时那么轻快愉悦，说话也不嬉笑打闹，对音乐也不感兴趣，即使吃肉、喝酒也没有任何心情，尽管父母生病了，自己也不因烦恼而讽刺怒骂别人，等到父母病好了，才恢复正常。总之，作为一个孝子，要体现出对父母的真情实感，而不是仅有形式化的表现。

对父母尽孝的礼仪是《礼记》中非常重要的组成部分，日常生活中要尽孝，但这种孝顺并不是一味顺从，而是对父母要有原则，尤其是父母有过错的时候，不能一味忍让，如《礼记·内则》篇规定：

> 父母有过，下气怡色，柔声以谏。谏若不入，起敬起孝，说则复谏。不说，与其得罪于乡党州闾，宁孰谏。父母怒，不说，而挞之流血，不敢疾怨，起敬起孝。

后来清代康熙年间的秀才李毓秀所编写的《弟子规》也说："亲

有过，谏使更，怡吾色，柔吾声。谏不入，悦复谏，号泣随，挞无怨。"两段话的意思都是说在父母有过错的时候，作为子女要和颜悦色、轻声细语，想尽办法去劝说，如果父母不听从，要更加恭敬、孝顺、耐心等待，一旦时机适当，就再一次劝谏。即使父母固执，因此而打骂子女，子女也要尽心尽孝。这些都是古代礼仪的一部分，其目的就是要以非常柔性的力量来增进家庭关系，同时作为社会的个体，也要积极尽职尽责，维护家庭伦理与社会秩序。

2. 记载了从天子到士大夫使用礼器的规定。如《礼记·礼器》："礼有以多为贵者。天子七庙，诸侯五，大夫三，士一。天子之豆二十有六，诸公十有六，诸侯十有二，上大夫八，下大夫六。诸侯七介七牢，大夫五介五牢。天子之席五重，诸侯之席三重，大夫再重。天子崩，七月而葬，五重八翣；诸侯五月而葬，三重六翣；大夫三月而葬，再重四翣。此以多为贵也。"这种数量上的规定，其实也是等级上的规定，通过这种数量来体现社会等级和制度规范。

3. 规定了改朝换代要遵循的礼仪。如《礼记·大传》："立权度量，考文章，改正朔，易服色，殊徽号，异器械，别衣服，此其所得与民变革者也。其不可得变革者则有矣，亲亲也，尊尊也，长长也，男女有别，此其不可得与民变革者也。"意思说，改朝换代之后，要进行度量衡、典章制度、天文历法、服饰颜色、庙号纪年、工具器械等的变革，只有这样才表明和前代相比有所变革。当然也有不能变革的，比如亲亲、尊尊等仁义礼乐的精神不能变革，毕竟它是政治统治的根本所在。所以，尽管礼仪的形式多种多样，但是其维护人伦道德、纲常名教的本质没有改变。正如《礼记·曲礼上》中所说：

> 道德仁义，非礼不成；教训正俗，非礼不备；分争辨讼，非礼

不决；君臣、上下、父子、兄弟，非礼不定；宦学事师，非礼不亲；班朝治军，莅官行法，非礼威严不行；祷祠、祭祀、供给鬼神，非礼不诚不庄。

礼仪在道德仁义、风俗民情、争执诉讼、上下等级、礼仪教化、治军施政、祭祀祈祷等各种事项的贯彻中都有重要的价值和意义，也正是因为如此，中国被称为礼仪之邦。从中也可以看出，儒家所倡导的道德仁义与礼治秩序也息息相关，没有礼仪就没有道德仁义，没有道德仁义，礼仪秩序也变成了冷冰冰的清规戒律。

4. 规定了当时市场买卖的一些规则。比如买卖的内容，不能买卖礼器、兵器，买卖的东西一定要保持良好的品质等。如《王制》篇中所言：

> 有圭璧金璋，不粥于市。命服命车，不粥于市。宗庙之器，不粥于市。牺牲，不粥于市。戎器，不粥于市。用器不中度，不粥于市。兵车不中度，不粥于市。布帛精粗不中数，幅广狭不中量，不粥于市。奸色乱正色，不粥于市。锦文珠玉成器，不粥于市。衣服饮食，不粥于市。五谷不时，果实未孰（熟），不粥于市。木不中伐，不粥于市。禽兽鱼鳖不中杀，不粥于市。关执禁以讥，禁异服，识异言。

这里提到了在市场上不能买卖圭璧金璋、宗庙之器等，这些都对买卖产生了一定的约束。另外，对于买卖的东西比如日常的衣食用品、粮食等等，非常强调品质，这既保障了人们的权益，也保障了礼仪制度。

这一部分对中国古代的礼制规定非常详细而且广泛，这对后来很多仪礼的制定比如日常礼仪、礼器的使用、祭祀仪礼、宗法制度、市场贸易等都起到了重要的借鉴作用。其中《王制》篇对中国古代国家制度的运行诸方面都作了详细的规定，影响也非常深远。

（三）杂记孔子及弟子言论之属

这类文章主要记述了孔子与其弟子相互问答之语，主要是探讨礼仪的价值和意义，此类共八篇：《仲尼燕居》《孔子闲居》《哀公问》《檀弓上》《檀弓下》《坊记》《表记》《缁衣》。比如在《檀弓上》中也记载了丧礼的常识，比如夫妇合葬始于周公："舜葬于苍梧之野，盖三妃未之从也。季武子曰：'周公盖祔。'"又比如对士的哀悼开始于鲁庄公对驾车之人县贲父：

> 鲁庄公及宋人战于乘丘，县贲父御，卜国为右。马惊，败绩，公队（坠），佐车授绥。公曰："末之，卜也。"县贲父曰："他日不败绩，而今败绩，是无勇也。"遂死之。圉人浴马，有流矢在白肉。公曰："非其罪也。"遂诔之。士之有诔，自此始也。

鲁庄公的车御县贲父为他驾车去打仗，结果马受到惊吓，以至于战斗失败了，县贲父非常自责，认为自己平时都没有出问题，但关键时刻出问题，是自己无勇，就自杀了。结果，负责为鲁庄公养马的人在给马洗澡的时候，发现是马中了流矢导致的。于是，鲁庄公感到非常难过，认为这不是县贲父的责任，就为他作哀悼之辞。于是，哀悼之辞就从这个时候开始了。

《礼记》中提到了很多礼仪，我们也看到了礼仪的存在尽管体现了人们的感情，但是礼仪又必须抑制人们过度的情感因素，否则就失去了其作为维护秩序规范的手段的作用，比如《檀弓上》记载：

> 子路有姊之丧，可以除之矣，而弗除也。孔子曰："何弗除

也？"子路曰："吾寡兄弟而弗忍也。"孔子曰："先王制礼，行道之人皆弗忍也。"子路闻之，遂除之。

这段话讲的是，子路的姐姐去世了，由于姐弟情深，子路非常悲伤，以至于在服丧礼到了规定日期的时候，他依然不肯脱掉丧服。于是孔子就说，先王制定礼仪，目的就是为了约束人的情感，如果放任自己的感情，那就没有礼仪可言了。子路听了孔子的解释后，就除去了丧服。

在《檀弓下》中还记载了一些故事情节，凸显了人们的生死观和荣辱观，即使面临生死考验，也要保持应有的尊严。比如不食嗟来之食的故事：

> 齐大饥，黔敖为食于路，以待饿者而食之。有饿者蒙袂辑屦，贸贸然来。黔敖左奉食，右执饮，曰："嗟，来食！"扬其目而视之，曰："予唯不食嗟来之食，以至于斯也。"从而谢焉，终不食而死。曾子闻之曰："微与！其嗟也可去，其谢也可食。"

齐国发生了饥荒，当时的贵族黔敖就在路边准备了食物，等候饥饿的人来吃。有个饥饿的人来了，他用袖子遮着自己的脸，垂头丧气地拖着鞋子。黔敖看到这种情形，就说：喂，来吃饭吧！这是一种非常蔑视的态度。那人就说：我就是因为不食嗟来之食，所以到了这个境地的。于是，黔敖就上前来向他道歉，但是那个人还是不吃施舍，就饿死了。曾子听说了这事，就说：不应该啊，黔敖的态度自然不对，但是既然道歉了，那人也可以吃啊。这个故事其实就是要说，做人要有骨气，不能奴颜婢膝。同时，也是教育人，不论面对什么人，都要尊重别人，而不是高高在上，颐指气使。

（四）学术论文之属

这类文章主要是阐释儒家学说的精义，共七篇，分别是：《礼运》《经解》《乐记》《大学》《中庸》《学记》《儒行》。这些文章多为后世所重视，甚至单独刊行，成为科举士子的必读篇目。比如《礼记·礼运》篇论述了礼制的起源与演变，强调以礼治国。与此同时，还借助孔子之口描绘了一个理想的"大同"社会和"小康"社会。大同社会就是：

> 大道之行也，与三代之英，丘未之逮也，而有志焉。大道之行也，天下为公，选贤与能，讲信修睦。故人不独亲其亲，不独子其子，使老有所终，壮有所用，幼有所长，矜寡孤独废疾者，皆有所养。男有分，女有归。货，恶其弃于地也，不必藏于己；力，恶其不出于身也，不必为己。是故谋闭而不兴，盗窃乱贼而不作。故外户而不闭，是谓大同。

大同社会是孔子的社会政治理想，这个社会的特点就是人与人之间充满了温情与关爱，天下为公，每个人都道德高尚，乐于奉献，社会秩序井然。天下为公、夜不闭户，成为后世理想社会的范本，近代康有为所作的《大同书》，就是希望通过政治改革最终建立一个大同世界，孙中山也提出了"天下为公""世界大同"的口号。

当然大同社会是对夏商周之前的黄帝尧舜时期的社会构想，也就是我们常说的原始共产主义社会，尽管美好，但后世很难实现。于是后世学者又借孔子之口描绘了一个小康社会：

> 今大道既隐，天下为家。各亲其亲，各子其子，货力为己。大人世及以为礼，城郭沟池以为固。礼义以为纪，以正君臣，以笃父

子，以睦兄弟，以和夫妇，以设制度，以立田里，以贤勇知，以功为己。故谋用是作，而兵由此起。禹、汤、文、武、成王、周公，由此其选也。此六君子者，未有不谨于礼者也。以著其义，以考其信，著有过，刑仁、讲让，示民有常。如有不由此者，在势者去，众以为殃。是谓小康。

小康社会是夏、商、周时期的社会，即大禹、商汤、周文王、武王、成王、周公那个时代，虽然他们没有实现上古时期的理想社会，但是却注重以礼治国，强调人伦道德，这种社会虽然缺乏仁爱，但是在礼制的规范下，每个人都安守本分，社会政治也是井然有序，所以后来学者比如孔子就以此为目标，希望建立西周那样的礼制社会，这其实也是后来社会政治家们所向往的一种理想社会。

在这一部分中，《学记》非常值得关注，它是中国也是世界上最早的一篇专门论述教育和教学问题的文章。在《学记》篇中，多次都提到了学习的重要意义，认为学习不仅可以让人知道各种道理，更是可以化民成俗：

> 发虑宪，求善良，足以谀闻，不足以动众。就贤体远，足以动众，未足以化民。君子如欲化民成俗，其必由学乎！
>
> 玉不琢不成器，人不学不知道。是故古之王者建国君民，教学为先。《兑命》曰：念终始典于学。其此之谓乎！
>
> 虽有嘉肴，弗食，不知其旨也；虽有至道，弗学，不知其善也。是故学然后知不足，教然后知困。知不足，然后能自反也。知困，然后能自强也。故曰：教学相长也。《兑命》曰：学学半。其此之谓乎！

《学记》一开始就强调说，学习可以让人知道基本的为人处事道理,"虽有至道,弗学,不知其善也",这里的学习指的是学习统治阶层治国理政的道理与规则,即学习基本的"治道",这一点《周礼》中就有记载。所以,古圣先王在建国开始,都强调"教学为先",目的就是要"化民成俗",移风易俗,改变民风,以便于统治民众。

《学记》中反复强调学习的重要性,强调学习的各种方式方法,也非常强调教育的正确做法与错误做法,以及如何实现最佳教育:

> 大学之法,禁于未发之谓豫,当其可之谓时,不陵节而施之谓孙,相观而善之谓摩。此四者,教之所由兴也。
>
> 发然后禁,则扞格而不胜。时过然后学,则勤苦而难成。杂施而不孙,则坏乱而不修。独学而无友,则孤陋而寡闻。燕朋逆其师,燕辟废其学。此六者,教之所由废也。
>
> 君子既知教之所由兴,又知教之所由废,然后可以为人师也。故君子之教喻也,道而弗牵,强而弗抑,开而弗达。道而弗牵则和,强而弗抑则易,开而弗达则思。和易以思,可谓善喻矣。

教育如何取得成功呢?那就是在不合正道的事发生之前加以禁止,叫作预防;在适当的时候加以教导,叫作及时;不超过学生的接受能力进行教导,叫作顺应;使学生相互观摩而得到好处,叫作切磋。这四点就是教育之所以成功的方法。什么样的教育是失败的呢?有六点:事情发生以后才制止,就会遇到障碍而难以克服;过了该学习的时候才去学习,即使勤奋努力,也难以有成就;杂乱施教而不因材施教,就会使学习效果很差没有进展;独自学习而没有朋友一起交流,就会孤陋寡闻;不严肃紧张的朋友会使人违背师长的教导;轻慢邪僻的言行会使学业荒废。这六点是导致教育失败的原因。君子已经知道怎么能教学成功,怎么做导致失败,那就可以做老师了。所以,真正的老师是那种善加引导、刚柔相济之人。

总之,《礼记》主要是关于礼学方面的论文集,它从理论的高度对各种礼仪的价值和意义进行了解说,比如冠礼的意义、婚礼的意义、丧礼的意义、祭祀的意义等等,同时还以此为基础对治国安邦之道提出了自己的看法,比较有代表性的就是对后世影响深远的《大学》《中庸》两篇文章。《大学》《中庸》从天道性命、道德修身说起,兼顾了个人修身和社会政治秩序重建两个方面,这种思想理路对后来宋明理学家建构理学有直接的启示作用。宋代理学便是以《大学》《中庸》为经典依据,外加《论语》《孟子》,重新解释传统内圣外王之道,最终完成了新儒学的建构,即理学的诞生。理学在宋元明清时期被确立为官方意识形态,这对宋元明清的社会政治、王权体制的维护有深远的影响。

三、《大学》《中庸》简介

《礼记》一书对后代影响最大的莫过于《大学》《中庸》两篇。从宋代开始,程朱等理学家将它们与《论语》《孟子》并提作为一个整体,即称"四书",与"五经"并行,在中国古代后期的学术思想史上影响非常大。

(一)《大学》

《大学》是《礼记》的第四十二篇,《中庸》是《礼记》的第三十一篇。《大学》既然作为《礼记》中的一篇,它和《礼记》一样,作者也多有争议。《礼记》本身就是将汉以前很多单独流行的文章编辑而成的,各篇都没有明确标明作者,这可能和先秦时期著作不留姓名的习惯有直接的关系。

在宋代以前,《大学》一般都被作为《礼记》中的一篇进行研究。到了宋代,《大学》受到广泛重视。其中司马光作《大学广义》一篇,专门分析它的思想,《大学》首次被单独研究。二程作为理学的奠基人,对《大学》的重视对后世影响很大。二程将《大学》看成是"孔氏遗书"[1],并将它看成是为学修身的入门书,即所谓"入德之门,无如《大学》"。同时又将《中庸》视为"孔门传授心法"[2],这实际上肯定了《大学》《中庸》的经典意义。更为重要的是,二程将《大学》《中庸》与《论语》《孟子》并提,将它们看成一个整体来建构其理学思想体系。此后二程后学弟子都纷纷研究《大学》,并发掘其中格物致知的思想。

南宋理学集大成者朱熹继承二程的观点,并做了系统的解释,提出了新的看法,认为《大学》是孔子的思想,只不过是由孔子弟子最终编撰完成。朱熹还承续二程,将《大学》内容作了改编,即将原文分为经一章,传十章。在他看来,经就是孔子的话,是全文的总纲领;传就是解释孔子经文的话,是曾子的话,最终由曾子弟子进行编辑整理。用朱熹自己的话来说便是:

> 盖孔子之言,而曾子述之。其传十章,则曾子之意而门人记之也。[3]

朱熹认为,《大学》经文是孔子思想,而曾子传述,传文是曾子思想,而由曾子弟子记录。朱熹的影响很大,后代学者一般都遵从

---

[1] 《程氏遗书》卷二上,《二程集》,中华书局,1981年,第18页。
[2] 《程氏外书》卷十一,《二程集》,第411页。
[3] [宋]朱熹:《四书章句集注》,中华书局,1983年,第4页。

他的观点。

《大学》这一篇内容主要讲的就是修身、治国之道，其实也是朱熹所说的那一章经文，即后世常说的"三纲八目"：

> 大学之道，在明明德，在亲民，在止于至善。知止而后有定，定而后能静，静而后能安，安而后能虑，虑而后能得。物有本末，事有终始，知所先后，则近道矣。古之欲明明德于天下者，先治其国；欲治其国者，先齐其家；欲齐其家者，先修其身；欲修其身者，先正其心；欲正其心者，先诚其意；欲诚其意者，先致其知；致知在格物。物格而后知至，知至而后意诚，意诚而后心正，心正而后身修，身修而后家齐，家齐而后国治，国治而后天下平。自天子以至于庶人，壹是皆以修身为本。其本乱而末治者否矣。其所厚者薄，而其所薄者厚，未之有也。①

这是《大学》经文，也是全篇的总纲。它一开始便说："大学之道，在明明德，在亲民，在止于至善。"这就是后人所说的《大学》"三纲领"。其中，"明明德"，就是要发扬光大人所固有的、天赋的光明道德，一般就是人的善性或仁爱精神；"在亲民"，是指发扬了人的善性之后，完善了自我，然后要亲近他人，要服务于他人，就是我们常说的"为人民服务"；所谓"止于至善"，就是要求个人的道德行为或客观效果都要达到至善的境界，至善是什么境界呢？就是《大学》中所说的"为人君止于仁，为人臣止于敬，为人子止于孝，为人父止于慈，与国人交止于信"。这就是《大学》提出来的三大纲领。从这三大纲领中，我们可以看出修身、完善自己是一切的根本和前提，而修身、完善自己的最终归宿是要服务于他人、社会

---

① ［宋］朱熹：《四书章句集注》，第3—4页。

和国家。换句话说，个人的道德修身是人生的起点，而治国平天下是人生的终点。

对于如何实现这"三纲领"，《大学》也为人们提出了具体的步骤，即"八条目"，即："古之欲明明德于天下者，先治其国；欲治其国者，先齐其家；欲齐其家者，先修其身；欲修其身者，先正其心；欲正其心者，先诚其意；欲诚其意者，先致其知；致知在格物。"其中格物、致知、诚意、正心、修身、齐家、治国、平天下，就是后世常说的《大学》的"八条目"，这是实现"三纲领"的具体步骤。"八条目"的中心环节是修身，即《大学》所说的"自天子以至于庶人，壹是皆以修身为本"。简单一点讲，就是靠道德提升自我。在"八条目"之中，"格物""致知"是八条目的基础。所格的"物"和所致的"知"都是指各个时代所规定的伦理原则和道德规范。正是由于"格物""致知"的基础地位，程颐、朱熹等人都非常强调"格物穷理"的重要性，《大学》也由此成为《四书》中最重要的篇目。

正是由于《大学》讲如何修身、治国、平天下，所以后来学者一直把它看成是"入德之门"的必读书，也视其为研究其他儒家经典、做学问的基础，正如朱熹所说："学问须以《大学》为先，次《论语》，次《孟子》，次《中庸》"，"《大学》是为学纲目。先通《大学》，立定纲领，其他经皆杂说在里许"。[1]

（二）《中庸》

《中庸》很早就独立成书，并为历代学者所关注，宋代以后成为儒家最重要的经典之一。对于《中庸》的作者，司马迁在《史记·孔

---

[1] 《朱子语类》卷十四《大学一》，第249、252页。

子世家》中明确认为是孔子的孙子子思所作,他说:"伯鱼生伋,字子思,年六十二。尝困于宋。子思作《中庸》。"东汉郑玄也认为《中庸》是子思所作,唐代孔颖达继承了这个说法,《礼记正义》引郑玄《目录》就说:"名曰《中庸》者……孔子之孙子思伋作之,以昭明圣祖之德。"到了宋代,二程、朱熹等人也进一步肯定了《中庸》为子思所作。随着程朱理学成为宋以后官方意识形态,子思作《中庸》的说法就成为定论,很少有学者怀疑。

《中庸》一共两卷,三十三章。但孔颖达、朱熹分章的方法不一样,后来朱熹《中庸章句》成为经典,直接影响了元明清时期人们对《中庸》的理解与解释,更影响了人们的道德观念和思想行为。

《中庸》之所以叫"中庸",主要是根据内容而言,因为全篇基本上都在讲中庸之道。"中庸"的思想由来已久。比如《易经》就将六爻中的二、五两个位在上下两卦中间的爻看成是正位。"中"也被看成是最高尚的道德,在《尚书·盘庚》中,盘庚就说:"汝分猷念以相从,各设中于乃心。"意思是说,你们要拿出正确的思想来服从我,每个人要在你们的心中建立一个"中"字。这里的"中"应当是正确、适度的意思。可以说,"中"也被看成是一种重要的道德标准。同样《尚书·酒诰》中也说:"丕惟曰尔克永观省,作稽中德,尔尚克羞馈祀。"意思是说,你们能够长期地认识反省自己,使自己的行为符合中道之德,你们就可以作为圣贤进入帮助君王祭祀的行列。

后来,孔子在这些思想的基础上,提出了"中庸"的概念,他说:"中庸之为德也,其至矣乎!民鲜久矣。"(《论语·雍也》)"君子之中庸也,君子而时中。"[①] 子思《中庸》更是说:"中也者,天下

---

① [宋]朱熹:《四书章句集注》,第19页。

之大本也。"中庸开始被视为一种道德的体现，是处理人事最高的标准，中庸于是具有了抽象的意义。什么是中庸？绝对不是折中，不是一分为二，更不是老好人！孔子所提出的中庸的原则，其实就是仁和礼的合一，就是将仁和礼做得恰到好处，过犹不及，既不能过于仁（即仁爱而没有分别），也不能过于礼（过于强调分别而忽视了人情），两者要保持一定的张力，即我们常说的要保持一定的度，这个度很微妙，是一种动态的平衡。能够做到中庸，就达到了圣人的境界，就可以实现天人合一、内外合一了。到了宋明理学家那里，中庸的境界就是与理合一、与心合一的至高境界了。如何实现中庸的境界呢？中庸强调要"至诚"，只有通过至诚才可以实现中庸的境界，即可以实现人和天地的合一。

总而言之，在宋以前，《大学》《中庸》主要是作为《礼记》的一部分被人们所研习，还没有专门就它们的思想进行系统阐发，它们开始被重视是在中唐。中唐的韩愈、李翱对《大学》《中庸》中"性与天道"的思想进行阐发，以此来对抗佛老之学。到了北宋，《大学》《中庸》得到了越来越多的学者的重视，很多学者借助它们来重建新的儒学思想体系，其中最有影响的当属二程。由于二程在理学史上的重要影响力，其后二程洛学弟子继承并发展了二程学说，最终经由朱熹集宋代理学之大成，作《四书章句集注》，从而奠定了《大学》《中庸》经典的地位，元、明、清时期，《四书章句集注》一直被作为科举考试的必读书，影响了人们的思想与行为近千年。

四、古代《礼记》学史略

《礼记》作为儒家礼学方面的论文集，里面的很多思想在先秦时期就已经流传。在春秋时期，作为儒家学说的创始人，孔子就发表了很多对上古三代礼仪的看法，这些也成为后来《礼记》中思想及内容的重要组成部分。在战国时期，作为儒家学派的重要代表，孟子、荀子的礼学思想对后世影响也很大。对《礼记》文本，孟子、荀子也有大量的引述与阐发，对此今人吕友仁作了统计，他说："《孟子》征引《记》文37次，其中34次是暗引，3次是明引。明引的3次，均将征引的《记》文称为《礼》。《荀子》征引《记》文39次，其中38次是暗引，1次是明引。明引则称之为《礼》。"[1] 正是由于孟子、荀子对《礼记》的重视，使得《礼记》学得以传承与发展，并使其最终成为经典。不过，《礼记》学的真正发展、传承是从汉代开始的。

（一）汉唐之际

在汉代，有大、小戴《礼记》。大小戴是叔侄关系，叔叔戴德传《礼记》八十五篇，人称《大戴礼记》；而侄子戴圣传《礼记》四十九篇，人称《小戴礼记》，即我们今天所说的《礼记》。到了东汉，《大戴礼记》衰微，而《小戴礼记》由马融、卢植、郑玄等大儒为它作注，从而大行于世。实际上，按照三《礼》讲授的时段来看，大体上西汉主要讲《仪礼》，东汉主要讲《周礼》，三国以后，一般才开始讲《礼记》，原因就在于《礼记》成熟晚，取得经典的地位自然也晚于其他两经。从唐代之后，《礼记》被视为三《礼》中最重要的典籍，一直流传到了近代。

---

[1] 吕友仁著：《礼记讲读》，华东师范大学出版社，2009年，第2页。

两汉经学最值得一提的，是郑玄对三《礼》学的贡献。皮锡瑞就曾评价说："郑于礼学最精，而有功于礼经最大。"① 在郑玄之前，人们对三《礼》的研究多分家分派，并没有三《礼》学的概念，但经过郑玄对三《礼》的整理与注解，奠定了后来三《礼》学的基础与框架。可以说，从郑玄注解三《礼》之后，三《礼》学开始盛行于世，后来研究《礼》学者多以此为基础。具体而言，郑玄曾师从马融为学，他在贾逵、马融、卢植等人的基础上，遍考众说，兼采今古，注三《礼》。他第一次将《周礼》排在三《礼》之首，提升了《周礼》的地位。《仪礼》经过郑玄对今古文本进行对勘、整理，兼采古今优长，由此确定了十七篇定本。《礼记》本依附于《仪礼》，自郑注后，开始与《周礼》《仪礼》鼎足而立。总的来说，郑玄在三《礼》学史上具有承上启下的重要地位，而且其礼学自成体系，人称"郑学"。

在曹魏时期，郑玄经学非常兴盛。据刘汝霖《汉晋学术编年》记载，曹魏初年所立的十九博士中，除《公羊》《穀梁》《论语》三经之外，《易》《书》《毛诗》《周礼》《仪礼》《礼记》和《孝经》，皆宗郑学。② 而曹魏时期的古文经学家王肃，也是博通群经，在经解上与郑玄多有不同，也曾作《周官礼注》《仪礼注》及《仪礼·丧服经传注》。由于王肃的女儿是司马昭之妻，因此在权势的支持下，王肃所注解的各经"皆立于学官"（《三国志·魏书·王肃传》），"故于此际，王学几欲夺郑学之席"③。

西晋建立之后，朝廷在礼制方面，继承前朝，都用王肃的说法，

---

① ［清］皮锡瑞：《经学通论》，第7页。
② 刘汝霖著：《汉晋学术编年》卷六之"魏文帝黄初五年"条，中华书局，1987年。
③ 马宗霍：《中国经学史》第七篇"魏晋之经学"，第63页。

而不用郑玄之说，王学盛极一时。但西晋灭亡之后，王学博士都被废除。东晋建立之后，所立的九个博士之中，除了《周易》用王弼注解、古文《尚书》用伪孔《传》、《左传》用杜预、服虔注之外，其他六经，即《周礼》《礼记》《尚书》《毛诗》《论语》《孝经》，都用郑玄注。可以说，东晋三《礼》学都宗郑玄。

南北朝时期，学风南北差异很大，所用群经注解也有不同，但是在三《礼》学方面，南北朝都用郑玄注解本，治经方法也大体相同。研究三《礼》的著述多达数十种，具体如有学者所统计的："南北朝时期研究三《礼》的经学著作，《周礼》有15种，《仪礼》有72种，《礼记》有32种，总论三《礼》的著作有9种，通论礼学者50种，总计接近180种，远远超过对其他经典的研究。三《礼》中，尤其重视对《礼记》的研究，《礼记》在经书中的地位，已经取代《仪礼》而居《五经》之一。"[①] 从这里可以看出，三《礼》学成为当时的显学，《礼记》已经彻底取代了《仪礼》学的经学主导地位。另外，需要重视的是，南北朝时期，礼学家都曾为《礼记》作"义疏"，如南朝的贺循、贺玚、虞蔚之、崔灵恩、沈重、范宣、皇侃等人，北朝则有徐遵明、李业兴、李宝鼎、侯聪、熊安生等。

隋统一了南北朝，尽管时间很短，但在经学史上的地位非常重要。当时隋立经学博士，三《礼》学都宗郑玄。其中三《礼》学的名家有刘焯、刘炫等人。刘焯、刘炫二人曾问学于北朝礼学名家熊安生，并传其礼学。另外，陆德明《经典释文》的《礼记释文》对魏晋南北朝以来的《礼记》注解成果多有汇总，为此后《礼记》学

[①] 王锷：《东汉以来〈礼记〉的流传》（上），《井冈山大学学报（社会科学版）》，2010年第5期。

的发展奠定了学术思想基础。

进入唐代，由于自汉代以来经学门派众多、注疏混杂，为了统一经学解释、统一思想，唐太宗命孔颖达主持编纂《五经正义》，其中三《礼》方面只选择了《礼记》作注，亦即《礼记注疏》（也叫《礼记正义》）。孔颖达《礼记正义》也是以郑玄注本为根据，然后吸收了南朝皇侃、北朝熊安生的《礼记》注解成果，属于南北兼采。《礼记正义》原共七十卷，阮元《十三经注疏》作六十三卷，乃是因为宋人将《礼记》经文、注文与正义进行了合编，缩减为六十三卷。

《礼记正义》有自己的注解特点：（1）广征博引，会通为一。孔颖达《礼记正义》的编纂主要是以南北朝时期的义疏，尤其是皇侃、熊安生的义疏为本，即如其《序》中所言："今奉敕删理，仍据皇氏以为本，其有不备，以熊氏补焉。"然后采众家之长，删繁就简，择善而从，以成为一书。（2）注重校勘、考订。孔颖达编纂《礼记正义》时，不仅对流传于当时的《礼记》经文进行校勘，同时对郑玄《礼记注》乃至皇、熊义疏本也做了校勘。毕竟，在中古时期，雕版还没有兴盛，经书、注解的传承不同，也会造成不同的内容。与此同时，孔颖达等人对各种注解本也有自己的考订，并下有"恐定本误也""恐误也""俗本误也""俗本……非也""误"等断语。（3）坚持"疏不破注"的原则，并"寓作于述"。《五经正义》在整体上坚持"疏不破注"的原则，但也并非一味地墨守旧注、旧疏，而是在"疏不破注"的大原则下，继承并补充完善旧注、旧疏，这自然也是对中国古代经学传统尤其是孔子"述而不作"治学精神的继承与发展。

在《礼记正义》编撰成书之后，后世研习《礼记》者，便以此为本。尽管这部书与其他《正义》一样存在一些问题，但它在后世影响深远，反响也很好。如《四库全书总目提要》卷二十一《礼记正义》提要称："故其书务伸郑《注》，未免有附会之处。然采摭旧文，词富理博，说《礼》之家，钻研莫尽。譬诸依山铸铜，煮海为盐。即卫湜之书尚不能窥其涯涘，陈澔之流益如堇与楗矣。"章太炎在其《国学讲义》中也称赞道："《礼记》孔疏，理晰而词富，清儒无以复加，朱彬作《训纂》，不过比于补注而已。"

由于《礼记正义》是三《礼》中单独被作为官学经典名列《五经正义》颁行天下，成为科举考试的必读书，这在一定程度上说明了朝廷在三《礼》中更注重《礼记》，这样一来《礼记》实现了由"记"向"经"的转变。《礼记》原本一直是《仪礼》的注解本，居于附庸的地位，此时一跃成为儒经。需要注意的是，在唐代的经学历史中，对于三《礼》三《传》，朝廷所重视的只有《礼记》《左传》，其余四种《周礼》《仪礼》《公羊》《穀梁》都不受朝廷重视。

（二）宋元明清

宋朝建立之后，推行"右文"政策，对经学非常重视。如在宋太祖初期，朝廷就对旧有的儒家经典进行整理、校勘、考订，以利于流传使用："建隆三年，判监崔颂等上新校《礼记》《释文》。开宝五年，判监陈鄂与姜融等四人，校《孝经》《论语》《尔雅》《释文》，上之。二月，李昉、知制诰李穆、扈蒙校定《尚书》《释文》。咸平二年十月十六日，直讲孙奭请摹印《古文尚书音义》与新定《释文》并行，从之。是书周显德六年田敏等校勘，郭忠恕覆定古文，并书刻板。"[①] 实际上，宋初三朝的《礼记》学与其他经学类似，都基本

---

① ［宋］王应麟：《玉海》卷四十三，文渊阁《四库全书》影印本，台北商务印书馆，1986年，第3846页。

上墨守汉唐注疏之学,皮锡瑞对此就曾评价说这一时期的经学:"笃守古义,无取新奇;各承师传,不凭胸臆;犹汉、唐注疏之遗也。"①马宗霍也认为:"惟是因袭雷同,既不出唐人《正义》之范,则宋初经学,犹是唐学,不得谓之宋学。"②

不过,到了宋仁宗庆历以后,随着"经学变古",朝野上下开始重视思想义理之学,人们对《礼记》的认知与诠释也开始转向对其思想义理的关注。据《经义考》记载,与《周礼》相关的著述有十几部,与《礼记》相关的著述有五十多部。在当时,《礼记》受到朝野的极大关注,尤其是其中的《大学》《中庸》两篇受到越来越多学者的重视,原因就在于它们从天道性命的高度宣扬了儒家的道德观念和政治理想,于是就有学者将它们从《礼记》中彻底独立出来,与《论语》《孟子》合并,称为"四书",随后"四书"学日渐成为显学。到了南宋时期,当时的湖湘学派、闽学、心学、浙东学派对《礼记》学都非常重视,而且注重"四书"学,由此推动了《礼记》学、"四书"学在南宋的传承与发展。

在南宋开禧、嘉定时期,卫湜所撰的《礼记集说》颇具有代表性。全书广征博引,共集一百四十四家之说,还有其他涉及《礼记》的语录、文集、杂说等也很多,可以说是中国古代《礼记》注解成果的汇总。《四库全书总目提要》评价说它:"采撷群言,最为赅博,去取亦最为精审。自郑注而下,所取凡一百四十四家,其他书之涉于《礼记》者,所采录不在此数焉。"③就"四书"学来说,朱熹为之作注解,即形成《四书章句集注》一书,在中国古代后期影响非

---

① [清]皮锡瑞著,周予同注释:《经学历史》八"经学变古时代",第220页。
② 马宗霍著:《中国经学史》第十篇"宋之经学",第110页。
③ 《四库全书总目提要》卷二十一《礼记集说》提要。

常大。

元代朝野很多学者对三《礼》的研究多沿袭宋代，比较著名的有吴澄《礼记纂言》、陈澔《礼记集说》等。对此，如刘师培《经学教科书》所总结的：

> 治《礼记》者，始于卫湜《集说》，征引该博，惟掇采未精。及元吴澄作《纂言》，重定篇次，陈澔作《集说》，立说亦趋浅显。明代《大全》（胡广等选）本之，而古义遂亡。（明以《仪礼》为本经。）①

陈澔（1260—1341），字可大，号云住（又作云庄），南康路都昌县（今江西都昌）人，宋末元初著名理学家。陈澔出身于礼学世家，其祖父讳炳，淳祐四年（1244）进士，主要从事《礼》的研究；父讳大猷，为饶鲁门人，开庆元年（1259）进士，曾撰有《尚书集传会通》，尤其对《礼》学多有心得。陈澔父、祖两代均好《礼》，这对他从事《礼》学研究有很大影响。陈澔最有影响的著作是《礼记集说》，乃明清两代学校、书院及私塾的"御定"课本，科考取士的必读之书。元人吴澄就称其"二陈君可谓善读书者，其说礼无可疵矣"②。《明史·选举志二》载："永乐间，颁《四书五经大全》，废注疏不用。……《礼记》止用陈澔《集说》。"可见《礼记集说》流行之广，影响之大。

《礼记集说》共十卷，《四库全书》收录。陈澔为朱熹四传弟子，其《礼记集说》承程朱学派，就《礼记》一书中有关教育的篇章作了详细的注疏、解释。在传承的基础上，又有鲜明、独到的个人见

---

① ［清］刘师培著，陈居渊注：《经学教科书》，第109页。
② 柯劭忞：《新元史》卷二三六《陈澔传》，吉林人民出版社，1995年。

解。对于撰写《礼记集说》的目的与宗旨，陈澔本人在《序》中也做了揭示，他说道：

> 前圣继天立极之道，莫大于礼；后圣垂世立教之书，亦莫先于礼。礼仪三百，威仪三千，孰非精神心术之所寓，故能与天地同其节，四代损益，世远经残，其详不可得闻矣。《仪礼》十七篇，《戴记》四十九篇，先儒表章《学》《庸》，遂为千万世道学之渊源。其四十七篇之文，虽纯驳不同，然义之浅深同异，诚未易言也。郑氏祖谶纬，孔疏惟郑之从，虽有他说，不复收载，固为可恨。然其灼然可据者，不可易也。近世应氏集解于《杂记》、大小《记》等篇，皆阙而不释。噫！慎终追远，其关于人伦世道，非细故而可略哉！先君子师事双峰先生十有四年，以是经三领乡书，为开庆名进士，所得于师门讲论甚多，中罹煨烬，只字不遗。不肖孤，僭不自量，会萃衍绎而附以臆见之言，名曰《礼记集说》。盖欲以坦明之说，使初学读之即了其义，庶几章句通，则蕴奥自见。正不必高为议论，而卑视训诂之辞也。书成，甚欲就正于四方有道之士，而衰年多疾，游历良艰，姑藏巾笥，以俟来哲。治教方兴，知礼者或有取焉，亦愚者千虑之一尔。至治壬戌良月既望，后学东汇泽陈澔序。[1]

陈澔作为朱熹的四传弟子，他在注解《礼记》的时候，吸收了宋代以来程朱理学派的很多思想与观点，并对《礼记》进行解读。这部书的写作，主要是鉴于宋元以来人们只重视《礼记》中的《大学》《中庸》，鲜有对其他四十七篇进行关注，加上宋代以前的郑玄、孔颖达在注解《礼记》的时候，多有不确之处，而陈澔之前的应氏

---

[1] ［元］陈澔：《礼记集说·序》，上海古籍出版社，1987年。

《集解》也有很多不足，所以陈澔在以往的基础上对《礼记》进行系统的分析、注解，从而借助《礼记集说》极力宣扬程朱理学。

陈澔《礼记集说》是对程朱理学派礼学思想的一个总结和升华。在元代科举考试的时候，其他经书的注解一般都用程朱理学家的注疏，唯有《礼记》仍沿用古代郑玄、孔颖达等人的注疏，而陈澔《礼记集说》的成书可以说弥补了程朱理学派《礼记》注解的阙失。正如四库馆臣所评价的：

> 是书成于至治壬戌。朱彝尊《经义考》作三十卷。今本十卷，坊贾所合并也。初，延祐科举之制，《易》《书》《诗》《春秋》皆以宋儒新说与古注疏相参，惟《礼记》则专用古注疏。盖其时老师宿儒，犹有存者，知《礼》不可以空言解也。澔成是书，又在延祐之后，亦未为儒者所称。明初，始定《礼记》用澔注。胡广等修《五经大全》，《礼记》亦以澔注为主，用以取士，遂诵习相沿。盖说《礼记》者，汉、唐莫善于郑、孔，而郑《注》简奥，孔《疏》典赡，皆不似澔注之浅显。宋代莫善于卫湜，而卷帙繁富，亦不似澔注之简便。又南宋宝庆以后，朱子之学大行，而澔父大猷师饶鲁，鲁师黄榦，榦为朱子之婿，遂藉考亭之余荫，得独列学官。①

从这可以看出，陈澔《礼记集说》作为《礼记》的注解本，其特点在于浅显、简洁，这样便于理解。尽管这部书没有在元代得到应有的重视，但是到了明代科举考试时期，陈澔作为朱熹的后传弟子，《礼记集说》也被作为科举考试必读书，随后胡广等人编纂《礼记大全》也以陈澔《礼记集说》为主，由此这部书在明清时期影响非常大，成为《礼记》学文献的经典之作。

---

① 《四库全书总目提要》卷二十一《云庄礼记集说》提要。

明代学者研究三《礼》，几乎没有创新，水平整体上不及宋、元。不过，明代注重三《礼》，《礼记》学尤为兴盛，毕竟《礼记》中有关道德心性修养的篇章很多，也有思想阐发的空间，由此得到儒者的重视。有关《礼记》学的著述，也是明代三《礼》学文献中最多的。《明史·艺文志》著录四十五部，《四库全书总目提要》著录七部，《四库全书总目存目》著录二十五部。代表性的著述还有徐师曾《礼记集注》、王翼明《礼记补注》、黄道周《礼记解》等。

清代为《礼记》学的兴盛时期，不过在清代初年，经学依旧沿袭宋元，理学化礼学非常盛行，经学上基本上是汉宋兼采，很少有创见，《礼记》也用陈澔《礼记集说》。不过，到了乾嘉以后，《礼记》学在朝廷的推动下开始兴起，出现了很多《礼记》学的著述，这些著述具有汉宋、古今兼采的特征。

就清代前期即顺、康及乾隆前期来说，《礼记》学也非常兴盛，《四库全书》中收录了《礼记》学著述七部，存目收十七部。这一时期的《礼记》学非常突出对陈澔《礼记集说》的考辨。在清代前期最有影响的，莫过于在乾隆前期开设三礼馆，并编纂了《礼记义疏》一书，这对当时的学风影响非常大。《三礼义疏》是一部以朝廷名义颁行的三《礼》学著述，其特点是汉宋兼采、三《礼》并行，改变了宋以来对《礼记》的偏重。可以说，《三礼义疏》是对汉唐以来三《礼》学所作的一次较为全面的总结，这对清代三《礼》学包括《礼记》学的兴盛，无疑具有非常重要的促进作用。

有清一代，出现了一批研究《礼记》学的名家及名作，比如孙希旦《礼记集解》、朱轼《礼记纂言》、朱彬《礼记训纂》、黄以周《礼书通故》等。朱彬（1753—1834），字武曹，江苏宝应人。撰有

《经传考证》八卷,《礼记训纂》四十九卷,《游道堂诗文集》四卷。在《礼记训纂》中,《大学》《中庸》两篇也被纳入,并采取郑玄旧注。《礼记》每一篇即为一卷,每一卷首都有解题,说明篇名由来、本篇内容、学术源流等。这部书的特点在于,朱彬在郑玄《礼记注》、孔颖达《礼记正义》的基础上,兼采众家之长,并吸纳宋代以来理学诸家的注解成果,删繁就简,对《礼记》进行了注解。当然,朱彬对《礼记》的解释属于笺注的形式,并非一一注解。这部书最大的特点在于吸收了大量乾嘉时期的考据学成果,虽然此书名为"训纂",而实则为"集注"。可以说,它不仅保存了汉代以来主要《礼记》学家的基本观点,更是保存了乾嘉时期礼学的重要成果。

参考文献

(一) 基础文献

[汉] 郑玄注,[唐] 孔颖达疏:《礼记正义》,《十三经注疏》本,杭州:浙江古籍出版社,1998年版。

[宋] 朱熹:《四书章句集注》,北京:中华书局,1983年版。

[元] 陈澔:《礼记集说》,上海:上海古籍出版社,1987年版。

柯劭忞:《新元史》,上海:上海古籍出版社,2018年版。

(二) 研究著述

黄宛峰:《礼乐渊薮——〈礼记〉与中国文化》,开封:河南大学出版社,1997年版。

梁启超:《国学要籍研读法四种》,北京:国家图书馆出版社,2008年版。

刘松来、唐永芬:《礼记开讲》,上海:华东师范大学出版社,2013年版。

吕友仁:《礼记讲读》,上海:华东师范大学出版社,2009年版。

王锷:《〈礼记〉成书考》,北京:中华书局,2007年版。
王梦鸥注译:《礼记今注今译》,北京:新世界出版社,2011年版。
杨天宇:《礼记译注》,上海:上海古籍出版社,2004年版。
杨雅丽:《〈礼记〉撷论》,北京:人民出版社,2014年版。
杨天宇:《郑玄三礼注研究》,天津:天津人民出版社,2007年版。
幺峻洲:《大学说解·中庸说解》,济南:齐鲁书社,2006年版。